예측투자

EXPECTATIONS INVESTING
Copyright © 2021 Michael J. Mauboussin and Alfred Rappaport
All rights reserved

This Korean edition is a complete translation of the U.S. edition, specially authorized by the
original publisher, Columbia University Press

Korean translation copyright © 2024 by BOOKON, Publishing division of KIERI CO.,LTD
Korean translation rights arranged with Columbia University Press
through EYA (Eric Yang Agency)

이 책의 한국어판 저작권은 EYA(Eric Yang Agency)를 통해 Columbia University Press와 독점 계약한
㈜한국투자교육연구소가 소유합니다.
저작권법에 의하여 한국 내에서 보호를 받는 저작물이므로 무단 전재 및 복제를 금합니다.

예측투자

1쇄 2024년 4월 30일
2쇄 2024년 5월 7일

지은이 마이클 모부신·알프레드 래퍼포트
옮긴이 김민영

펴낸곳 (주)한국투자교육연구소 북크온
펴낸이 김재영
교열·감수 김경수, 이승호, 이원석
편집·디자인 권효정
주소 서울시 영등포구 선유로9길 10, 문래 SK V1센터 1001호
전화 02-723-9004   **팩스** 02-723-9084
홈페이지 www.bookon.co.kr
블로그 blog.naver.com/bookonblog
이메일 book@itooza.com
출판신고 제2010-000003호(2008년 4월 1일 신고)

ISBN 979-11-983759-1-9 13320

◆ **북크온**은 한국투자교육연구소 아이투자(itooza.com)의 출판 브랜드입니다.
◆ 파손된 책은 구입하신 곳에서 교환해 드리며, 책값은 뒤표지에 있습니다.
◆ 무단전재나 무단복제를 금합니다.

주가에 담긴 기대치를 활용한 과학적 투자 솔루션

마이클 모부신·알프레드 래퍼포트 지음 | 김민영 옮김

• 일러두기 •

- 국내 독자들의 이해를 돕기 위한 편집자주는 해당 페이지 하단에 각주로 처리했습니다.
  (각주 표시 예 : *, **)
- 원서의 미주는 번역서에서도 미주로 처리했습니다.(미주 표시 예 : 1), 2))
- 표나 그림의 출처 표기 중 추가 내용은 '미주'의 해당 장 마지막 부분에 넣었습니다.
  (표와 그림의 출처 미주 표시 예 : #, ##)

> 당신이 미래의 현금흐름을 예측하지 않고 주식에 투자한다면
> 그것은 (가치를 산정하기 어려운) 예술품을 수집하거나,
> 도박을 하는 것이나 다를 바 없다.
> ……
> 여기저기서 얻어들은 정보가 아니라
> 반드시 당신 눈으로 직접 확인한 정보를 가지고 판단해야 한다.
>
> - 피터 번스타인

기대치 변화 기본틀과 주주가치 지도

※ 이 책의 핵심적인 내용 중 하나인 '기대치 변화 기본틀'과 '주주가치 지도'를 합쳐서 하나의 그림으로 만들었습니다. 가치 변화 트리거를 찾는 것에서부터 시작해서 주주가치를 구하기까지의 일련의 흐름을 보여줍니다.

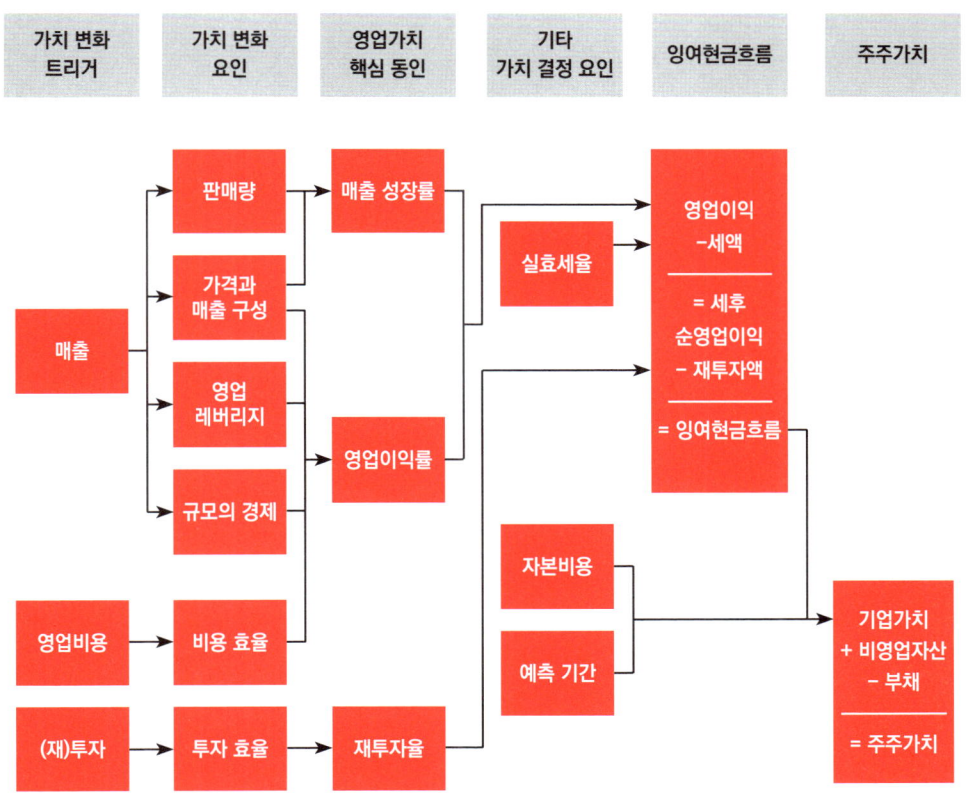

차 례

한국어판 서문 ▪ 012

애스워드 다모다란의 추천사 ▪ 016

추천사 _ 정채진 ▪ 019

추천사 _ 숙향 ▪ 023

머리말 ▪ 027

1 | '예측투자'가 통하는 이유 ▪ 035

시장을 이길 수는 없다? | 예측투자 프로세스 | 주식시장의 3가지 큰 착각

● 좀 더 알아보기 ● '이익 성장'과 '가치 창출'은 다른 말이다 ▪ 058

1부 시장의 기대치 변화와 주식의 가치

2 | 시장이 주식의 가치를 매기는 방식 ▪ 065

주가에 담긴 '시장의 기대치' | 주주가치 추정을 위한 안내판 '주주가치 지도' | 잉여현금흐름 계산하는 방법 | '자본비용' 추정하기 | '예측 기간'의 중요성 | 기업가치 vs 주주가치 | 예시를 통한 주주가치 구하는 법

● 좀 더 알아보기 1 ● 예측 기간 이후 예상되는 현금흐름, '영구가치' ▪ 091

● 좀 더 알아보기 2 ● 금융회사의 주주가치 계산하는 방법 ▪ 098

3 | 기대치의 변화를 예측하려면 무엇을 봐야 하나? ■ 101

'기대치 변화 기본틀'이 알려주는 것들 | '기대치 변화'의 우선순위

4 | '경쟁 전략' 분석이 필요하다 ■ 121

경영자와 투자자의 입장 차이 | 기업의 과거 실적 분석하기 | 경쟁 전략 평가를 위한 분석틀 | 산업의 경쟁 지형 이해하기 | 산업을 분석하는 2가지 방법 | 회사가 가치를 증가시키는 방식 | 가치사슬 분석의 효과 | 지식산업이 만들어낸 새로운 기업 모델

● 좀 더 알아보기 ● '경쟁사 움직임'에 주목해야 하는 이유 ■ 157

2부 예측투자와 실전 활용법

5 | '주가'에 담긴 기대치 읽는 법 ■ 163

시장 기대치 읽기 | 주가에 담긴 기대치 읽는 법 : 도미노 피자 사례 분석 | 기대치를 다시 살펴봐야 할 2가지 상황

6 | 기대치가 바뀔 때 기회도 생긴다 ■ 177

기대 변화 가능성을 판단하는 방법 | 주주가치에 가장 큰 영향을 미치는 것은? | 심리적 함정에 빠지지 않기 | 기대치 변화에 따른 기회 영역 찾는 법 : 도미노 피자 사례 분석

● 좀 더 알아보기 1 ● '자본비용'과 '예측 기간'이 주주가치에 미치는 영향 ■ 207
● 좀 더 알아보기 2 ● 목표주가 활용법 ■ 209

차례

7 | 최상의 매매 시나리오 ■ 211

주가와 '예상 가치' 간 차이에 주목하라 | 시나리오별 예상 가치 구하기 : 도미노 피자 사례 분석 | 매매 결정을 좌우하는 기준

8 | 성장 기회와 '투자 선택권'의 가치 ■ 231

'실물옵션' 접근법 | '투자의 선택권'도 가치를 만들어낸다 | 옵션의 가치를 평가하는 5가지 변수 | 쉽고 빠르게 옵션 가치 파악하는 법 | 예측투자에서 실물옵션 분석을 해야 할 때 | 실물옵션 가치 구하기 : 쇼피파이 사례 분석 | 주가와 펀더멘털의 순환관계, '재귀성'

9 | 사업 유형과 예측투자 활용법 ■ 261

3가지 사업 유형 | 예측투자의 관점에서 본 기업의 유형별 특성 | 기대치 변화를 일으키는 주요 영역

3부 기업이 보내는 투자 신호와 기회 포착

10 | '인수합병의 파급력' 읽는 법 ■ 289

인수회사가 가치를 늘리는 방법 | 시너지 효과 평가하기 | 인수합병 발표 후 할 일 5가지 | 인수합병의 가치 평가하기 | 인수합병의 유형별 성공 확률 | 경영진이 보내는 신호 읽기 | 시장의 초기 반응 예상하기 | 인수 거래 방식별 분석

● 좀 더 알아보기 ● 인수합병에 시장이 회의적인 이유 ■ 315

11 | '자사주 매입'이 보내는 신호 ▪ 317

자사주 매입의 황금률 | 자사주를 매입하는 대표적 이유 4가지

12 | 돈이 되는 8가지 투자 아이디어 ▪ 341

'확률'을 제대로 활용하는 방법 | '거시경제 충격' 평가하기 | '경영진 교체'에 주목해야 하는 이유 | 주식분할, 배당, 자사주 매입, 주식발행 판단하기 | '소송의 영향' 추정하기 | 외부 변화 기회 포착하기 : 보조금, 관세, 할당량, 규제 | '부분 매각의 효과' 계산하기 | 주가의 극단적 움직임에 대처하는 법

감사의 글 ▪ 364

미주 ▪ 367

부록 ▪ 387

옮긴이의 글 ▪ 396

그 밖의 추천사 모음 ▪ 400

한국어판 서문

2021년 9월 『예측투자Expectations Investing』 개정판을 출간한 후 많은 일이 일어났다. 지정학적 소요, 물가 상승, 전 세계 대부분 국가에서의 주가지수 하락 등을 목도했다. 그리고 이런 상황 변화는 예측투자 방식의 유용성을 더욱 도드라지게 만들어냈다.

예측투자를 활용하면, 전 세계에서 일어나는 사건들이나 거시경제 결과에 대한 '끝없는 갑론을박'에 휩싸이지 않아도 된다. 재무 성과에 대한 기대치가 주가에 어떻게 반영될지와 그 기대치가 미래에 어떻게 변할지에만 오롯이 집중하면 된다.

저자로서 우리가 그동안 가장 많이 받았던 질문은 다음과 같다. "예측투자가 전 세계 어디서나 잘 통하나요?" 이때 우리의 대답은 망설임이 없다. "네, 그렇습니다!"

이 책에서 든 사례들은 대부분 미국 기업에 관한 것이지만, '주가에는 투자자나 경영진이 참고할 유용한 정보가 담겨 있다'는 개념은 전 세계 어디에서나 보편적이다.

결국에 금융자산의 가치는 미래 현금흐름의 현재가치이며, 이 원칙은 시애틀에서나 서울에서나 똑같이 통한다. 우리가 제시하는 분석 도구들은 코스피(KOSPI) 종목이나 S&P 500 종목에도 똑같이 활용할 수 있다.

이 책 『예측투자』 개정판이 한국어로 소개돼 반가운 마음이다. 이 기회에 책 내용 중 한국 주식투자자들이 특히 관심 있어 할 만한 프레임워크를 몇 개 소개하겠다. 코스피는 IT 종목 비중이 크기도 하니 말이다.

먼저, 이 책 3장에 나오는 '기대치 변화 기본틀'이다. '기대치 변화 기본틀'은 투자 시나리오를 전개시킬 때 유용한 방식이다. 매출, 영업비용, 재투자를 포함한 '가치 변화 트리거'가 얼마나 광범위하게 기업 가치를 결정하는 '가치 핵심 동인'으로 바뀌는지를 일목요연하게 보여준다.

또한 8장에서는 '실물옵션'을 다룬다. 실물옵션은 특정 기술 기업을 볼 때 유용하다. 이 개념은, 회사가 투자를 할지 말지 선택할 수 있는 어떤 옵션을 지니고 있다는 것이다. 그리고 이것은 기존의 가치평가 모형으로는 설명이 안 된다는 것이다. 이런 옵션은 사업 전망이 불확실할 때, 경영진이 기회를 포착하는 능력이 뛰어날 때, 회사의 자본 조달 능력이 충분할 때 가치를 지닌다.

전 세계 여러 회사들은 유형자산에서 무형자산으로의 비중을 점점 늘려가고 있다. 이는 기업의 경쟁우위가 어디에 있는지 이해하고, 얼마나 빨리 회사가 확장할 수 있는지 평가하고, 그리고 재투자 기회를 찾는 데 단서를 준다. 9장에서는 이런 내용들을 설명하고, 이를 통해 무형자산이 점점 중요해지는 세상에서 시장의 기대치를 이해하고, 그 기대치의 변화를 예상하는 방법을 찾아본다.

11장에서는 자사주 매입을 살펴본다. '자사주 매입의 황금률' 등 여기서 다루는 원칙은 보편적으로 적용되며, 회사가 주주에게 자본을 환원할 때 현명한 전략을 사용하는지 판단하는 데 중요한 내용이다.

끝으로, 우리는 독자들이 이 책에서 소개한 분석 도구와 개념들을 보다 적극적으로 활용하기를 권한다. 그리고 이 책 관련 사이트(www.expectationsinvesting.com)는 구글 번역기를 통해 한국어로도 볼 수 있으니 꼭 방문해주기 바란다. 이 사이트에는 온라인 강좌와 스프레드시트 등 다양한 참고자료가 있다. 더 나은 투자자가 되는 여정에 분명 도움이 될 것이다.

애스워드 다모다란의 추천사

어떤 아이디어들은 너무 강력하지만 너무 당연해서, 그것에 대해 처음 듣거나 읽게 되었을 때 '내가 왜 이걸 먼저 생각 못했을까?' 하고 머리를 쥐어박게 된다. 20년 전쯤 이 책의 초판을 처음 읽었을 때 내 반응이 딱 그랬다.

나는 저자들에 대해 잘 알고 있었다. 알프레드 래퍼포트의 '주주가치'나 '회계를 가치의 관점에서 이해하는 방법'에 대한 글을 흥미롭게 봤다. 또 마이클 모부신이 심리학, 통계학, 기본 상식 등을 종합해 새로운 통찰을 담아낸 보고서들도 이미 읽고 있었다.

가치평가라는 분야에 오랫동안 몸담았던 나에게, 이 책은 가치평가의 틀을 뒤집어놓았다. 이 책은 회사의 펀더멘털을 이용하여 가치를 평가하는 대신 시장 가격을 통해 사업과 재무 정보를 역산하도록 해준다.

이렇게 방식을 재정의한 일은 수학적으로는 두 방식에 차이가 거의 없겠지만, 두 가지 면에서 위대한 성취이다.

첫째, 이 방식은 회사의 펀더멘털과 가치의 연결고리를 더 분명하게 드러내준다. 시장이 회사의 가치에 대해 지불하는 가격이 정당화되려면 회사의 경영 실적이 어느 정도여야 할지를 명확히 보여준다. 따라서 이런 시장의 기대치가 적당한지 평가하고, 이 평가에 맞춰 행동하기도 쉬워진다.

둘째, 이 방식 덕분에 가치평가의 기본에 충실해질 수 있다. 저자들은 가치평가 모델에서 불필요한 요소들을 없애버렸다. 그 덕분에 가치를 결정하는 몇 가지 핵심 요소만 이해하면 가치평가를 할 수 있게 되었다.

이번 개정판에서 저자들은 현재의 상황을 충실히 반영하기 위한 노력을 아끼지 않았다. 개정판은 파괴적 혁신과 이것이 만들어내거나 파괴하는 가치들, 그리고 이용자·구독자 플랫폼 등이 창출하는 옵션 가치 등에 대해 초판보다 훨씬 더 신경을 많이 썼다.

특히 현금흐름할인평가법만으로는 설명이 안 되는 회사들의 실물옵션에 관한 부분은 투자자와 애널리스트들이 꼭 읽어봐야 하는 내용이다. 이 부분은 내재가치 평가의 방법론을 추가로 제공할 뿐 아니라 현실에서 사용하는 방법까지도 알려준다.

도미노 피자Domino's Pizza의 사례가 전통적인 가치평가 방법론에서 예측투자의 힘을 잘 보여준다면, 쇼피파이Shopify에 대한 실물옵션 사례연구는 기술 기업의 가치평가를 어려워하던 사람들에게 게임체인저가 될 수 있다.

이 책 초판의 추천사는 피터 번스타인Peter Bernstein, 1919~2009이 썼다. 그는 투자에 대한 생각과 글쓰기에서 최고의 반열에 오른 사람이다. 그가 지금도 살아 있어 다시 추천사를 쓴다면, 초판 때보다 훨씬 더 열정적으로 이번 개정판에 찬사를 보냈을 것이라고 나는 확신한다.

추천사_정채진(전직 펀드매니저, 초판 『기대투자』 번역자)

『예측투자』 초판을 읽었을 때의 신선한 충격이 아직도 생생하다.

당시 근무하던 회사는 현금흐름할인법^{DCF}에 기초하여 기업가치를 평가하고 있었다. 가치를 추정하는 가장 올바른 이론적 방법이기 때문이다. 그러나 정작 실전에서 널리 사용되지 않는 편이다. 미래의 현금흐름에 대한 정확한 추정이 어렵고 많은 가정이 들어가야 한다는 단점이 있기 때문이다. 조금만 가정을 바꿔도 기업가치는 크게 요동칠 수 있다.

현업에서 이런 단점들을 경험하면서 DCF 방식을 고집해야 하는가 회의가 들던 시점에 어둠 속 한줄기 빛과 같이 나타난 책이 바로 『예측투자』였다.

이 책의 가장 빛나는 부분은 사고의 전환에 있다. 가치평가를 위해 투자자가 많은 가정들을 직접 추정해야 하는 방식에서 '주가에 담긴 시장 기대치'를 살펴보는 방식으로 말이다.

DCF는 미래의 매출 성장률, 영업이익률, 재투자율 등을 추정한 후 현금흐름을 예상한다. 반면 『예측투자』가 제시하는 방법은, 현재의 주가가 합리화될 수 있는 현금흐름을 먼저 추정하고, 그 현금흐름이 나오기 위한 매출 성장률, 영업이익률, 재투자율을 살펴봄으로써 주가에 녹아 있는 가정들이 합리적인 수치인지 여부를 판단하는 것이다. DCF가 가지는 장점은 오롯이 살리고 장기적인 예측의 어려움과 단점은 절묘하게 피하는 것이다.

이 책의 또 다른 장점은 DCF를 제대로 사용할 수 있게 만든다는 점이다. 주가에 녹아 있는 시장의 기대치를 확인하기 위해 숫자를 이리저리 만지작거리는 중에 어느새 자신도 모르게 기업의 비즈니스 모델과 내재가치에 대한 이해가 높아지게 된다.

또한 기업을 둘러싼 환경이 변할 때 기업의 가치가 어떻게 변하는지를 알기 쉽게 설명하고 있어, 경험이 많든 적든 상관없이 모든 투자자에게 유용할 것이다. 더욱이 가치평가에 실패했을 때에도 어느 단계에서 실수했는지 복기할 수 있기 때문에 실력을 향상시키는 데 큰 도움이 될 것이라 믿는다.

초판의 역자 후기에서도 언급했듯이 투자철학과 관련된 책들은 많지만 기업 분석을 어떻게 해야 하는지에 답하는 책은 소수이고, 이런 완성도를 보이는 책은 실로 손에 꼽는다. 그래서 『예측투자』는 더욱 소중하다.

나는 모부신의 책과 몇 번의 인연이 있다. 2006년 당시 아마존 베스트셀러였던 『통섭과 투자 More Than You Know』를 국내에 소개하고자 했는데 이미 누군가가 판권을 사간 뒤였다. 그래서 내용은 훌륭하지만 아직 국내에 소개되지 않았던 『예측투자』 초판을 공역한 것이다.

재미있게도 『통섭과 투자』의 번역자와 2011년 같은 회사를 다니게 되었고, 또한 『예측투자』 초판을 공역한 덕분에 2018년 『운과 실력의 성공 방정식 The Success Equation』 번역에도 참여할 수 있었다.

모부신의 책들과의 인연을 언급하는 이유는 내가 그의 책들로부터 큰 도움을 받았기 때문이다. 특히 그 중에서도 『예측투자』는 기업의 가치를 어떻게 다룰 것인가 고민을 거듭하던 때 만난 책이라 더욱 각별한 애정을 가지고 있다. 지금까지 이 책을 여러 번 읽으면서 내 것으로 만들고자 노력했다.

　추천사를 의뢰받고 길게 쓸까도 생각해 봤으나, 이처럼 훌륭한 책에 긴 추천사는 사족에 불과하다. 이번 개정증보판에 추천사를 쓸 수 있게 되어 더없이 기쁘다.

추천사_숙향(『이웃집 워런 버핏, 숙향의 투자 일기』 저자)

　나는 PER과 PBR이라는 투자지표를 이용해서 싼 주식에 투자하는 전통적인 가치투자를 지향하지만, 가끔 이 투자방식이 한계를 만날 날이 올지도 모른다는 생각에 초조감을 느끼기도 한다.

　이미 증시에서는 '유형자산'으로 상징되는 전통산업보다 '무형자산' 가치와 미래 성장주에 투자하는 경향이 대세로 자리잡았다는 점에서 실제로 막연한 불안감을 넘어섰다.

　『예측투자』는 가치를 기준으로 주가를 예측하는 것이 아니라 투기의 관점에서 보던 (현재 시장에서 형성된) 주가를 기준으로 미래 주가를 예측하고 장기적으로 유망한 주식을 발굴하는 방법을 제시한다.

　한편 미래 현금흐름 할인을 기초로 주가에 영향을 미치는 요소들을 설명하고 다양한 실제 사례로 이해를 도움으로써 타당성을 확인시킨다.

(싼 주식이 널려 있는 우리나라 증시에서는 여전히 유효하다는 점에서) 가치투자 1단계에 머물고 있는 나와 같은 투자자에게는 지금 벌어지고 있는 시장흐름을 이해하고 앞으로 닥칠 미래를 준비하기 위해서 또는 워런 버핏이 스승 그레이엄을 넘어선 후 탁월한 성과를 얻고 있는 것처럼 가치투자의 다음 단계로 성장하고 싶은 투자자를 위해서도 이 책은 읽을 가치가 충분하고도 남음이 있다.

다만 전통적인 가치투자 개념에 익숙한 투자자가 처음 접했을 때는 다소 생소하게 느껴질 수도 있다. 그러나 실전 경험을 쌓으며 반복해서 숙독한다면 투자를 바라보는 새로운 관점을 가질 수 있을 것이라 생각한다.

예측투자는 두 가지 단순한 아이디어에 바탕을 두고 있다. 첫째, 주가가 반영하고 있는 시장의 기대치를 읽을 수 있다. 둘째, 주가에 담긴 기대치의 변화를 제대로 예측하는 것만으로도 높은 수익률을 낼 수 있다.

머리말

주가는 회사의 미래 실적에 대한 시장의 기대치라는 정보를 가득 담고 있다. 시장의 기대치를 제대로 읽고, 이것의 변화를 잘 예상하는 투자자는 시장보다 더 좋은 수익률을 낼 확률이 높아진다. 그래서 많은 투자자들이 시장의 기대치를 감안해서 결정을 내린다고 생각한다. 하지만 실제는 다르다. 안타깝게도, 철저하고 확실하게 그렇게 하는 투자자는 거의 없다.

『예측투자』의 근간은 20년 전 이 책의 초판을 냈을 때와 똑같다. 하지만 그 사이 투자 세계의 많은 것이 달라졌다. 흥미로운 대목은 이러한 상황 변화가 오히려 예측투자 프로세스의 활용도를 더 높이고 있다는 점이다.

그 동안 투자 세계에서의 주요한 변화는 다음과 같다.

■ 액티브 투자에서 패시브 투자로의 이동

21세기 들어 투자자들은 전통적인 인덱스 펀드와 상장지수펀드 ETF에 수조 달러를 쏟아부었고, 1조 달러 이상을 액티브 펀드에서 빼갔다. 지금은 미국 지수들을 추종하는 인덱스 펀드와 ETF에 들어가 있는 자금 규모가 액티브 펀드보다 크다. 이제 액티브 펀드 매니저들은 최상의 분석 도구를 사용해야 할 필요성이 생겼다. 예측투자가 초과 수익률을 달성하는 길을 제시할 것이라고 믿는다.

■ 무형자산 투자의 증가

미국에서는 1990년대 초반에 처음으로 무형자산 투자가 유형자산 투자를 넘어섰다. 이런 경향은 지금까지 계속되어, 요즘 회사들은 유형자산보다 무형자산에 훨씬 더 많이 투자한다. 이런 변화가 중요한 이유는, 무형자산 투자는 손익계산서에 비용으로 표시되지만 유형자산 투자는 재무상태표에 자산으로 표시되기 때문이다.

투자자들은 회사를 운영하는 데 드는 비용과 미래 성장을 위한 비용을 구분해서 봐야 한다. 회사가 얼마나 투자하고 있고, 이 투자가 가치를 창출할 수 있을지를 이해하는 일은 시장 기대치의 변화를 예상하기 위해 꼭 필요하다. 더욱이 학계에서도 무형자산 투자의 증가로 인해 기업 성과를 측정하는 데 있어 주당순이익의 의미가 예전보다 훨씬 퇴색되었다는 사실을 밝혀냈다.

■ 공개시장에서 비공개시장으로의 이동

현재 미국의 상장회사 수는 2001년에 비해 3분의 1 수준에 그친다. 그 사이 벤처캐피털과 기업인수 관련 산업은 번성했다. 예측투자는 상장주식 투자나 비상장주식 투자 모두에서 활용할 수 있는 방법론을 제공하며, 매력적인 투자 기회를 찾을 확률을 높여준다.

■ 회계기준의 변화

1990년대에는 주식 기반 보상stock-based compensation, SBC이 주로 손익계산서에서 비용으로 계산되지 않는 스톡옵션이었다. 오늘날 주식 기반 보상은 주로 양도제한조건부주식restricted stock units, RSU의 형태인데, 회계상 비용으로 처리된다. 스톡옵션과 주식 기반 보상은 둘 다 직원 보상의 형태이지만, 회계방식이 달라진 것이다.

또한 인수합병에 관한 회계규정도 2001년에 개정되어, 지분풀링법pooling of interest method이 폐지되고 영업권goodwill 상각도 없어졌다. 예측투자는 회계상 이익이 아니라 현금을 기준으로 하기 때문에, 회계기준이 어떻게 변해도 적용할 수 있다.

대부분의 투자자들은 자신의 매수나 매도 결정을 정당화시키는 주식 가치 평가가 회사의 미래 재무 성과에 대한 기대치에 근거하고 있다고 생각한다. 마찬가지로 회사 경영진도 보통은 향후 3년에서 5년 동안의 매출, 영업이익, 소요 자본을 추정한다. 투자자와 경영진들이 예측투자 방식을 이용한다면 자신의 예측과 시장의 기대치를 체계적으로, 탄탄하게 비교할 수 있게 된다. 이 책은 포트폴리오 매니저, 증권 애널리스트, 투자자문 인력, 개인투자자, 경영학 전공자 등이 예측투자의 힘을 활용하도록 돕는다. 또한 예측투자는 기업들도 큰 관심을 갖고 있는 방식이다. 투자자들이 투자 의사결정에 예측투자를 활용하듯, 기업 경영진도 시장 기대치와 기업 상황의 간극을 활용하여 적절한 대처를 할 수 있다.

1장에서는 예측투자가 통하는 이유 및 단기적인 이익과 PER(주가수익배수) 중심의 전통적 분석 방식이 왜 잘못되었는지를 설명한다.

이어지는 1부(2~4장)에서는 예측투자를 하기 위해 필요한 분석 도구들을 소개한다. 2장은 주식시장의 기대치가 회사의 장기적인 현금흐름을 반영한 것임을 증명하고, 이 모델을 사용하여 주주가치를 추정하는 방법을 알려준다. 3장은 시장 기대치 변화의 원천을 찾아내는 데 도움이 되는 강력한 도구인 '기대치 변화 기본틀'에 대해 살펴본다. 4장은 경쟁 전략 분석틀을 소개하는데, 이를 통해 기대치 변화를 제대로 예측할 확률을 높일 수 있다.

2부(5~9장)에서는 앞서 살펴본 개념들을 적용하는 방법을 보여준다. 5, 6, 7장은 이 책의 핵심으로 예측투자 프로세스의 세 가지 단계를 설명한다. 5장은 첫 단계로, 주가에 담긴 시장 기대치를 추정하는 방법을 알려준다. 이 단계를 통해 투자자들은 현금흐름할인법 모델의 힘을 활용하면서도 장기적인 예측을 하는 어려움은 피할 수 있다. 6장은 앞서 소개한 분석 도구들을 종합하여 현재 기대치가 변화할 잠재적인 가능성을 찾아보는 방법에 관한 것이다. 이런 기대치 변화는 투자 기회를 찾는 데 기초가 된다. 7장은 예측투자 프로세스의 마지막 단계로, 매수, 매도, 보유 결정 기준을 확립하는 방법을 다룬다. 이렇게 예측투자 프로세스의 세 가지 단계를 적용할 줄 안다면, 대부분의 주식을 분석하는 데 필요한 내용은 다 갖춘 셈이다.

스타트업이나 극적인 변화를 겪는 회사 등은 분석이 조금 더 필요하다. 이는 기존 사업에서 나오는 현금흐름만으로는 주가가 정당화되지 않기 때문이다. 8장은 이런 회사들에게 미래에 생길지도 모르는 기회가 어느 정도의 잠재 가치를 지니는지 평가할 수 있는 실물옵션 접근법을 소개한다. 9장에서는 기업의 사업 유형을 제조업, 서비스업, 지식산업으로 분류하고, 각 유형별 특징을 살펴본다. 사업 유형별로 각각 다른 특징을 가지고 있지만, 예측투자를 모든 사업 형태, 모든 회사에 적용할 수 있다는 것을 보여준다.

마지막 부분인 3부(10~12장)에서는 인수합병, 자사주 매입 및 주식투자자들에게 중요한 신호를 주는 기타 기업 활동에 대해 살펴본다. 10장은 이익이 아니라 가치의 관점에서 인수합병을 평가하는 방식을 보여주고, 경영진이 인수합병을 다루는 방식에서 인수합병의 전망을 읽어내는 방법도 설명한다. 11장은 많은 사람들이 오해하고 있는 자사주 매입에 대해 논의하는 한편, '자사주 매입의 황금률' 또한 소개한다. 12장은 저자들이 오랫동안 투자업계에 종사하면서 예측투자 개념을 적용하며 터득한 것인데, 시장 기대치의 변화가 나타날 '기회'에 관한 것이다.

1 '예측투자'가 통하는 이유

주가, 즉 주식의 가격은 한 회사의 미래 재무 실적에 대한 시장의 기대치를 가장 믿을 수 있고, 가장 확실하게 보여주는 신호이다. 투자 성공의 핵심은 현재 주가에 담긴 기대치의 수준을 추정하는 일, 그리고 그 기대치가 변할 가능성이 얼마나 되는지 평가하는 일이다. 이 생각에 반대하는 투자자는 별로 없지만, 실제 투자를 하면서 이렇게 하는 투자자도 별로 없다.

증권방송을 보거나 유명 경제지를 들춰보면 항상 똑같은 이야기를 접하게 된다. 성장주 펀드매니저는 이익이 급증하면서 경영진이 훌륭한 회사를 적절한 PER(주가수익배수)에 산다고 말한다. 가치주 펀드매니저는 좋은 회사를 PER이 낮을 때 사는 미덕에 대해 열변을 토한다. 이런 이야기가 하루도 빠지지 않고 등장한다.

이 투자자들이 정말 무슨 말을 하고 있는 건지 잠깐만 생각해보자. 성장주 투자자는 주식을 살 때, 회사의 성장성을 시장이 충분히 반영하지 않았다는 판단을 한다. 가치주 투자자는 시장이 주식의 내재가치를 저평가한다고 여긴다. 두 경우 모두 시장의 현재 기대치가 틀렸고, 나중에는 바뀔 것이라고 생각한다. 과연 그럴까?

여기서 관건은 '현재 주가에 담긴 기대치'다. 투자자들이 다들 기대치에 대해 말하지만, 보통은 잘못된 기대치를 이야기한다는 게 문제다. 결론부터 말하자면, 현재 시장의 기대치를 제대로 알지 못하는데 내일의 기대치가 어떻게 변할지 안다는 것은 지극히 어려운 일이다.

이런 문제는 투자자들이 시장 기대치가 주가에 반영되는 구조를 이해하지 못했거나, 기대치를 구하는 데 서투르기 때문이다.

뒤에 가서 다시 설명하겠지만, 기대치가 주가에 반영되는 구조를 이해하지 못해서 하는 행동 중 하나는 단기 실적에 집중하는 것이다. 단기 실적은 시장 기대치를 구하는 데 거의 쓸모가 없다. 시장은 단기 실적을 가지고 주식의 가치를 결정하지 않는다. 그런데 적절한 경제 모델을 사용하는 투자자조차도 이런 우를 범하곤 한다.

이 책의 핵심은 시장 기대치를 제대로 읽고, 이 기대치의 변화를 예측할 수 있는 능력을 먼저 갖춰야 장기적으로 월등한 수익률을 낼 수 있다는 것이다. 주가는 투자자들이 갖는 기대치의 총합이고, 이 기대치의 변화가 투자의 성공 여부를 결정하는 열쇠가 된다.

이렇게 볼 때, 주가는 투자자가 열어보고 사용하기를 기다리는, 정보의 보물상자다. 지금 시장의 기대치를 제대로 알고 있으면 이 기대치가 어떻게 변할 것 같은지도 평가할 수 있다. 위대한 하키 선수인 웨인 그레츠키Wayne Gretzky가 그랬던 것처럼, '퍽이 있는 곳으로 가는 대신 퍽이 갈 곳으로 나아가는' 방법을 알 수 있다.[1] 이 것이 예측투자다.

예측투자는 기존의 방식에서 크게 벗어나 있다. 시장에서 통용되고 있는 가격결정모델인 현금흐름할인법Discounted Cash Flow, DCF을 활용하는 것은 맞지만, 종목 선정 절차에서 중요한 차이점을 갖고 있다. 즉, 예측투자는 미래 현금흐름을 예측하는 대신 회사의 주가에 담긴 기대치를 파악하는 것에서부터 출발한다.[2]

또한 예측투자 방식을 사용하면 시장의 기대치 변화가 주가에 어떻게 반영되는지도 알 수 있다. 한마디로 예측투자는 적절한 도구를 가지고 시장의 기대치를 제대로 파악해 올바른 투자 결정을 하게 해준다.

그렇다면 예측투자가 지금 상황에서 왜 중요할까? 지금은 그 어느 때보다 위험이 높아진 상황이라서 주가에 담긴 기대치를 투자 결정에 완벽하게 활용해야 할 필요성이 생겼다. 다음과 같은 사실을 살펴보자.

- 미국 가구의 약 절반인 6,000만 가구가 뮤추얼 펀드에 투자하고 있다. 이보다 훨씬 많은 수의 개인이 연금계좌를 통해 직접 주식에 투자하거나, 연금 프로그램을 통해 간접투자를 하는 등 주식시장에 참여하고 있다. 예측투자는 전 세계 투자자에게 주식을 고르는 확실한 방법을 제공하거나, 적어도 그들이 고용한 주식투자 대리인이 올바른 결정을 했는지 판단해볼 수 있는 유용한 기준을 제시할 수 있다.
- 낡은 분석 방법을 고수하는 펀드매니저들은 수익률에서 뒤처지고, 운용자금 규모가 줄고 있다. 예를 들어, 주당순이익(EPS)은 무형자산 투자가 유형자산 투자보다 커진 현재 상황에서, 전보다 유용성이 줄어들었다.
- 예측투자는 어떤 유형의 회사(제조업, 서비스업, 지식산업)에도, 그리고 어떤 투자 스타일(성장주 투자, 가치주 투자)에도 적용할 수 있다.
- 개인들이 점점 펀드투자 대신 직접투자를 하고 있다. 직접투자를 위한 거래비용도 낮고, 정보 접근성도 좋아졌으며, 펀드매니저들의 수익률에도 불만을 갖게 되었기 때문이다. 현재 직접투자를 하고 있거나 할 계획이 있다면, 예측투자를 통해 우수한 수익

률을 달성할 가능성을 높일 수 있다.

- 인수합병, 자사주 매입, 주식 기반 보상 등 회사의 중대한 결정이 주가에 미칠 영향을 현명하게 따져보는 것도 그 어느 때보다 필요해졌다. 증자나 자사주 매입 등 회사의 결정이 시장의 기대치 변경에 대한 신호가 되기도 한다. 예측투자는 이런 기대치 변화가 합리적인지를 읽어내고 평가할 방법을 제공한다.

예측투자는 수십 년 이상 기업들이 사용해온 기업재무 원칙을 실용적으로 응용한 것이다. 또한 예측투자 과정에는 가치 창출 개념과 경쟁 전략 분석도 포함된다. 이런 개념들을 종합해서 투자자들을 위한 강력한 투자도구를 만들었다.

이제는 전 세계 국가들의 증권 관련 규제 덕분에 모든 투자자들에게 중요한 정보가 동시에 공개되고, 그래서 정보우위도 없어지고 있다. 혁신이 계속 일어나고 글로벌 경쟁도 치열한 가운데, 2020년 코로나 팬데믹처럼 예상치 못한 외부 충격 등 여러 가지 요인 때문에 불확실성은 확연히 늘어났다.

예측투자는 이처럼 한껏 고조된 불확실성을 '기회'로 만들어준다.

시장을 이길 수는 없다?

액티브 투자는 성공하기 어렵다. 기관과 개인 투자자들 대다수는 S&P 500 같은 시장지수를 추종하는 패시브 펀드보다 수익률이 저조하다. 실제로 대형주 펀드를 운용하는 액티브 매니저 중 3분의 2가 그해 S&P 500 수익률을 이기지 못하고, 10년간 수익률을 보면 액티브 매니저의 90%가 S&P 500 지수보다 낮은 수익률을 낸다.[3]

수수료 문제를 차치하고도, 투자수익률은 제로섬 게임이다. 시장수익률을 이긴 투자자의 수익이 시장수익률보다 못한 투자자의 손실과 상쇄되기 때문이다. 이 세계에서는 실력 있는 투자자들이 이기고, 실력 없는 투자자들은 지는 게 상식이다.

그런데 시장을 이기기도 점점 어려워지고 있다. 예를 들어 초과수익률의 표준편차는 가장 잘한 매니저와 가장 못한 매니저의 차이를 나타내는데, 1970년대 이래 이 차이는 꾸준히 줄어들고 있다. 투자자들의 실력은 절대적으로 상향 평준화되었지만, 그만큼 상대적인 우위도 줄어들었다.[4]

그렇다면 이 대목에서 한번 짚어보자. 왜 기관투자자들이 수동적인 벤치마크 지수만큼도 수익률을 내지 못할까? 액티브 투자는 할 만한 가치가 있을까? 있다면, 어떤 방법으로 해야 좋은 수익률을 낼 확률이 높아질까?

결론부터 말하면 이렇다. 펀드 수익률이 낮은 것은 액티브 투자 그 자체의 문제 때문이 아니라 많은 액티브 매니저들이 뒤처진 전략을 쓰기 때문이다.[5] 우리는 예측투자를 통해 더 나은 투자수익률을 올릴 수 있다고 믿는다.

분명, 액티브 투자는 어렵다. 만약 시장수익률에 뒤처지기 싫고 시장수익률에 만족한다면, 수수료가 저렴한 인덱스펀드나 ETF를 선택하면 된다. 가장 영민하고 성실한 투자자들도 시장을 꾸준히 이기기는 어렵다. 예측투자가 부에 이르는 지름길을 제시하지는 않는다. 하지만 예측투자는 액티브 투자자로서의 잠재력을 누구나 최대한 발휘하는 데 도움이 될 것이다.

이제 기관투자자들이 시장지수를 못 이기는 주요한 이유인 분석 방식, 비용, 보상, 그리고 스타일의 한계 등 4가지 사항을 살펴볼 때다. 그리고 이를 통해 예측투자가 어떻게 해서 이런 문제점들을 극복할 수 있는지도 자연스럽게 알게 될 것이다.

1) 분석 방식의 한계

대부분의 투자자들은 단기 이익이나 PER 같은 지표를 이용한다. 그런데 이런 지표들은 근본적으로 문제가 있다. 가치를 창출하는 데 있어 유형자산보다 무형자산의 중요성이 커진 요즘에는, 그 유용성마저 더 떨어지고 있다.

앞서 단기 이익이 시장 기대치를 설명하기에는 한계가 있다고 짧게 언급했었는데, 뒤에 가서 PER의 맹점과 함께 좀 더 자세히 다뤄보도록 하겠다.

예측투자는 재무이론을 바탕으로 시장의 기대치를 세심하게 파악한다. 그리고 이 기대치의 변화를 예측하는 데 도움이 되는 적절한 경쟁 전략 분석틀을 사용한다.

2) 비용의 문제

뱅가드의 창업자 존 보글^{John Bogle}은 뮤추얼 펀드의 성과와 비용의 상관관계에 대해, "수익률 상위 25%의 펀드를 고르는 가장 확실한 방법은 수수료 하위 25%의 펀드를 고르는 것"이라고 했다.[6] 액티브하게 운용되는 미국 주식 뮤추얼 펀드의 평균 수수료율은 가입금액의 약 0.68%이다. 반면, 패시브 펀드의 수수료율은 0.09%에 불과하다.[7]

예측투자는 주식을 사고파는 기준을 엄격하게 설정하기 때문에 주식 거래 회전율이 낮아지고, 이에 따라 거래비용과 세금도 줄어든다.

3) 보상 체계의 한계

펀드 투자자들은 보통 분기별로 S&P 500 같은 벤치마크 지수와 펀드 수익률을 비교하는 자료를 받는다. 이때 투자자가 알아야 할 것이 있다.

펀드매니저들은 대개 단기수익률이 좋지 않을 때 환매가 대거 일어나거나 회사에서 쫓겨날지도 모른다는 두려움을 안고 있다. 따라서 많은 펀드매니저들이 단기적인 상대수익률에 집착하게 된다. 저평가된 주식을 찾기보다는 벤치마크와의 괴리를 최소화할 주식을 사게 되는 것이다. 단기의 낮은 수익률을 견디기 힘든 이런 구조 때문에, 장기로 높은 수익률을 낼 기회도 줄어든다.

실제로 벤치마크와 포트폴리오의 차이를 나타내는 액티브 투자 비중$_{active\ share}$은 지난 수십 년간 꾸준히 낮아졌다. 포트폴리오가 벤치마크와 비슷해질수록 지수에 비해 초과수익을 낼 가능성 역시 줄어든다.

예측투자는, 관행에서 벗어나 더욱 효과적인 분석 도구를 사용하는 펀드매니저가 오랫동안 지수를 이길 확률을 높여준다.

4) 투자 스타일의 한계

대부분의 펀드매니저는 자신의 투자 스타일을 성장주 투자나 가치주 투자로 분류한다. 성장주에 투자하는 매니저들은 매출과 이익이 빠르게 증가하고, 보통 높은 PER에서 거래되는 회사에 집중한다. 가치주에 투자하는 매니저들은 자신이 생각하는 가치보다 훨씬 낮은 가격에 거래되고, PER이 낮은 주식을 찾는다.

여기서 무엇보다 중요한 것은, 펀드매니저가 자신의 투자 스타일에서 벗어나는 것을 꺼리게 만드는 이런 업계 특성 때문에 투자할 수 있는 주식도 한정된다는 사실이다.

그런데 예측투자를 하면 성장주와 가치주 스타일을 구분할 필요가 없다. 포트폴리오 매니저들은 미리 정한 투자 방침을 지키면서 장기수익률을 극대화하려고 노력하기만 하면 된다.

워런 버핏이 단언하듯, "성장과 가치가 상반된다고 자신 있게 말하는 전문가나 매니저들은 전문성 대신 무식을 뽐내는 사람들이다. 성장은 가치를 구성하는 여러 요소 가운데 단지 하나일 뿐이다. 보통은 플러스 요인이지만, 가끔은 마이너스 요인이 되기도 한다".[8]

예측투자는 매수하거나 보유할 저평가 주식을 찾는 데도 유용하지만, 피하거나 팔아야 할 고평가 주식을 찾는 데도 좋다.

그렇다면 예측투자는 통찰력 있고 진지한 투자자들이 높은 수익률을 낼 확률을 높여줄까? 우리는 그렇다고 본다.

1976년, 투자업계의 리더였던 잭 트레이너Jack Treynor는 투자 아이디어에는 두 가지 종류가 있다고 했다. 하나는 "그 의미가 분명하고 알기 쉬운 것"이며, 다른 하나는 "평가하려면 곱씹고, 판단하고, 전문성이 필요한 것"이다. 그리고 후자가 "'장기투자'에 대한 의미 있는 유일한 정의"라고 했다.[9]

회사가 실적을 비롯해 인수합병, 신약 관련 사항을 발표하거나 정부가 반독점 규제 등을 공포할 때, 이런 정보가 장기적인 가치에 미치는 영향이 명확한 경우는 거의 없다.

투자자들은 이런 발표 내용이 현재 주가에 미치는 긍정적인 영향과 부정적인 영향을 빠르게 평가한 후, 이에 맞춰 주식을 거래할 뿐이다. 보통 이런 발표 후에는 으레 거래량이 증가한다. 주가 변동성이 크고 거래량이 늘었다면, 투자자들이 이런 정보에 재빨리 반응한다는 뜻이다.

하지만 승패는 반응 속도가 아니라 정보 해석에 달렸다. 같은 정보라도 해석은 다양하며, 더 나은 해석이 존재하기 마련이다.

다시 말해, 주가는 잘못 산정되어 있을 수도 있는 시장의 기대치를 수정하여 빠르게 반영한다. 투자에 성공하려면 먼저 시장의 기대치를 제대로 읽고, 지금의 기대치가 변할지, 변한다면 어떻게 변할지 판단할 수 있게 해주는 최선의 방법을 사용해야 한다. 그 최선의 방법이 바로 예측투자다.

예측투자 프로세스

이 장에서는 예측투자의 3단계 절차에 대해 차근차근 다룰 것이다.

1) 1단계 : 주가에 반영된 기대치 추정하기

먼저 장기 현금흐름할인법을 이용해 주가에 반영된 기대치

Price-Implied Expectations, PIE를 읽어낸다. 기존 방식은 이익이나 현금흐름을 예상하여 가치를 추정하지만, 예측투자는 그 반대인 셈이다. 이렇게 반대로 접근하면 다음과 같은 장점이 있다.

- 장기 현금흐름할인법은 기대치를 읽기에 가장 적합한 방법이다. 시장이 주가를 결정하는 방법이 바로 이것이기 때문이다.
- 예측투자는 불확실성이 고조된 세상에서 투자자들이 마주하는 딜레마를 해결해준다. 먼 미래의 알기 힘든 현금흐름을 예측할 필요 없이 현금흐름할인법의 장점을 이용하기 때문이다.
- 투자자들이 확률 낮은 투자 기회에 현혹되지 않게 된다. 여기서는 단지 시장에서 매겨놓은 재무적 기대치를 이해하면 끝이다.

2) 2단계 : 기대치 변화의 가능성 찾기

현재의 기대치를 추정하고 나면 적절한 전략과 재무 분석 방식을 적용하여 기대치의 변화가 일어날 가능성이 있는 영역과 시점을 파악한다. 이런 방식의 장점은 다음과 같다.

- 예측투자 방식은 회사의 매출, 영업비용, 재투자 중 어떤 것의 변화에 주가가 가장 민감하게 반응하는지를 보여준다. 따라서 투자자는 가장 중요한 잠재적 변화에 집중하기만 하면 된다.
- 예측투자는 최적의 경쟁 전략 분석틀을 적용하여 기대치가 변할

만한 상황을 찾을 수 있다.
- 예측투자 방식을 이용하면 모든 종류의 회사를 분석할 수 있다. 상장기업과 비상장기업, 유형자산 중심 기업과 무형자산 중심 기업, 성장 기업과 저평가 기업, 선진국 기업과 신흥국 기업, 신생 기업과 성숙 기업 등 어떤 회사라도 평가가 가능하다. 이처럼 예측투자는 보편적으로 적용할 수 있다.

3) 3단계 : 매수? 매도? 보유?

마지막 단계에서는 매수, 매도의 분명한 기준을 세운다. 주요 내용은 다음과 같다.

- 매수 고려 종목은 확실한 '안전마진'이 있어야 한다. 추정한 가치에 비해 가격이 충분히 낮아야 분석할 때 실수를 했거나, 운이 나빠도 타격이 적다. 마찬가지로, 매도 고려 종목은 추정한 가치에 비해 충분히 비싼 가격에 팔아야 한다.
- 행동경제학에서 얻은 통찰력을 바탕으로 의사결정의 오류를 피한다.
- 매수 및 매도 기준을 까다롭게 잡아서 거래비용과 양도소득세를 줄인다.

주식시장의 3가지 큰 착각

1938년 존 버 윌리엄스John Burr Williams는 가치평가에 현금흐름할인법의 유용성을 중요하게 다룬 『투자가치론The Theory of Investment Value』을 출간했다. 이 책에서 윌리엄스는 현금흐름할인법이 너무 복잡하고, 불확실하며, 비현실적이라는 투자자들의 우려를 설득력 있게 불식시켰다.[10] 하지만 그 후 금융 이론의 많은 발전에도 불구하고, 여전히 많은 투자자들이 현금흐름할인법과 이를 실행하는데 사용되는 여러 재무적 방법을 기피하는 경향을 보이고 있다.

뒷장들에서 예측투자에 대해 충분히 설명할 예정인데, 이를 통해 예측투자가 다른 일반적인 투자법보다 우월한 방법이라는 점이 드러날 것이다. 그러나 그에 앞서 투자 세계에 팽배해 있는 다음과 같은 3가지 오해는 꼭 짚고 넘어가야겠다.

> 1. 시장은 단기적 관점을 가지고 있다.
> 2. 주당순이익이 가치를 결정한다.
> 3. 주가수익배수가 가치를 결정한다.

이런 오해 때문에 투자자들은 잘못된 기대치를 따라가고, 그 결과 수익률이 낮아진다. 이 3가지 오해를 하나씩 따져보자.

> **오해** : 시장은 단기적 관점을 가지고 있다.
> **진실** : 시장은 장기적 관점을 가지고 있다.

대부분의 투자자와 경영자들은 장기적인 현금흐름이 아니라 단기 이익이 주가 형성의 기초라고 믿는다. 왜 그럴까? 여기에는 3가지 그럴듯한 설명이 있다.

첫째, 실적 발표에 대한 시장 반응을 잘못 해석해서라는 설명이다. 분기별로 발표되는 회사의 실적이 투자자에게 그 회사의 장기적인 현금흐름의 전망에 새로운 정보를 제공했을 때 주가가 변한다. 그러나 실적 발표에 시장이 기계적으로 반응하지는 않는다. 그 대신, 시장은 예상치 못한 실적 발표와 점점 더 경영진의 미래 실적에 대한 가이던스를 회사의 미래 현금흐름 기대치를 변화시키는 신호로 받아들인다. 만약 회사의 실망스러운 실적이나 가이던스를 장기적인 하락의 신호로 시장이 받아들이면 시장은 더 낮은 주가를 제시하게 된다.[11]

둘째, 장기 전망이 좋은 회사의 주식이라도 주식투자 수익률이 늘 좋은 것은 아니기 때문이다. 회사 실적에 대한 기대치가 주가에 완전히 반영되어 있다면, 기대수익률은 시장수익률과 동일하다. 현명한 투자자가 좋은 수익을 얻을 수 있는 길은 회사의 경쟁 지위의 변화와 그 결과 현재 주가가 반영하지 못한 현금흐름의 변화를 예측하는 것이다.

셋째, 투자자들의 주식 보유 기간이 비교적 짧기 때문이라는 설명이다. 예를 들어 전통적인 뮤추얼 펀드는 2000년 닷컴버블 고점에 비해 회전율이 줄었지만, 지금은 초단타 매매나 퀀트 펀드들이 점점 두각을 보이고 있다.[12] 주식을 몇 개월, 심지어 며칠밖에 보유하지 않는데, 어떻게 투자자들이 회사의 장기 전망을 고려한다고 할 수 있을까?

간단하게 대답하면, 투자자의 보유 기간과 시장이 보는 투자 기간은 다르다. 시장이 보는 투자 기간을 이해하려면 투자자의 보유 기간이 아니라 주가를 봐야 한다. 주가는 다년간의 예상 현금흐름의 총합이라는 점은 여러 연구에서 확인되었다. 그런데도 투자자들은 장기적인 성과에 대해 단기적으로 베팅을 한다.

시장이 장기적인 관점을 가지고 있다는 것을 어떻게 알까? 주가 자체가 가장 직접적인 증거다. 현재 주가가 내포하고 있는 현금흐름의 예상 규모와 지속 기간을 추산할 수 있다. 대부분의 회사는 주가를 정당화하는 데 가치 창출에 기여할 10년 이상의 현금흐름이 필요하다.

간접 증거도 있다. 향후 5년간의 예상 배당금이 현재 주가에서 차지하는 비중이다. 다우지수에 있는 회사들을 보면, 향후 5년 예상 배당금이 주가에서 차지하는 비중이 10~15% 정도이다.[13]

| 오해 : 주당순이익이 가치를 결정한다.

| **진실** : 순이익은 가치와 거의 상관이 없다.

투자업계와 경영자들은 주당순이익EPS에 집착한다. 최고재무책임자CFO들을 대상으로 한 조사에 따르면, 그 결과는 '순이익이 왕이다'로 짧게 요약된다.[14]

〈월스트리트 저널Wall Street Journal〉을 비롯한 다양한 매체는 매출 성장, 분기 주당순이익, PER에 많은 시간을 할애한다. 실적 발표와 그 반응에 대해 모두가 끊임없이 이야기하다 보니, 실적이 주가에 아주 강력하게 영향을 끼친다고 생각하게 된다.

그러나 실적과 장기현금흐름에는 중요한 차이가 있다. 이 둘이 어떤 점에서 다른지를 알면 실적이 '주가에 내재된 기대치'를 알아보기 위한 수단으로 적절치 않은 이유와 향후 실적 전망이 좋아진다고 해서 왜 반드시 주가가 상승하는 것은 아닌지 알 수 있다.

이익의 단점 중 다음 3가지 사항에 대해 하나씩 좀 더 살펴보자.

- 이익에는 자본비용이 빠져 있다.
- 이익에는 성장을 위한 재투자(운전자본 및 고정자본 투자)가 빠져 있다.
- 회사들은 허용되는 다양한 회계방식을 사용해 이익을 변형할 수 있다.

현금흐름할인법과 주가는 돈의 시간가치time value of money를 고려한다. 지금의 1달러는 1년 후의 1달러보다 가치 있다. 왜냐하면 그 1달러로 어딘가에 투자해서 수익을 낼 수 있기 때문이다. 회사가 투자를 할 때도, 해당 투자의 수익률과 다른 투자 기회에서 얻을 수익률을 비교해야 한다. 이 기회비용opportunity cost을 자본비용cost of capital이라고 하고, 이 자본비용이 곧 현금흐름할인법에서의 할인율이 된다. 그런데 실적 발표에 등장하는 수치들은 이런 기회비용과 돈의 시간가치에 대한 고려를 하지 않는다.

현금흐름할인법에서 회사의 가치가 늘어나는 경우는 새로운 투자의 수익률이 자본비용보다 높을 때이다. 여기서 중요한 통찰은, 회사가 자본비용보다 낮은 투자 성과를 내도 이익을 늘릴 수 있다는 사실이다(뒤에 나오는 이번 장 〈좀 더 알아보기〉에 구체적인 예시가 있다). 따라서 이익이 늘어난다고 항상 가치가 올라가는 건 아니다.

이익은 운전자본 및 고정자본 재투자를 반영하지 않는다는 점도 살펴보자. 회계상의 이익 항목들은 매출채권, 재고자산, 고정자산 등의 증가 같은 미래 성장을 위한 현금 유출을 인식하지 않는다. 반면 현금흐름할인법은 모든 현금의 유입과 유출을 포함한다. 예를 들어 패스트푸드 체인인 쉐이크쉑Shake Shack의 2019년 순이익은 2,413만 달러 수준이고, 현금흐름은 -1,665만 달러다(〈표 1-1〉). 순이익만 봐서는 장기든, 단기든 현금흐름을 알 수 없다.

표 1-1 쉐이크쉑 손익계산서의 현금흐름 조정표 (단위 : 1,000달러)

	금액	조정	현금흐름
매출액	594,519		
(+) 매출채권 증감		10,726	605,245
매출원가	(446,607)		
(−) 기타자산 증가		(8,583)	
(+) 기타부채 증가		(19,595)	(474,785)
(+) 감가상각비		40,704	
(−) 비현금성 리스료		40,068	
(−) 자본적지출		(106,507)	(25,735)
(+) 주식 기반 보상		7,505	
판매관리비	(65,649)		
감가상각비	(40,392)		
개점 비용	(14,834)		
기타	(1,352)	968	(113,754)
기타 순이익	2,263		
이자 비용	(434)		1,829
법인세 비용	(3,386)		
(−) 이연 법인세		(6,064)	
스톡옵션 법인세 효익			
순이익	24,128		
현금흐름			(16,650)

자료 : 쉐이크쉑 사업보고서

　마지막으로, 회사들은 이익을 계산할 때 허용 가능한 범위 내에서 다양한 방식을 사용할 수 있다. 그럼에도 회계사가 영업 성과를 기록하는 방식이 그 영업 성과나 주주가치에 미치는 영향을 바꾸지는 못한다. 그리고 현명한 회계사들은 그들이 개인이든 집단이든 기업가치 평가에 비교우위를 가진 것은 아니라고 기꺼이 인정한다.

기업들이 재무 실적을 보고하는 목적은 회사 가치를 추정하는 데 유용한 정보를 제공하는 데 있다.

회계적으로 이익을 산출하기 위해서는 매출을 인식한 후, 이를 비용과 맞추는 두 가지 단계가 반드시 필요하다. 기업은 제품이나 서비스를 고객에게 전달할 때 매출을 인식하며, 고객에게서 받을 돈을 합리적으로 설정할 수 있다. 그 후 이 매출을 인식하는 기간 동안 매출을 내기 위해 필요한 비용을 처리한다. 이것이 매출과 비용을 맞춘다는 말의 뜻이다. 이론적으로는 이 말이 이해하기 쉽지만, 현실에서는 너무 자의적일 수 있다.

몇 가지만 예를 들자면 매출 인식, 감가 방식, 재고 회계 등의 회계기준은 회사가 알아서 선택할 자유를 부여하고 있다.

> **오해** : 주가수익배수가 가치를 결정한다.
> **진실** : 주가수익배수는 가치의 결과물이다.

투자의 세계에서 가장 널리 쓰는 가치평가 지표는 PER이다.[15] PER은 주가를 주당순이익으로 나눠서 계산한다. 투자자들은 다음과 같이 그럴싸한 간결한 공식으로 표현한다.

$$\text{주당 주주가치} = \text{주당순이익} \times P/E$$

이 공식에 따르면 주당순이익 추정치는 공개되어 있기 때문에, 적절한 PER만 결정하면 주식의 가치가 산출된다. 그리고 이 값을 현재 주가와 비교해보면 주가가 고평가인지 저평가인지, 적정가인지 평가할 수 있다. 그러나 계산은 간단하지만 결과는 실망스럽다.

공식을 자세히 들여다보자. 작년의 주당순이익이나 내년의 주당순이익 전망치는 이미 알기 때문에 적정 PER만 추정하면 된다. 그러나 이 말은, 공식에서 분모인 E(EPS 즉, 주당순이익)는 이미 알고 있으니 분자가 되는 적정주가 P만 알면 된다는 뜻이다. 결국 이 공식은 "가치를 추정하기 위해서는 가치의 추정치가 필요하다"라는 쓸모없는 동어반복일 뿐이다.

이 결함투성이 논리로부터 중요한 사실을 알 수 있다. 즉, PER은 가치를 결정하는 게 아니라, 가치의 결과물로 나타나는 것이다. PER은 분석을 위한 지름길이 아니라 막다른 길이다.

🔍 핵심 포인트

1. 시장 기대치를 읽고 이 기대치의 변화를 예측할 수 있는 투자자들은 우수한 수익률을 낼 확률이 더 크다.
2. 예측투자 방식은 현금흐름할인법의 장점을 온전히 활용하지만, 주가를 가지고 현금흐름 기대치를 구한다.
3. 순이익 기대치를 이용하여 투자하는 사람들은 실패 확률이 크다. 단기간의 이익은 시장이 주가를 결정하는 방식에 반영되지 않기 때문이다.

● 좀 더 알아보기 ●

'이익 성장'과 '가치 창출'은 다른 말이다

이익 성장과 주주가치 성장이 같지 않은 이유를 살펴보자. 'EGI(이익 성장)'라는 가상의 회사가 있다. 계산을 단순하게 하기 위해, EGI는 부채도 없고, 성장을 위한 재투자도 필요없다고 가정해보자. 따라서 이익과 현금흐름이 똑같다. 이렇게 가정을 단순화해도 분석 결과에는 영향을 미치지 않는다. EGI의 최근 손익계산서는 다음과 같다.

(단위 : 100만 달러)

매출	100
영업비용	85
영업이익(15%)	15
세금(20%)	3
순이익	12

이 회사는 미래에도 현재의 매출과 이익률이 유지된다고 가정하자. 자기자본비용cost of equity capital이 8%라고 하면 EGI의 주주가치는 1,200만 달러를 8%로 나눈 값, 즉 1억 5,000만 달러가 된다.

이제 이 회사가 사업으로 번 현금(EGI의 영업이익) 1,500만 달러를 투자할 기회가 있다고 해보자. 매출은 10% 증가하고 세전영업이익률은 15%로 동일하다고 가정한다. 이때 EGI의 예상 손익계산서는 다음과 같다.

(단위 : 100만 달러)

매출	110.0
영업비용	93.5
영업이익(15%)	16.5
세금(20%)	3.3
순이익	13.2

 EGI의 주주가치는 이제 1억 6,500만 달러(=1,320만 달러÷8%)에서 투자금 1,500만 달러를 뺀 금액이다. 즉 1억 5,000만 달러가 된다. 이익이 10% 늘어도 주주가치는 그대로다. 투자금 1,500만 달러로 세후현금흐름 120만 달러를 늘렸고, 이것에 (자본비용인) 8% 할인율을 적용하면 결국 투자금과 정확히 똑같은 1,500만 달러가 되기 때문이다. 현금흐름 증가분의 현재가치가 투자금의 현재가치와 동일하면 주주가치도 변하지 않는다.

 신규 투자의 수익률이 자본비용보다 낮으면 이익이 늘어도 주주가치는 줄어든다. 예를 들어 EGI가 3,000만 달러를 투자해 내년 매출이 20% 증가한다고 가정하자. 하지만 매출 증가분(2,000만 달러)의 세전영업이익률은 이전의 15%가 아니라 10%라고 가정하자. 이때 손익계산서는 다음과 같다.

(단위 : 100만 달러)

매출	120.0
영업비용	103.0
영업이익	17.0
세금(20%)	3.4
순이익	13.6

* 영업이익=(1억 달러×15%)+(2,000만 달러×10%)=1,700만 달러

이익이 1,200만 달러에서 1,360만 달러로 13.3% 늘지만, 주주가치는 1억 4,000만 달러가 된다. 이것은 1억 7,000만 달러(=1,360만 달러÷8%)에서 투자금 3,000만 달러를 뺀 금액, 즉 1억 4,000만 달러가 된다. 이익은 증가하는데도, 가치는 1,000만 달러 감소하는 셈이다. (1억 4,000만 달러-1억 5,000만 달러=-1,000만 달러)

주가는 이익의 증가와 거의 상관이 없다. 그 대신, 주주가치와 주가는 미래 현금흐름에 대한 기대치의 변화에 따라 변한다. 따라서 이익이 증가해도, 심지어 주주가치의 증가가 수반되면서 이익이 증가해도 투자자의 기대치를 감소시킬 수 있고, 주가가 떨어질 수 있다.

Reading Stock Prices for Better Returns

Value

Most investors recognize that the stock valuations that justify their buy and sell decisions are based on expectations for a company's future financial performance. Likewise, corporate executives commonly have projections for sales, operating profit, and capital needs of their firm for the next three to five years. Investors and corporate executives who adopt expectations investing will have a systematic and robust way to compare their expectations to those of the market.

This book brings the power of expectations investing to portfolio managers, security analysts, investment advisors, individual investors, and basic student expectations investors. It also offers substantial insights to the corporate community. Managers in search of a superior investing tool to guide their investment decisions, corporate executives charged with the task of selecting an appropriate action to take advantage of mismatched expectations.

Chapter 1 makes the case for expectations investing and explains why traditional analysis, with its focus on short-term earnings,

form
1부

• 2장 • 3장 • 4장 •

시장의 기대치 변화와 주식의 가치

Gathering the Tools

2 | 시장이 주식의 가치를 매기는 방식

전통적인 현금흐름할인법Discounted Cash Flow, DCF 분석에서는 주식 가치를 평가하려면 미래의 현금흐름을 예측해야 한다. 하지만 예측투자는 반대 순서로 한다. 많은 정보를 담고 있음에도 잘 활용되지 않는 주가를 먼저 보고, 이 주가를 정당화하기 위해 필요한 미래의 현금흐름의 기대치를 계산한다. 이렇게 구한 기대치는 주식에 대한 매수, 매도, 보유의 척도로 사용할 수 있다.

예측투자의 세세한 사항으로 깊이 들어가기 전에, 우리가 중요한 기준점으로 삼는 '시장 기대치'가 제대로 된 지표인지를 확인할 필요가 있다. 따라서 다음과 같은 핵심적인 질문에 답해야만 한다. 금융시장에서의 가격은 정말 미래에 기대되는 현금흐름을 반영하고 있을까?

주가에 담긴 '시장의 기대치'

주식시장의 기대치가 장기적인 현금흐름에 근거하고 있는 이유를 알려면 기본 전제부터 다시 살펴봐야 한다. 지금의 1달러는 미래의 1달러보다 가치가 높다. 그 1달러로 투자를 해서 수익을 낼 수 있기 때문이다. 이 과정을 '복리compounding'라고 한다.

복리를 뒤집으면 '할인discounting'이 되는데, 미래 현금흐름을 현재가치로 환산하는 것을 말한다. 어떤 자산의 현재가치는 미래 기대 현금흐름의 합을 기대수익률로 할인한 값이다. 여기서 말하는 기대수익률은 비슷한 위험을 가진 다른 자산에 투자했을 때 예상되는 수익률이다. 이 현재가치가 어떤 자산에 대해 투자자가 지불할 수 있는 최대값이 된다.[1]*

제대로 작동하는 자본시장이라면 현금흐름할인법에 따라 채권과 부동산을 포함한 자산 가격이 조정된다. 예를 들어, 채권 발행자는 표면이자율, 액면가, 만기일을 설정한다. 채권 가격은 약속된 현금흐름을 현재 기대수익률로 할인한 값이다. 인플레이션 전망이나 회사의 신용 변화 때문에 기대수익률이 높아지거나 낮아지면, 채권의 가격도 그에 맞춰 변한다. 즉 예상되는 리스크에 맞

---

* 이보다 높은 값을 내면 기회비용이 발생하기 때문이다.

춰 기대수익률이 변하고, 또 이에 따라 시장은 가격을 조정한다.

상업용 부동산 시장에서도 현금흐름할인법으로 가격이 정해진다. 1990년대 초 엠파이어 스테이트 빌딩이 매물로 나왔을 때, 부동산 전문가들은 시장 가격을 약 4억 5,000만 달러로 정했다. 그러나 실거래가는 4,000만 달러밖에 되지 않았다. 그 건물의 장기적인 마스터 리스master lease*를 통한 수익률이 시장수익률보다 낮았기 때문이다.

건물의 명성이나 뛰어난 입지 등 그 어느 것도 건물 가격을 결정하지 못했다. 엠파이어 스테이트 빌딩의 가격을 결정한 것은 바로 건물의 할인된 현금흐름이었다.[2]

채권이나 부동산 가격의 가치를 결정하는 것이 현금흐름의 크기, 시기, 위험인 것처럼 이런 변수가 주식의 가격도 결정한다고 볼 수 있다.

문제는 주식의 경우 이 변수가 훨씬 더 불확실하다는 점이다. 채권은 이자 지급액, 원금상환일이 명시되어 있는 반면, 주식은 현금흐름이 불확실하고, 현금흐름이 생기는 기간도 분명하지 않으며, 원금상환에 대한 조항도 없다. 이처럼 주식은 불확실성이 더 크기 때문에 채권보다 가치를 평가하기가 어렵다.

---

* 건물을 통째로 빌린 후 이를 재임대해 수익을 얻는 사업 방식.

그렇다면 주식은 현금흐름할인법으로 평가하면 안 된다는 이야기인가? 물론 아니다. 투자자가 어떤 금융자산을 사서 돌려받는 수익은 결국 그 자산을 보유하고 있는 동안 받는 현금흐름에다가, 그 자산을 팔 때의 매각대금을 합친 것이다.

존 보글은 현금흐름할인법의 장점을 다음과 같이 설명한다. "투자에 대한 보상은 조만간 미래 현금흐름을 따르게 되어 있다. 어떤 주식시장이든 존재하는 이유는 주식의 미래 현금흐름에 대한 약속의 대가로 유동성을 제공하는 것이다. 이렇게 유동성이 제공되는 시장 덕분에 투자자들은 언제든 미래 현금흐름의 현재가치로 주식을 매도할 수 있다."[3]

수많은 실증연구들은 시장이 다른 금융자산처럼 주식의 가격을 결정한다는 것을 보여준다. 특히 이런 연구들에서 두 가지 상관관계가 드러난다. 첫째, 주가는 기업의 현금흐름 전망이 변하면 이에 맞춰 변한다. 둘째, 주가는 꽤 먼 미래의 현금흐름까지 반영한다.

앞서 언급했듯, 많은 회사들의 현재 주가에는 보통 10년의 미래 현금흐름이 반영되어 있다. 매우 강력한 경쟁우위를 가진 회사들은 이 기간이 20년으로 늘어나기도 한다.

하지만 대부분의 펀드매니저, 애널리스트, 개인투자자들은 이렇게 오랜 기간의 현금흐름을 전망하기를 꺼린다. 그 대신 단기 이익, PER, 기타 유사한 지표에 집중한다. 만약 이런 지표들을 활용해 정말 저평가 주식을 찾아냈다면, 드문 확률로 우연히 상황이 맞아떨어진 것이다.

단기 실적에 관한 정적인 지표들은 회사의 미래 실적을 제대로 보여주지 못하며, 이런 지표에 의존하는 투자자들은 결국 실패할 수밖에 없다. 특히 경쟁이 치열하고 혁신기술이 지배하는 글로벌 경제환경 속에서는 더더욱 그렇다. 어떤 투자자라도 회사의 미래 현금흐름을 제대로 평가하지 못한다면, 어떤 주식이 저평가인지 고평가인지 자신 있게 판단할 수 없게 된다.

주주가치 추정을 위한 안내판 '주주가치 지도'

이제 현금흐름에 대해서 명확히 규정하고, 현금흐름으로 주주가치를 계산하는 법을 알아보자. 〈그림 2-1〉은 '주주가치 지도'로, 주주가치를 추정하는 데 안내판 역할을 한다. 이 지도를 보면 다음과 같은 관계가 나타난다.

- 매출 성장과 영업이익률에 따라 영업이익이 정해진다.
- 영업이익에서 실제 납부한 세금을 **빼면** 세후순영업이익^{NOPAT}이 된다.
- 세후순영업이익에서 운전자본 투자와 고정자본 투자를 빼면 잉

그림 2-1 주주가치 지도

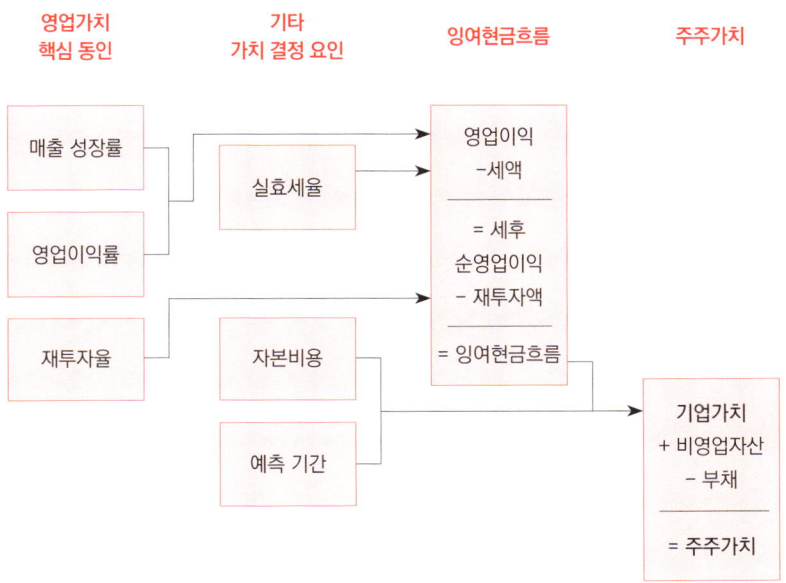

여현금흐름이 된다. 잉여현금흐름은 채권자와 주주에게 지급 가능한 돈이라고 생각하자.

- 잉여현금흐름을 자본비용으로 할인하면 기업가치가 된다.
- 기업가치에 비영업자산을 더한 후, 부채 및 기타 부채를 빼면 주주가치가 된다.

이것이 주주가치를 구하기 위해 현금흐름을 추정하는 일반적인 현금흐름할인법의 방식이다. 예측투자는 이 순서를 반대로 적용해서 가치와는 차이가 날 수도 있는 가격부터 본다. 그리고 그 가격이 내포하고 있는 현금흐름의 기대치를 구한다.

잉여현금흐름 계산하는 방법

편리하게도, 재무제표에 나오는 낯익은 항목들을 이용해서 미래의 잉여현금흐름에 대한 시장의 기대치를 추정할 수 있다. 〈그림 2-1〉을 다시 보자. 매출 성장률, 영업이익률, 재투자율 등 영업가치를 결정하는 3가지 핵심 동인과 기타 가치 결정 요인 중 하나인 실효세율이 잉여현금흐름을 결정한다.

매출 성장률, 영업이익률, 재투자율이 영업가치를 결정한다고 보는 이유는, 이것들이 경영자의 결정에 크게 영향을 받기 때문이다. 기타 가치 결정 요인은 정부나 금융시장 같은 외부 압력이라고도 할 수 있다.

이제 예측 기간의 첫해 잉여현금흐름 계산법을 보자. 전년도 매출이 1억 달러였고, 다음해 기대치는 다음과 같다.

매출 성장률	10%
영업이익률	15%
실효세율	25%

고정자본 재투자 150만 달러
운전자본 재투자 100만 달러

잉여현금흐름을 계산하면 다음과 같다.

(단위 : 100만 달러)

매출	110
영업이익 = 매출 × 15%	16.50
- 세금 = 영업이익 × 실효세율	(4.13)
= 16.5 × 25%	
세후순영업이익(NOPAT)	12.38
고정자본 재투자	(1.50)
운전자본 재투자	(1.00)
- 재투자 총액	(2.50)
잉여현금흐름	9.88

매출액은 손익계산서 맨 윗줄에서 확인할 수 있다. 매출 성장률은 단순히 연간 변화율이다. 영업이익률은 이자 비용과 세금을 차감하기 전의 영업이익을 매출액으로 나눈 값이다. 현금흐름을 계산하기 위해 현금 유출이 발생하지 않는 무형자산 상각은 고려하지 않는다. 또한 리스 계약에서 발생하는 이자 역시 금융비용으로 간주해 계산에서 제외한다.[4] 감가상각비는 현금 유출이 발생하지

않는 비용이지만 영업이익률 계산에 포함한다. 그리고 나중에 이 감가상각비를 자본적지출에서 차감하면 오롯이 현금 수치인 잉여현금흐름이 계산된다.

다음은 세금을 살펴본다. 손익계산서에 나오는 세금, 즉 장부상 법인세 비용은 해당 기간에 실제로 납부한 세금보다 큰 경우가 많다. 이는 기업들이 절세를 하기 위해 일부 매출과 비용을 회계상으로 인식할 때 실제 현금의 유출입 시기와 차이를 둘 수 있기 때문이다.

예를 들어 어떤 회사는 회계상 감가상각 방법으로 정액법을 채택하고 세무 신고 목적으로는 가속상각법을 사용할 수 있다. 가속상각법에 의한 감가상각비가 정액법에 의한 감가상각비보다 크기 때문에, 이렇게 하면 회사의 비용이 증가한다. 또 이로 인해 과세소득은 감소한다.[5] 그리고 주식 기반 보상은 신고한 세금과 현금 사이의 시차를 발생시킬 수 있다. 그 결과, 보통은 실효세율이 장부상 세율보다 더 낮게 된다.

실질 세율은 세전이익이 아니라 영업이익에 대해 지불하는 세금을 나타낸다. 따라서 어떤 회사가 부채가 전혀 없을 때 냈을 세금을 계산하려면 이자비용 및 영업 외 이익이나 비용 때문에 생긴 세금 효과를 제외해야 한다. 이자비용에 세율을 곱해서 계산한 세액이 감소하는 세금 효과를 제거하면 실질 세금은 증가한다. 그리고 영업 외 이익에 대한 세금을 제외하면 영업이익에 대한 세금이 줄어든다.

이제 세후순영업이익^{NOPAT}을 구했다. 여기서 잉여현금흐름을 계산하기 위한 마지막 절차로써, 재투자액을 빼야 한다. 투자는 미래에 그 투자의 경제적 가치를 증명해줄 현금흐름이 창출될 것을 기대하고 오늘 지출하는 돈이다. 재투자에는 일반적으로 고정자본 재투자, 운전자본 재투자, 인수합병 등이 있다.

고정자본 재투자부터 살펴보자. 고정자본 재투자는 자본적지출과 감가상각비를 반영한다. 시장 기대치에 대한 영감을 얻고, 고정자본 재투자율을 추정하기 위해서는 장기 전망치를 제공하는 밸류라인^{ValueLine}이나 애널리스트 전망치처럼 공개적으로 이용할 수 있는 서비스를 활용한다. 고정자본 재투자율은 매출을 1달러 증가시키려면 고정자본 투자가 얼마나 필요한지를 나타낸다. 이 비율을 계산하려면 자본적지출에서 감가상각비를 빼고, 이 수치를 해당 기간의 예상 매출 변화액으로 나눈다.[6]

감가상각비를 빼는 이유는, 감가상각비가 현재 생산 능력을 유지하기 위해 필요한 비용과 비슷하기 때문이다. 그 결과, 감가상각비를 제외한 순수한 자본 투자만을 재투자로 간주한다. 예를 들어 고정자본 재투자율이 15%이고, 매출이 1억 달러에서 1억 1,000만 달러로 1,000만 달러 증가했다면, 고정자본 재투자는 150만 달러가 된다(15%×1,000만 달러=150만 달러).

기대치를 평가하기 위해 과거 재투자율을 어느 정도로 이용해야 좋은지는 몇 가지 요인에 따라 달라진다. 제품 구성의 상대적 안정성, 기술 변화, 가격 인상이나 고정자산의 효율적 이용을 통해 증가한 고정자본비용을 상쇄할 수 있는 능력 등이 여기에 포함된다. 이런 정보들을 반영한 과거의 투자율을 사용하면 미래의 투자율을 합리적으로 판단할 수 있는 출발점이 된다.

다음으로, 운전자본 재투자율은 매출액 변화 대비 운전자본 변화를 의미한다. 운전자본은 유동자산에서 비이자발생 유동부채를 빼면 된다. 유동자산은 대부분 매출채권과 재고자산이고, 비이자발생 유동부채는 대부분 매입채무와 미지급금이다. 유동자산에서는 영업활동을 위해 필요한 현금만 남기고 나머지는 제외해야 한다. 보통은 회사가 성장할수록, 운전자본도 비례해서 증가한다.

운전자본 재투자율은 운전자본 변화분을 매출 변화분으로 나누면 된다. 예를 들어 운전자본 재투자율이 10%면, 매출이 1,000만 달러 증가할 때 운전자본은 100만 달러가 더 필요하다(10% × 1,000만 달러=100만 달러).

운전자본 변화를 통해, 이익과 현금흐름의 또다른 차이가 드러난다. 예를 들어, 기초 매출채권에 비해 기말 매출채권이 늘어났다면, 그해 보고한 매출액에 비해 실제 들어온 현금은 적다는 뜻이다. 회계상으로는 제품이나 서비스를 제공하는 시점에 매출을 인식하지만, 가치평가에서는 현금을 받는 시점이 중요하다.

매출액이 증가하면 보통 재고자산도 늘어난다. 재고자산이 늘어나면 재료비, 노무비, 제조간접비에 대한 현금 지출이 필요하다. 매출원가에는 재고자산 증가를 위한 현금 지출이 빠져 있는데, 이를 운전자본 재투자로 보고 포함해야 한다.

운전자본의 마지막 구성항목인 매입채무와 미지급금은 매출채권 및 재고에 상응한다. 매입채무와 미지급금은 손익계산서에서 이미 비용으로 처리한 금액 중 현금 지출을 하지 않은 항목들이다. 기업들은 회계상 비용을 인식하고 일정기간 후에 지급하기 때문에, 매입채무와 미지급이 증가하면 그해 현금 지출과 운전자본 투자가 감소한다.

실제로, 어떤 회사들은 비이자발생 유동부채가 유동자산보다 많은데, 이 경우 성장이 지속되는 동안 운전자본이 현금의 원천이 된다. 아마존닷컴Amazon.com이 이렇게 운전자본을 활용해 성장을 위한 자금을 조달하는 대표적인 회사다. 아마존은 고객에게 먼저 돈을 받고 나서 나중에 공급업체에 대금을 지불하기 때문에, 운전자본이 투자를 위한 지출이 아니라 현금의 원천이 되어 왔다.

기업들은 끊임없이 고정자본이나 운전자본보다 인수합병(M&A)에 훨씬 더 많은 지출을 하고 있다. 인수합병은 자산배분에 아주 중요하기 때문에 이 책 10장에서는 인수합병에 대해서만 따로 다루겠다. 인수합병의 시기, 규모, 성공 여부는 예측하기 어렵기 때문에 여기서는 고정자본 및 운전자본 투자로 주제를 한정하여 다룬다.

재투자에 대해 논의할 때는 최근 수십 년간 무형자산 투자가 유형자산 투자에 비해 훨씬 빠르게 증가해왔다는 점을 꼭 짚고 넘어가야 한다. 무형자산 투자는 회계상 비용으로 처리되기 때문에, 회사들이 무형자산 투자를 하면 이것이 재무상태표가 아니라 손익계산서에 나타난다. 예를 들어, 한 연구자료에 따르면 2020년 마이크로소프트Microsoft는 연구개발비 및 기타 무형자산 투자에 340억 달러, 자본적지출에 154억 달러를 각각 사용했다.[7] 여기서 중요한 점은 회계사들이 이 투자를 어디에 기록하든 잉여현금흐름은 변하지 않는다는 사실이다.

예측 기간 동안의 잉여현금흐름은 단순히 회사 가치의 일부일 뿐이다. 그렇다고 잉여현금흐름이 예측 기간의 종료 시점에 어디로 사라지는 것은 아니다. 보통 기업가치 대부분은 예측 기간 이후 잉여현금흐름의 가치인 영구가치continuing value가 차지한다. 영구가치는 잔존가치residual value, terminal value라고도 한다.

영구가치를 추정하는 최선의 방법은 무엇일까? 분석하고 있는 기업을 다음 4가지 방식 중 하나로 분류하기를 추천한다. 4가지 방식은 '영구채권 방식', '인플레이션 반영 영구채권 방식', '인플레이션 부분 반영 영구채권 방식', '역성장 영구채권 방식'이다(이번 장 〈좀 더 알아보기〉에서 이 각각의 방식에 대해 보다 자세히 다룬다).

이 4가지 방식 중 역성장 영구채권 방식을 뺀 나머지 세 방식은 다음과 같은 기본 전제가 있다. 자본비용보다 수익이 높은 회사는 경쟁이 생기기 때문에 예측 기간 종료 시점에는 결국 수익이 자본비용으로 수렴하게 된다. 나아가, 이 세 방식들은 이런 예측 기간 종료 시점의 세후순영업이익^{NOPAT}은 유지할 수 있다는 전제와 함께, 재투자를 통해서 더 이상 가치 창출은 되지 않는다고 전제한다. 그렇다고 예측 기간 이후에 성장이 없다는 뜻은 아니다. 단지 추가 성장이 주주가치를 증대시키지 않는다는 뜻이다.

이에 반해 역성장 영구채권 방식의 경우는 시간이 지날수록 세후순영업이익이 감소한다고 가정한다. 이 방식은 쇠퇴하는 산업에 속해 있는 회사에 적합하다.

영구채권 방식에서는 명목 세후순영업이익이 고정된다고 가정한다. 인플레이션 반영 영구채권 방식은 예측 기간 이후에 잉여현금흐름이 인플레이션만큼 증가한다고 가정한다. 그러면 실질 세후순영업이익도 고정된다.[8] 인플레이션 부분 반영 영구채권 방식은 회사가 어느 정도 가격 전가 능력을 가지고 있다고 가정한다.

영구가치 계산 방식 중 어느 것도 모든 상황에 들어맞을 수는 없으며, 예측 기간 종료 시점에 예상하는 회사의 경쟁력에 대한 가정에 따라 적합한 방식을 선택해야 한다.[9]

지금까지 재무제표 항목을 이용하여 잉여현금흐름을 계산하는 방법을 알아보았다. 이제 이 잉여현금흐름을 이용하여 기업 가치를 계산하기 위해서는 적정한 할인율, 즉 자본비용을 추정해야 한다.

'자본비용' 추정하기

현금흐름할인법에 적합한 할인율은 가중평균 자본비용인데, 이는 부채비용과 자기자본비용으로 이뤄진다. 예를 들어, 어떤 회사의 세후부채비용이 4.0%이고 자기자본비용은 9.0%라고 하자. 이 회사는 부채 20%, 자기자본 80%의 비율로 자본을 조달할 계획이다. 이때의 자본비용은 다음과 같다.

	비중 (%)	비용 (%)	가중평균비용 (%)
부채(세후)	20	4.0	0.80
자기자본	80	9.0	7.20
자본비용			8.00

자본비용은 채권자와 주주의 기대수익률 둘 다를 반영한다. 양쪽 모두 잉여현금흐름에 대한 권리가 있기 때문이다. 부채비용도 고려해야 하는 이유는 잉여현금흐름을 계산할 때 이자비용을 제하지 않기 때문이다. 가중평균 자본비용은 채권자와 주주의 권리를 자본 조달시의 비율에 따라 고려한다.

가중평균 자본비용을 계산할 때는 장부가치가 아니라 시장가치를 사용해야 한다. 채권자와 주주는 투자한 돈의 시장가치를 기준으로 수익률을 기대하기 때문이다.[10] 일반적으로 장부가치는 시장가치와 차이가 있는 과거의 비용을 반영하는 탓에 현재의 투자 결정에 적용하는 것은 적합하지 않다.

그렇다면 부채비용과 자기자본비용은 어떻게 추정할까? 부채비용은 특정 이자율에 따라 지급할 계약상 의무이기 때문에 간단하다. 부채비용은 회사가 장기부채에 대해 오늘 지불해야 하는 이자율이다. 이자비용은 세금이 감면되기 때문에, 아래 공식을 이용하면 세후부채비용을 계산할 수 있다.[11] *

$$\text{세후부채비용} = \text{장기부채 만기수익률} \times (1 - \text{세율})$$

이에 비해 자기자본비용의 계산은 조금 더 어려운데, 회사들이 보통주를 보유한 주주들에게 명확한 수익률에 따라 지불하려 하지 않기 때문이다. 그래도 투자자들이 회사의 주식을 매수하거나 보유할 때는 암묵적으로 요구하는 투자수익률이 있다.

합리적인 투자자들이라면 추정하는 위험에 상응하는 수익률을 얻기를 기대한다. 결국 위험은 투자자들이 기회에 대해 지불하는 가격이다. 그렇다면 투자자가 어떤 회사의 주식을 사게 하려면 어느 정도의 수익률이 필요할까? 논리적으로는, 무위험 수익률에 주

---

* 현재 시점에서의 부채조달비용이라는 점이 중요하다. 현재 신용등급이 낮아서 부채비용이 7%인 회사의 경우, 과거 2%에 부채를 조달했더라도 현재 부채비용은 7%다. 또한 실제 이자비용을 2%로 내고 있더라도 역시 마찬가지로 부채비용은 7%다.

식 위험 프리미엄을 더한 값이다. 주식 위험 프리미엄은 위험자산인 주식에 투자할 때의 기대수익률이다.[12]

[공식 2-1]
자기자본비용＝무위험 수익률＋주식의 위험 프리미엄

가장 안전하다는 국채조차도 위험이 전혀 없는 것은 아니다. 본질적으로는 채무불이행의 위험이 없지만, 국채 금리는 상승할 수 있고, 그 결과 가치가 훼손될 수 있다. 그럼에도 완벽한 의미의 무위험 증권은 없기 때문에 무위험 수익률을 추정하기 위해서는 10년물 미국 국채 혹은 유사한 정부 부채 금리를 이용한다.

자기자본비용의 두 번째 구성항목은 개별 주식의 위험 프리미엄이다. 개별 주식의 위험 프리미엄은 시장의 위험 프리미엄에다 개별 주식의 '체계적 위험'을 반영하여 계산한다. 이 체계적 위험은 베타 계수로 측정한다.[13]

[공식 2-2]
주식 위험 프리미엄＝베타×시장의 위험 프리미엄

베타는 어떤 주식의 수익률이 전체 시장 대비 얼마나 민감하게 변하는지를 측정한다. 시장 전체를 그대로 따라가는 포트폴리오라면 베타가 1.0이다. 베타가 1.0보다 큰 주식은 시장보다 변동성이 크며, 따라서 그 주식의 위험 프리미엄은 시장의 위험 프리미엄보다 크다.

예를 들어 시장지수가 1% 오르고 내릴 때 어떤 주식의 수익률은 1.25%씩 오르거나 내리면, 이 주식의 베타는 1.25가 된다. 마찬가지로 베타가 양수이지만 1.0보다 작으면 시장의 움직임을 따르긴 하지만 시장 변화보다 변동성이 작다.

베타는 블룸버그Bloomberg, 팩트셋Factset, 밸류라인Value Line 등에서 구할 수 있다.

마지막 변수인 시장의 위험 프리미엄은 투자자가 무위험 국채가 아니라 잘 분산된 주식 포트폴리오를 보유할 때의 추가 수익률이다. 시장 위험 프리미엄을 계산하려면, S&P 500 같은 대표적인 시장지수의 기대수익률에서 무위험 수익률을 빼면 된다.

[공식 2-3]

시장 위험 프리미엄 = 시장 기대수익률 − 무위험 수익률

시장 위험 프리미엄을 계산할 때는 과거의 수익률이 아니라 기대수익률을 기준으로 계산해야 한다. 과거 수익률을 사용하게 되면, 시장 위험 프리미엄이 계속 변한다는 사실을 반영하지 못하게 된다. 다양한 최근 자료나 예측 분석 등에 따르면 일반적으로 주

식 위험 프리미엄은 4~6% 수준이다.[14]

아래 [공식 2-4]는 자기자본비용에 관해 앞서 다룬 공식을 종합한 것이다.

[공식 2-4]

자기자본비용 = 무위험 수익률 + 베타 × (시장 기대수익률 − 무위험 수익률)

예를 들어, 무위험 수익률이 1.5%, 베타는 1.25, 시장 기대수익률은 7.5%라고 하면, 자기자본비용은 다음과 같다.

자기자본비용 = 1.5% + 1.25 × (7.5% − 1.5%) = 9.0%

'예측 기간'의 중요성

예측 기간의 중요성을 이해하려면 〈그림 2-1〉을 다시 봐야 한다. 잉여현금흐름을 자본비용으로 할인하면 미래 잉여현금흐름의 현재가치가 된다.

이제, 주가가 몇 년 동안의 잉여현금흐름을 내포하고 있는지 평가할 필요가 있다.

가치평가 관련 책들에서는 5년이나 10년을 언급하지만, 이런

자의적인 숫자를 사용하면 안 된다. 예측 기간은 어떤 회사가 자본비용 이상의 재투자수익률을 낼 것으로 시장이 기대하는 기간이다. 경제 이론이나 실제 증거들에 따르면, 자본비용을 넘는 초과수익을 내는 회사들에는 경쟁이 생겨서 결국에는 자본비용에 수렴하는 수익을 내게 된다.

일반적으로 애널리스트는 현금흐름할인법으로 가치평가를 할 때 예측 기간을 너무 짧게 잡는다. 2년이나 3년 이상의 예측은 그냥 '찍기'라고 생각한다면 핵심을 놓친 것이다. 시장 가격은 진짜로 장기적인 현금흐름에 대한 기대치를 반영한다. 실제로 주식시장에서 과거 가격을 바탕으로 보면 시장이 내포하고 있는 예측 기간은 5년에서 15년 사이다.[15]

물론 시장이 내포하고 있는 예측 기간은 산업별로 다르다. 그리고 같은 산업 내에 있는 회사들의 경우, 예측 기간이 시간이 가면서 변할 수는 있지만, 비슷비슷한 경향이 있다. 이 책 5장에서는 시장 가격을 통해 예측 기간을 추정하는 방법을 자세히 다룬다. 지금 꼭 기억할 것은 주식시장은 장기적 관점을 가지고 있다는 사실이다.

기업가치 vs 주주가치

예측 기간 동안의 잉여현금흐름의 현재가치와 영구가치를 더하면 기업가치corporate value가 된다. 주주가치shareholder value는 이렇게 구한 기업가치에 비영업자산을 더하고 부채를 빼면 나온다.

왜 주주가치는 초과현금excess cash, 매도가능증권, 기타 일상적인 회사 영업과 관계없는 투자 등의 비영업자산을 포함하는 걸까? 그 이유는 이 자산들은 가치가 있지만, 잉여현금흐름 계산에서 이 자산들이 만들어낼 현금을 제외했었기 때문이다. 초과현금은 회사가 현재의 영업을 위해 필요한 금액 이상의 현금이다. 회사들은 불황에 대비하거나 대규모 인수를 위해 현금과 매도가능증권을 쌓아 놓곤 한다.

비영업자산이 회사 주가의 상당히 큰 비중을 차지할 수도 있다. 예컨대 마이크로소프트, 버크셔 해서웨이Berkshire Hathaway, 알파벳Alphabet, 애플Apple은 2020년 말 기준 각각 현금 및 매도가능증권의 규모가 1,000억 달러 이상이다.[16]

또한 어떤 비영업자산에서는 과세 소득이 발생하기 때문에 비영업자산의 가치를 매길 때 세금도 반드시 고려하는 것이 중요하다. 연구 결과에 따르면 기업의 현금 보유는 세금 정책의 영향을 많이 받는다.[17]

회사의 일상적 영업을 위해 필요한 현금은 산업별로 다르다. 일반적으로 안정적인 성숙한 회사는 현금이 별로 필요 없으며, 대략 매출의 1% 정도면 된다. 불안정한 신생 회사는 매출의 5~10% 정도의 현금이 필요하다.

끝으로, 주주가치 계산을 위해 부채의 시장가치를 뺀다. 부채는 채권뿐 아니라 우선주와 미적립 연금도 포함한다.[18] 우선주 가치를 빼는 이유는, 일반적으로 보통주 주주에게 현금 환원을 하기 전에 우선주 보유자들에게 먼저 배당을 지급해야 하기 때문이다. 미래 연금 지급액의 현재가치가 연금자산보다 크면 연금부채도 제외한다. 연금 부족은 결국 회사의 책임이기 때문에 부족액만큼을 제외해야 주주가치가 결정된다.[19]

예시를 통한 주주가치 구하는 법

다음에 나오는 주주가치 구하는 법의 예시는 '영업가치 핵심 동인'*에 대한 가정으로 출발하여, 주주가치를 구하는 것으로 끝이 난다. 하지만 예측투자는 이 과정을 거꾸로 적용한다. 즉 시장가

---

* 영업가치 핵심 동인(operating value driver)은 이 책에 빈번하게 등장하는 용어다. 가치 변화 트리거(value trigger), 가치 변화 요인(value factor)과 함께 주주가치를 구하는 데 필요한 결정적인 요소다. 본격적인 설명은 3장에서 이어진다.

표 2-1 주주가치 구하는 법 예시　　　　　　　　　　　　(단위 : 100만 달러)

	1년 차	2년 차	3년 차	4년 차	5년 차
매출	110.00	121.00	133.10	146.41	161.05
영업이익	16.50	18.15	19.97	21.96	24.16
(-) 영업이익에 대한 세금	4.13	4.54	4.99	5.49	6.04
세후순영업이익(NOPAT)	12.38	13.61	14.97	16.47	18.12
고정자본 투자	1.50	1.65	1.82	2.00	2.20
운전자본 투자	1.00	1.10	1.21	1.33	1.46
총투자	2.50	2.75	3.03	3.33	3.66
잉여현금흐름	9.88	10.86	11.95	13.14	14.46
잉여현금흐름의 현재가치	9.14	9.31	9.49	9.66	9.84
잉여현금흐름의 현재가치 누적액	9.14	18.46	27.94	37.60	47.44
영구가치의 현재가치					209.63*
주주가치					257.07

* 영구가치의 현재가치는 '좀 더 알아보기 1' [공식 2-7]에 의해 다음과 같이 계산되었다.

$$5년차\ 세후순영업이익(NOPAT)\ 18.12 \times (1+2\%) \div (8\%-2\%) = 308.04$$

위 식에 의해 계산된 308.04는 5년 차 시점에서의 영구가치이다. 따라서 영구가치의 현재가치는 위 금액을 다시 8%의 자본비용과 5년의 기간으로 할인한 값이다.

$$308.04 \div (1+8\%) \times 5 = 209.63$$

치에서 출발하여 주가에 담긴 기대치를 구한다. 어디서 시작하든 원리는 같다.

　기준년도 매출이 1억 달러이고, 다음과 같은 영업가치 핵심 동인이 총 5년간의 예측 기간 동안 똑같이 유지된다고 가정해보자. 또 비영업자산이나 부채는 없다고 하자.

매출 성장률	10%
영업이익률	15%
실효세율	25%
고정자본 재투자율	15%
운전자본 재투자율	10%
자본비용	8%

　주주가치 2억 5,707만 달러는 예측 기간 동안의 잉여현금흐름의 현재가치 누적 합계인 4,744만 달러와 영구가치의 현재가치인 2억 963만 달러를 더한 숫자다(〈표 2-1〉 참조).[20] 이 예시에서는 인플레이션 반영 영구채권 방식을 사용하였고, 물가상승률은 2%로 가정했다.

🔍 핵심 포인트

- ◆ 채권, 부동산, 주식 등 자산의 시장 가격은 현금흐름의 크기, 시기, 위험에 의해 정해진다.
- ◆ 주식의 주주가치는 예상되는 잉여현금흐름을 현재가치로 할인해서 구할 수 있다.
- ◆ 예측투자에서는 장기 현금흐름을 힘겹게 예측하거나, 신뢰할 수 없는 단기 밸류에이션 지표를 이용하는 대신, 주가에 담긴 미래의 현금흐름을 파악하여 매수·매도 결정을 한다.

● 좀 더 알아보기 1 ●

예측 기간 이후 예상되는 현금흐름, '영구가치'

가치평가 모델인 현금흐름할인법은 일반적으로 두 가지 부분에서 현금흐름을 예측한다. 첫째는 설정한 예측 기간 동안의 예상되는 현금흐름이고, 둘째는 설정한 예측 기간 이후의 예상되는 현금흐름을 나타내는 영구가치이다.

영구가치 계산에는 중요한 가정이 깔려 있기 때문에, 이 가정이 합당한지 판단해보는 것이 중요하다. 핵심은 예측 기간 종료 시점에 회사의 경쟁우위 상황 competitive position이 어떠할지를 주의 깊게 고려하는 것이다.

이를 위해서는 3가지를 평가해야 한다.

첫째, 자본비용이다. 설정한 예측 기간 이후 회사의 예상되는 경쟁우위 상황에 맞는 자본비용을 사용해야 한다. 신생 회사의 경우에는 이것이 특히 중요하다. 회사가 성숙해가면서 회사의 위험, 다시 말해 자본비용이 감소하기 때문이다.

둘째, 인플레이션이다. 여기서 관건은 회사가 인플레이션에 맞춰 제품이나 서비스 가격에 전가하여도 구매력을 지킬 수 있는지의 여부이다. 안정적인 산업에 속한 데다, 수요의 가격 탄력성이 낮은 회사들은 인플레이션에 대응하기 가장 좋다. 알다시피, 가격 탄력성은 가격이 변할 때 수요가 얼마나 변하는지를 나타낸다. 가격 탄력성이 낮은 제품과 서비스는 심지어 가격이 올라도 수요가 꾸준하다.

셋째, 예측 기간 이후의 성장 가능성도 고려해야 한다. 인플레이션에도 구매력을 유지하며, 인플레이션 이상으로 성장하는 회사도 드물게 있다. 반대로, 쇠퇴하는 산업에서는 역성장하는 회사들도 나온다. 대부분의 회사는 그 중간 어디쯤에 있다.

영구가치를 평가하는 방식과 시장 가격에 담긴 예측 기간의 상호관계에도 주목해야 한다.

영구가치를 더 많이 잡을수록 예측 기간 중의 가치는 더 작아진다. 따라서 영구가치를 제대로 평가할 수 있는 방법을 잘 선택하는 일이 시장의 기대치를 정확히 파악하는 데 매우 중요하다.

영구가치를 평가할 때는 영구채권 방식, 인플레이션 반영 영구채권 방식, 인플레이션 부분 반영 영구채권 방식, 역성장 영구채권 방식 등 4가지 방식을 사용할 것을 추천한다. 여기서 이 4가지 방식에 대해 보다 자세히 살펴본다.

① 영구채권 방식

영구채권 방식의 기본 가정은 다음과 같다. 자본비용보다 투자수익률이 큰 회사에는 경쟁이 붙고, 따라서 예측 기간 종료 시점에는 새로운 투자의 수익률이 떨어져 자본비용에 수렴하게 된다. 어떤 회사가 예측 기간 이후에도 성장을 하더라도 단지 자본비용과 같은 수준의 투자수익률을 얻을 뿐이어서 더 이상의 가치를 만들어내지 못하게 된다.

예측 기간 이후의 모든 현금흐름을 같은 현금흐름이 영구적으로 연속하는 것으로 변환한다면, 이런 관계의 의미를 이해할 수 있다. 이처럼 영구채권 방식은 개별 현금흐름을 일일이 할인할 필요 없이 예측 기간 이후의 가치를 구하는 매우 간단한 방법이다.[21]

영구채권의 현재가치를 계산하려면, 예측 기간 종료 시점에 예상되는 연간 현금흐름을 수익률로 나누면 된다.

[공식 2-5]

영구채권의 현재가치=연간 현금흐름÷투자수익률

영구채권 방식을 사용하여 영구가치의 현재가치를 계산하려면, 예측 기간 종료 시점의 세후순영업이익^{NOPAT}, 혹은 재투자 전 잉여현금흐름을 자본비용으로 나누면 된다.

[공식 2-6]

영구채권 방식의 영구가치=세후순영업이익÷자본비용

영구채권 방식에서는 잉여현금흐름이 아니라 세후순영업이익이 적합하다. 재투자로 유출되는 현금의 현재가치가 유입될 것으로 예상되는 현금의 현재가치와 정확히 상쇄되기 때문이다.*

예측 기간 이후의 투자는 가치에 영향을 주지 않기 때문에, 영구가치를 계산할 때는 현재 사업을 유지할 만큼의 재투자만 고려하면 된다. 영구채권 방식은 감가비용과 사업 유지를 위한 재투자가 비슷하다고 가정한다. 이런 이유로도 (따로 사업 유지를 위한 재투자를 계산할 필요 없이) 세후순영업이익을 분자로 사용하면 된다.

예를 들어, 자본비용이 8%이고 예측 기간 마지막 해의 세후순영업이익이 1달러라고 하자. 영구채권 방식을 사용하여 영구가치를 계산하면 세후순영업이익 1달러를 자본비용 8%로 나눈 12.5달러이다.

---

* 투자수익률과 자본비용이 동일하면, 재투자 금액과 재투자로 인해 얻는 수익이 같다. 따라서 재투자가 필요 없게 된다.

영구채권 방식에서는, 회사가 예측 기간 이후에 자본비용만큼 수익을 내기는 하지만, 현금흐름 성장률이 물가상승률을 따라가지는 못한다고 가정한다.

② 인플레이션 반영 영구채권 방식

영구채권 방식과 달리, 인플레이션 반영 영구채권 방식은 예측 기간 이후에 현금흐름이 인플레이션만큼 매년 늘어날 것이라는 가정을 한다. 이 방식으로 예측 기간 종료 시점의 현금흐름의 현재가치를 구하는 공식을 만들면, '영구 성장'을 간단하게 표현하게 된다.

[공식 2-7]
　　인플레이션 반영 영구채권 방식의 영구가치
　　　　= 세후순영업이익 × (1 + 물가상승률) ÷ (자본비용 − 물가상승률)

영구채권 방식과 인플레이션 반영 영구채권 방식의 차이는 무엇일까? 둘 다 자본비용에 예상 물가상승률이 포함되어 있다. 하지만 영구채권 방식에서 분자값으로 사용된 현금흐름은 인플레이션에 따라 올라가지 않는다. 미래 현금흐름은 명목상 일정하지만, 매년 인플레이션이 일어나면서 가치는 떨어진다.

이와 달리 인플레이션 반영 영구채권 방식에서 현금흐름은 기대 인플레이션만큼 증가한다. 따라서 현금흐름의 실질 가치는 떨어지지 않고 그대로 유지된다.

당연히 인플레이션을 예상한다면, 인플레이션 반영 영구채권 방식으로 계산한 현금흐름의 가치가 영구채권 방식으로 계산한 현금흐름 가치보다 크다.

예를 들어, 영구채권 방식 때와 동일한 숫자를 쓰되 인플레이션이 매년 2%씩 일어난다고 가정하자. [공식 2-7]을 사용하면 세후순영업이익은 물가상승률만큼 증가하여 1.02달러가 된다. 1.02달러를 6%(자본비용 8%에서 기대 물가상승률 2%를 뺀 값)로 나누면 17달러의 영구가치를 구할 수 있다.[22)]

드문 일이지만, 회사가 물가상승률만큼 혹은 물가상승률보다 더 성장한다고 기대될 때는 인플레이션을 성장률로 바꿀 수 있다. 이렇게 구한 영구가치는 인플레이션 반영 영구채권 방식으로 계산한 값보다 더 클 것이다. 그러나 이런 상황은 매우 드물기 때문에, 아주 제한적으로 사용해야 한다.*

③ 인플레이션 부분 반영 영구채권 방식

인플레이션 부분 반영 영구채권 방식은 예측 기간 이후에도 매년 현금흐름이 증가하기는 하지만 물가상승률을 충분히 따라가지는 못한다는 가정이다. 이 공식은 영구 성장 방식과 동일하지만 p라는 변수가 더해진다. p는 물가상승률 중 회사가 소비자에게 전가할 수 있는 비율이다.

[공식 2-8]
인플레이션 부분 반영 영구채권 방식의 영구가치
= [세후순영업이익 × {1 + (p × 물가상승률)}] ÷ {자본비용 − (p × 물가상승률)}

다른 방식에서 사용한 예와 똑같이, 자본비용 8%, 기대 물가상승률 2%, 예측 기간 마지막 해의 세후순영업이익은 1달러라고 하자. 이 회사가 제품이나 서비스 가격을 물가상승률의 절반만큼 올릴 수 있다고 가정하면 p는 0.5가 된다.

---

* 예측 기간 이후의 '계속 성장'은 영원히 성장하는 것을 가정하기 때문이다.

이 경우 분자는 1.01이 된다(세후순영업이익에, 물가상승률의 절반만큼 세후순영업이익 성장분을 더한다). 분모는 7%(자본비용 8%에서 기대 물가상승률 2%의 절반인 1%를 뺀다)가 된다.

결국 인플레이션 부분 반영 영구채권 방식([공식 2-8])에서 영구가치는 14.43달러(=1.01달러÷7%)다.

④ 역성장 영구채권 방식

대부분의 회사는 결국 언젠가는 쇠퇴한다. 비디오테이프 대여업, 종이신문업, 사진필름업 등을 예시로 생각해보자. 예측 기간의 마지막 시점에 회사가 쇠퇴한다고 예측하면, 물가상승률을 역성장률(하락률)로 바꿔서 인플레이션 반영 영구채권 방식([공식 2-7])을 사용하면 된다.

[공식 2-9]

역성장 영구채권 방식의 영구가치
={세후순영업이익×(1−역성장률)}÷(자본비용+역성장률)

어떤 회사가 매년 2%씩 역성장(하락)한다고 가정하자. 예측 기간 마지막 해 세후순영업이익이 1달러이고, 자본비용은 8%다.

그렇다면 분자는 세후순영업이익 1달러와 0.98달러(=1−0.02)를 곱하면 된다. 분모는 10%(=자본비용 8%+역성장률 2%)가 된다. 따라서 공식대로 계산하면 영구가치는 9.8달러다.

지금까지 4가지 방식을 간단히 살펴봤다. 그렇다면 어떤 방식이 영구가치를 구할 때 적합할까? 쉽게 답하기 어려운 문제다. 적합한 방식을 선택하려면 인플레이션과 회사가 속한 산업의 성장을 고려해야 한다. 또한 산업 내 진입장벽과 파괴적 혁신의 영향을 받을 위험성도 고려해야 한다. 이런 주제들은 이 책 4장에서 자세히 다룬다. 다만, 실제로는 대부분 회사들의 경우 인플레이션 부분 반영 영구채권 방식이 가장 적합하다고 본다.

● 좀 더 알아보기 2 ●

금융회사의 주주가치 계산하는 방법

이번 장에서는 주가에 담긴 기대치를 파악할 때 기업가치 현금흐름할인법을 사용했다. 이 방법은 기업가치를 먼저 산출한 후 현금과 비영업자산을 더하고, 부채를 차감해 주주가치를 계산한다.* 이런 방식은 비금융회사의 주주가치를 계산하는 데 적절하다.

반면, 금융회사의 주가에 담긴 기대치를 파악할 때는 주주 현금흐름할인법이 가장 좋은 방법이다. 은행이나 보험사, 증권사와 같은 금융회사는 2020년 말 기준 S&P 500 기업의 13%를 차지한다. 주주 현금흐름할인법은 주주에게 귀속되는 미래 현금흐름을 자기자본비용으로 할인해 주주가치를 계산한다.** 금융회사들은 재무상태표의 부채를 가치 창출에 이용하기 때문에 주주가치 접근법이 더 직접적인 방식이다.

구체적으로는 같은 금융회사라도 사업 모델에 따라 다른 접근법이 필요하다. 예를 들면, 은행의 주가에 담긴 기대치를 파악하는 모델과 보험회사의 주가에 담

---

* 기업가치 현금흐름할인법은 잉여현금흐름으로 기업 전체의 가치를 먼저 구한 다음, 부채가치를 차감해 주주가치를 도출하는 방식이다. 이는 앞서 살펴본 〈그림 2-1〉의 '주주가치' 계산 과정(기업가치+비영업자산−부채=주주가치)을 설명한 것이다.

** 주주 현금흐름할인법은 잉여현금흐름 대신 주주 현금흐름을 사용해 이를 자기자본비용으로 나누어 직접적으로 주주가치를 계산한다.

긴 기대치를 파악하는 모델은 약간 다르다.

    이처럼 개별 접근법이 다를 수 있지만, 이 책에서 소개하고 있는 예측투자 방식은 어떤 유형의 회사에도 적용할 수 있다(단, 금융회사의 주가에 담긴 기대치를 파악할 때는 기존 모델을 조금 변형해야 할 수도 있다).

3 | 기대치의 변화를 예측하려면 무엇을 봐야 하나?

예측투자는 다음과 같은 두 가지 단순한 아이디어에 바탕을 두고 있다. 첫째, 주가가 반영하고 있는 시장의 기대치를 읽을 수 있다. 둘째, 주가에 담긴 기대치의 변화를 제대로 예측하는 것만으로도 높은 수익률을 낼 수 있다.

시장 기대치를 파악하기 위해서는 현금흐름할인법을 사용한다. 시장이 그 방식으로 주식의 가치를 매기기 때문이다. 주가에 담긴 기대치는 매출 성장률, 영업이익률, 재투자율 등을 포함하는 영업가치 핵심 동인operating value driver을 활용해 표현할 수 있다.

이제 기대치의 변화와 관련하여, 두 가지 근본적인 질문을 해보겠다.

1. 기대치의 변화를 예측하려면 무엇을 봐야 하나?
2. 기대치의 변화에서 더 중요한 것이 있을까?

이 두 질문에 대한 답이 훌륭한 투자수익률을 얻을 수 있는 핵심이다. 현재의 기대치를 아는 것에 더해, 기대치가 어떻게 변할지, 그리고 이것이 주주가치에 어떤 영향을 줄지도 함께 알아야 한다.

이제 첫 번째 질문부터 살펴보자.

'기대치 변화 기본틀'이 알려주는 것들

기대치의 변화를 찾아내려면 영업가치에 영향을 주는 요인에서 출발해야 한다. 실제로 투자자와 경영자들은 각각의 가치 핵심 동인 변화에 따라 주주가치가 얼마만큼 변하는지를 계산해보면 된다고 생각한다. 우리도 예전에는 이런 민감도 분석$^{\text{sensitivity analysis}}$*을 지지했지만, 이런 식의 민감도 분석으로는 기대치 변화

---

* '민감도 분석'은 독립변수가 변화할 경우에 종속변수가 어떻게 영향을 받는가를 분석하는 기법이다. 여기서는 영업가치동인(매출 성장률, 영업이익률, 재투자율)이 변하면 어떻게 주주가치에 영향을 미치는지 분석하는 것을 말한다.

의 토대(핵심 요인들)를 제대로 이해할 수 없다는 것을 알게 됐다.

그 이유를 설명하기 위해 간단한 예를 들어보자. 어떤 회사의 영업이익률과 관련하여 주가에 담긴 기대치가 15%라고 하자. 민감도 분석은 15% 대신에 영업이익률 범위를 예컨대 12%에서 18%로 잡아서, 이 값들을 넣어보고 주주가치가 어떻게 변하는지 확인한다.

하지만 영업이익률에 관한 가정들을 바꾸다 보면 더 큰 의문들이 생긴다. 왜 영업이익률이 변하게 될까? 매출 성장에 대한 기대치가 변하기 때문에 영업이익률에 대한 기대치도 바뀌는 것인가? 아니면 회사가 지금 투자자들의 생각보다 더 공격적으로 비용을 절감해서일까? 가치 핵심 동인은 여러 가지 이유로 변하기 때문에, 좀 더 깊이 자세히 살펴볼 필요가 있다.

기대치의 변화를 이해하려면, 영업가치 핵심 동인들은 기대치 변화의 결과물이지 근본 원인이 아니라는 점을 이해해야 한다. 기대치 변화를 예측하려면 주주가치의 기본적인 요소인 매출, 영업비용, 투자에서 시작해야 한다. 이 요소들에서 기대치 변화가 시작하기 때문에, 이들을 가치 변화 트리거value triggers라고 부르자.

문제는, 가치 변화 트리거들은 너무 광범위해서 영업가치 핵심 동인과 직접적으로 일대일 대응을 하지는 못한다. 예를 들어 회사의 예상 매출액 증가가 영업이익률을 변하게 할 수도 있고 그렇지 않을 수도 있다. 가치 변화 트리거와 가치 핵심 동인의 관계를 체

그림 3-1 기대치 변화 기본틀

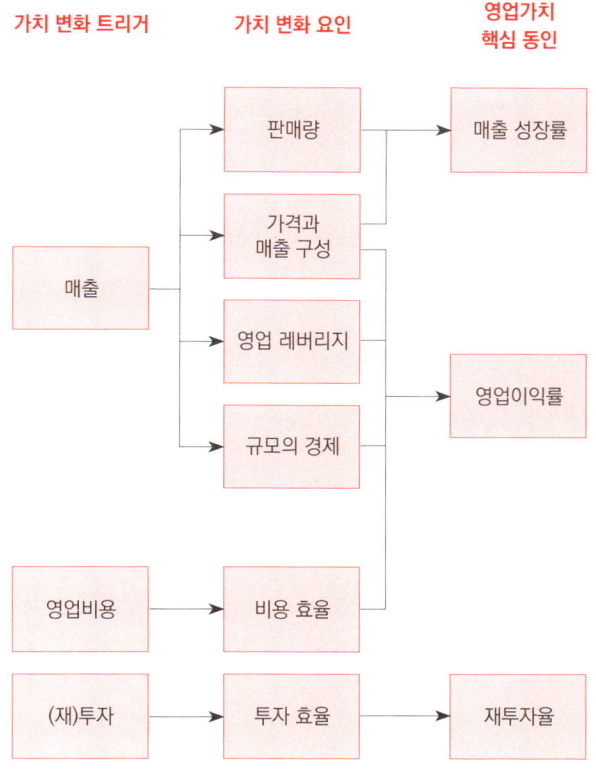

계적으로 이해하기 위해서는 분석틀이 하나 더 필요한 셈이다. 이 것을 가치 변화 요인value factor이라고 하자. 가치 변화 요인에는 판매량, 가격과 매출 구성, 영업 레버리지, 규모의 경제, 비용 효율, 투자 효율이 있다.

이제 지금까지 소개한 것을 하나의 그림으로 완성하면, '가치 변화 트리거', '가치 변화 요인', '영업가치 핵심 동인' 등 3가지 분석틀로 구성된 '기대치 변화 기본틀expectations infrastructure'이 된다(〈그림 3-1〉). 그리고 이 그림은, 시장의 기대치 변화를 찾아내려면 어디서부터 살펴봐야 할지 가르쳐준다. 바로 가치 변화 트리거다. 일단 잠재적인 변화를 발견했다면, 어떤 가치 변화 요인이 작동하는지를 생각해본다. 마지막으로, 이 변화를 가치 핵심 동인으로 변환한 후, 이것이 주주가치에 끼치는 영향을 계산할 수 있다.

확고한 미시경제학 이론에 근거하고 있는 '기대치 변화 기본틀'은 과거와 미래 실적에 대한 정확한 분석을 가능하게 해준다. 또한 '기대치 변화 기본틀'은 트리거 변화에 작용하고 있는 모든 요인들을 평가할 수 있는 명확한 수단을 투자자에게 제공함으로써 원인과 결과를 선별해준다. 민감도 분석을 사용하는 대부분의 월스트리트 투자자들은 이러한 관계를 이해하지 못한다.

이제, '기대치 변화 기본틀'의 핵심내용인 가치 변화 요인에 대해 하나씩 살펴보도록 하자.

가치 변화 요인 1 : 판매량

판매량, 가격, 매출 구성에 대한 가정이 변하면 매출 성장에 대한 기대치가 바뀐다. 특별히, 판매량은 제품이나 서비스가 얼마나 팔리는지에 대한 기대치의 변화를 정확히 포착한다. 판매량 변화에 따라 매출도 분명히 변하며, 영업이익률에도 영향을 줄 수 있다. 영업이익률 효과는 영업 레버리지와 규모의 경제 등 두 가지 추가적인 요인들을 통하여 포착하기 때문에 여기서는 단지 매출 영향에만 집중한다.

가치 변화 요인 2 : 가격과 매출 구성

판매 가격 및 매출 구성sales mix에서의 변화는 매출 성장률과 영업이익률, 이 두 핵심 동인에 영향을 준다. 판매 가격의 변화는 동일한 제품이나 서비스를 전과는 다른 값에 판다는 뜻이다. 판매 가격의 변화가 영업이익률에 미치는 영향을 판단하려면 비용도 함께 따져봐야 한다.

매출 구성은 이익률이 높은 제품과 낮은 제품의 구성 변화를 보여준다. 이 변화에 따라 영업이익률이 늘기도 하고 줄기도 한다.

굿이어 타이어Goodyear Tire & Rubber는 매출 구성의 변화가 어떻게 영업이익률을 향상시킬 수 있는지를 보여주는 좋은 예시다. 이 회사의 2015년 매출은 2011년 대비 28% 줄었고, 총 판매량은 8% 감소했다. 하지만 그동안 영업이익은 50% 가까이 늘었고, 영업이익률도 6%p 늘었다. 이익률이 낮은 일반형 타이어 대신 이익률이 높은 고급형 타이어 중심으로 매출 구성을 전환한 것이 주효했다.[1]

가치 변화 요인 3 : 영업 레버리지

기업들이 제품이나 서비스를 팔아 매출을 올리려면, 그 전에 상당한 돈을 써야 한다. 이런 돈을 생산준비비preproduction cost라고 한다. 유틸리티나 화학 회사들의 경우 유형 시설 및 장비 비용이 생산준비비인데, 재무상태표에 기록하고 해당 자산의 내용연수 전체에 걸쳐 감가상각을 통해 비용으로 처리된다. 소프트웨어나 제약 회사의 경우 상당한 규모의 지적자산 개발비용(연구개발비)을 즉시 비용으로 처리하며, 감가상각이 일어나는 자산에 큰 지출을 할 필요가 없다. 이처럼 생산준비비의 상대적 규모와 제품(서비스) 개발 기간은 산업과 회사에 따라 다르다.

생산준비비로 인해 영업이익률은 낮아진다. 하지만 생산준비비를 지출한 이후에는* 매출이 늘면서 영업이익률이 더 높아진다. 투자자들과 경영자들은 보통 이것을 영업 레버리지라고 부른다.**

생산준비비의 지출 기간과 규모는 사업의 특성에 따라 다르다. 유형자산에 의존하는 기업들은 설비용량이 한계에 도달하면 성장을 이어가기 위해 추가로 생산준비비를 지출해야 한다. 신규로 발생한 비용 때문에 이익률에 압박이 생긴다. 이와 달리, 지식기반

---

* 해당 제품이나 서비스 판매는 계속되지만, 사전개발을 위한 비용이 들지 않기 때문에.
** '영업 레버리지'란 총비용 중 고정원가가 차지하는 정도를 의미한다. 본문에서는 생산준비비가 고정원가다. '생산준비비를 지출한 이후에는 매출이 늘면서 영업이익률이 더 높아진다'는 것은, 기업이 최신의 대규모 설비를 설치한다면 노동력을 대체하여 변동원가가 낮아지게 되므로 이익률이 높아지게 되는 상황을 연상하면 이해가 쉽다.

표 3-1 영업 레버리지 예시 (단위 : 100만 달러)

	기준년도	1년 차	2년 차
매출	100.00	110.00	121.00
생산준비비	17.00	17.00	17.00
기타 영업비용(매출의 68%)	68.00	74.80	82.28
총 영업비용	85.00	91.80	99.28
영업이익	15.00	18.20	21.72
영업이익률	15.00%	16.55%	17.95%

기업은 유형자산에 대한 걱정이 덜하다. 하지만 경쟁에서 뒤처지지 않으려면 계속 제품개발비를 써서 기존 제품을 개선하고 신제품을 출시해야 한다.

그러면 영업 레버리지는 영업이익률에 정확히 어떻게 영향을 줄까?

어떤 회사의 기준년도 매출이 1억 달러이고, 세전영업이익이 1,500만 달러라고 하자. 그리고 생산준비비는 영업비용 8,500만 달러의 20%인 1,700만 달러라고 하자. 또한 대규모 확장이 완료됨에 따라 생산준비비는 매년 동일하고, 그 외 영업비용은 매출의 68%로 유지된다고 해보자.

이런 가정으로 향후 2년의 영업이익을 계산해봤다. 〈표 3-1〉에서 보듯이, 영업 레버리지 덕분에 영업이익률은 기준년도의 15%에서 1년 차에 16.55%, 2년 차에 17.95%로 각각 높아졌다.

가치 변화 요인 4 : 규모의 경제

규모의 경제는 회사의 판매량이 증가하면서 구매, 생산, 마케팅, 판매, 유통, 고객 서비스 등과 같은 필수적인 업무를 더 낮은 비용으로 수행할 수 있을 때 발생한다.

한 가지 예로 '결제 수수료'가 있다. 결제 수수료는 고객이 신용카드로 구매할 때, 은행이 상점에게서 결제금액의 일부를 떼어가는 것이다. 월마트, 코스트코, 아마존 같은 대형 판매점들은 규모를 무기로 소규모 상점에 비해 저렴한 수수료를 낸다.[2] 또한 큰 회사들은 광고에서도 규모의 경제 덕을 본다. 규모가 크기 때문에 광고비용 협상에 유리한 것도 있지만, 똑같이 광고를 해도 더 많은 잠재고객에게 노출할 수 있다.

이런 규모의 경제 때문에 큰 회사는 작은 회사보다 비용우위가 생기며, 규모가 충분히 크다면 새로운 경쟁자가 시장에 진출하는 것을 포기하게 할 수도 있다.

하지만 단순히 시장점유율이나 규모를 키우는 것이 모든 문제를 해결해주지는 않는다. 예를 들어, 사우스웨스트항공Southwest Airlines이나 철강업체 누코르Nucor는 우수한 사업모델을 개발하여 훨씬 더 큰 경쟁자들보다 수익성이 좋다. 또한 기술이나 고객 수요가 빠르게 변하는 산업에서는 판매량 증가에만 집중하다가 상황 변화에 제대로 대응하기 힘들 수도 있다. 아주 흔한 일이지만, 시장 1위 기업은 비효율성뿐만 아니라 자만심 때문에 무너지기도 한다.

그럼에도 현재 미국 산업의 4분의 3 이상이 1990년대 후반에 비해 대규모 인수합병 때문에 더욱더 집중화되었다. 그 결과 아주 많이 집중화된 산업의 경우, 영업이익률이 더 높아졌다.[3]

주의할 것은 규모의 경제와 영업 레버리지는 다르다는 점이다.[4] 규모의 경제는 판매량이 늘어날수록 효율성이 더 좋아지는 것인데 비해, 영업 레버리지는 판매량이 늘어나면서 생산준비비의 단가가 낮아지는 효과가 생기는 것이다. 규모의 경제와 영업 레버리지를 혼동하면, 수요 증가에 맞춘 증설을 간과하고 비용 단가가 계속 낮아진다고 착각하기 쉽다.

예측투자를 적용하는 투자자에게 지금까지 보이는 규모의 경제는 중요한 것이 아니다. 그보다 시장이 담고 있는 규모의 경제에 대한 기대치가 미래 가능성을 잘 반영하고 있는지가 훨씬 더 중요하다.[5]

가치 변화 요인 5 : 비용 효율

규모와 관련이 없는 비용 효율도 영업이익률에 영향을 줄 수 있다. 비용 효율은 원재료 수급부터 판매 및 유통에 이르기까지 기업활동 전반에 존재한다. 기업은 두 가지 근본적인 방법으로 비용 효율을 달성한다.[6] 즉, 영업활동 중 발생하는 비용을 절감하거나, 영업활동의 종류를 확 바꾸는 것이다.

비용 효율의 좋은 예는 치키타Chiquita Brands International이다. 이 회사는 바나나 및 기타 품목을 유통하는 업체로, 직원이 2만 명이 넘기 때문에 인력관리가 중요하다. 최근 회사는 새로운 인사관리 소프트웨어를 도입했는데, 이를 통해 인력관리라는 핵심 업무에 들어가는 비용을 30% 정도 절감할 수 있었다.[7]

구매, 생산, 판매, 마케팅, 유통 등의 활동을 재조정해서 비용을 크게 줄일 수도 있다. 가정용 전자제품을 설계, 개발, 판매하는 애플이 좋은 사례이다. 애플은 1980년대에 개인용 컴퓨터를 미국에서 생산하는 회사로 출발했다. 현재 애플에서 가장 성공한 제품은 아이폰이다. 애플은 2007년 아이폰 출시 때부터 글로벌 공급망을 구축했다. 전 세계 공급업체들이 부품을 생산하고, 이 부품의 대부분을 중국에서 조립한다. 애플은 스스로 부가가치를 못 내는 활동을 외주화하면서 비용을 아꼈고, 아이폰을 통해 창출되는 전체 가치를 더욱 증가시켰다.[8]

여기서 다시 집중해서 봐야 할 점은, 비용 절감의 규모가 아니라 시장의 현재 기대치에 비해 잠재적으로 얼마나 더 절감할 수 있는지에 관한 것이다.

가치 변화 요인 6 : 투자 효율

회사의 현재 매출과 영업이익 수준에 비해 투자를 더 적게 할 수 있다면 그 회사는 투자 효율을 누리게 된다.[9] 예를 들어, 맥도날드는 신규 점포를 늘리면서 지속적으로 성장한다. 이 회사는 1990년대에 건물, 토지, 장비 등 신규 점포에 대한 투자를 최소화하는 방법을 찾아냈다. 1990년 맥도날드의 신규 점포에 들어가는 평균 비용은 160만 달러였는데, 1994년 맥도날드는 이 비용을 110만 달러로 줄였다. 맥도날드는 건물 설계를 단순화하고, 모듈식 건축을 이용하여 건물에 필요한 토지 면적을 줄였다. 또한 장비를 표준화함으로써 전 세계에서 조달이 가능해졌고, 주요 공급업체에 가격 인하를 요구할 수 있게 되었다. 이렇게 해서 신규 점포의 매출과 영업이익은 기존 점포와 동일하면서도 신규 점포를 개설하는 데 소요되는 비용은 30% 절감했다.

글로벌 식음료 기업인 몬델레즈Mondelez International도 또 다른 형태의 투자 효율의 혜택을 본 회사다. 현금회전일수cash conversion cycle의 개선을 통해서다. 현금회전일수는 재고나 기타 판매를 위한 자원에 대한 투자로부터 판매를 통해 현금흐름이 바뀔 때까지 걸리는 기간이다. 2013년부터 2020년까지 몬델레즈는 이 기간을 39일에서 -35일로 개선시켰는데, 이는 공급업체에 매입 대금을 지급하기 전에 판매 대금이 먼저 들어온다는 의미이다. 몬델레즈는 이렇게 운전자본 효율을 높이면서, 36억 달러의 현금 여유분을 만들어냈다.

'기대치 변화'의 우선순위

'기대치 변화 기본틀'은 '매출', '영업비용', '투자' 뒤에 어떤 요소가 어디에 있는지를 자세하게 알려준다. 또한 기대치 변화를 제대로 예측해서 기회를 극대화하려면, 먼저 어떤 가치 변화 트리거부터 살펴봐야 하는지도 보여준다. 하지만 기대치 변화가 가치에 미치는 영향이 모두 같을까 하는 질문에 답해야 한다. 답은 당연히 '아니다'이다. 아래 두 가지 질문을 살펴보면 그 이유를 알게 된다.

1. 매출, 비용, 재투자 중 어떤 기대치가 바뀔 때 가장 좋은 투자 기회가 될까?
2. 이런 기대치의 변화가 정말 중요한 때는 언제일까?

첫 번째 질문의 답은 분명하다. 즉, 매출 기대치가 바뀔 때가 좋은 투자 기회일 가능성이 가장 높다.

'기대치 변화 기본틀'(〈그림 3-1〉)을 다시 한 번 보면서 그 이유를 찾아보자. 매출은 가치 변화 요인 6개 중 4개에나 영향을 주는 트리거다. 이 자체로도 이유가 되지만, 중요한 이유가 하나 더 있다. 즉, 매출 성장 기대치가 바뀔 때 변화의 규모가 가장 크다는 사실이다. 비용 효율이나 투자 효율과 관련된 기대치는 거의 대부분 변화 규모가 더 작다.

그렇다고 변화의 규모가 모든 것을 말해주는 건 아니다. 어디까지나 우리의 주요 관심사는 주주가치에 미치는 영향이다. 따라서 매출 성장 기대치의 변화가 얼마나 중요한지는 이로 인해 주주가치를 얼마나 만들어내는지에 달렸다. 그리고 이것이 두 번째 질문에 대한 답인 셈이다.

매출 성장은 회사가 자본비용보다 더 높은 수익을 낼 때만 가치를 증가시킨다. 만약 수익이 자본비용보다 낮으면 매출 성장은 오히려 가치를 훼손시킨다. 또 수익률과 자본비용이 정확히 같다면, 성장을 해도 가치는 늘어나지 않는다. 성장은 희소식일 수도, 비보일 수도, 이도 저도 아닐 수도 있다.

회사는 세후순영업이익NOPAT이 투자보다 클 때 가치가 커진다. 그리고 세후순영업이익의 성장은 예상 매출 성장률, 영업이익률, 추정 실효세율에 달려 있다. 따라서 예상 매출 성장률 외에 영업이익률도 주주가치에 영향을 준다.[10] 영업이익률은 높으면 높을수록 좋다. 하지만 회사는 회사의 가치를 단지 유지하기 위한 수준의 손익분기점이 되는 특정한 영업이익률을 달성해야 하는데, 이것을 요구 영업이익률threshold margin이라고 한다.[11]

요구 영업이익률을 이해하기 위해 앞서 2장에서 살펴본 〈표 2-1〉을 다시 한 번 보자. 기준년도 매출이 1억 달러, 세후순영업이익은 1,125만 달러였다. 예측 기간은 1년이며, 다음 해 시장 예측

표 3-2 증가된 주주가치 : 영업이익률과 요구 영업이익률 비교 (단위 : 100만 달러)

	기준년도	1년 차 (영업이익률 15%)	1년 차 (요구 영업이익률 14.08%)
매출	100.00	110.00	110.00
영업이익	15.00	16.50	15.49
(−) 영업이익에 대한 세액	3.75	4.13	3.87
세후순영업이익 (NOPAT)	11.25	12.38	11.61
(−) 재투자액		2.50	2.50
잉여현금흐름		9.88	9.11
잉여현금흐름의 현재가치		9.14	8.44
영구가치의 현재가치	191.25	194.79	182.81
주주가치	191.25	203.94	191.25
증가된 주주가치		12.69	0.00

치는 다음과 같다고 해보자.

매출 성장률	10%
영업이익률	15%
실효세율	25%
재투자율	25%

회사의 자본비용은 8%이고, 기대 물가상승률은 2%이며, 인플

레이션 반영 영구채권 방식으로 영구가치를 구한다(앞서 2장에서 살펴본 [공식 2-7] 참조). 이렇게 가정하면, 〈표 3-2〉에서 보는 것처럼 영업이익률 15%의 경우 주주가치가 1년 차에 1,269만 달러 증가한다. 그리고 그 옆 열은 '영업이익률 15%' 대신 '요구 영업이익률 14.08%'를 대입한 경우다. 이때 '증가된 주주가치'는 없다.[12]

요구 영업이익률을 통해 기대치 변화가 언제 주주가치에 영향을 주는지 판단하는 데 도움이 되는 4가지 사실을 알 수 있다.

1. 영업이익률 예상치가 요구 영업이익률보다 훨씬 높으면, 매출 성장 예상치가 상향되는 경우 주주가치도 크게 올라간다. 변화가 클수록 주주가치의 증가폭도 크다.
2. 영업이익률 예상치가 요구 영업이익률과 비슷하면, 매출 성장 예상치가 커질 때 주주가치는 상대적으로 조금만 올라간다. 단, 가격과 매출 구성, 영업 레버리지, 규모의 경제를 통해 기대치 변화가 더 높은 영업이익률 기대치를 촉발시킬 때는 예외이다.
3. 영업이익률 예상치가 요구 영업이익률에 비해 훨씬 낮을 때에는, 매출 성장이 예상되어도 영업이익률이나 재투자율 개선으로 상쇄되지 않는 한 주주가치는 떨어진다.
4. 재투자율 상승이 예상되면 요구 영업이익률이 올라가므로, 매출 성장에 비해 주주가치가 오르지 않는다. 마찬가지로 재투자

율이 낮아지면 요구 영업이익률도 낮아진다.

영업이익률 예상치와 요구 영업이익률의 차이가 더 크고, 매출 성장률이 더 빠르게 늘면, 매출 성장이 핵심 트리거가 될 가능성이 높아진다. 또한 매출 성장으로 다른 가치 변화 요인인 가격과 매출 구성, 영업 레버리지, 규모의 경제 등을 촉발시키면 매출 성장이 핵심 트리거가 될 확률은 훨씬 더 커진다.

자본비용과 수익률이 비슷하고 가격과 매출 구성, 영업 레버리지, 규모의 경제를 통해 혜택을 별로 받지 못하는 회사는 매출 기대치의 변화가 그다지 중요하지 않다. 이런 경우 비용 효율이나 투자 효율의 변화가, 절대적인 영향이 작을 수는 있지만 주주가치에 영향을 줄 때가 많다.

기대치가 변할 때, '기대치 변화 기본틀'을 통해 어떤 요인이 주주가치에 영향을 줄지 찾아낼 수 있다. 가치 변화 트리거는 6가지 가치 변화 요인과 연결되어 있고, 그 결과로 나오는 영업가치 핵심 동인이 예측투자 분석을 위한 토대가 된다.

1부의 마지막 장인 다음 장에서는 기본적인 가치 변화 트리거에 영향을 주는 '경쟁' 관련 이슈에 대해 설명한다. 이것까지 알고 나면 예측투자를 실천하는 데 필요한 전략적 분석 및 재무적 분석 방식을 모두 갖추게 된다.

🔍 핵심 포인트

- 우수한 수익률을 내려면 시장 기대치의 변화를 정확히 맞힐 확률을 높여야 한다.
- '기대치 변화 기본틀'은 '가치 변화 트리거', '가치 변화 요인', '영업가치 핵심 동인'으로 이뤄지고, 주주가치는 이 세 가지로 결정된다. '기대치 변화 기본틀'을 통해 기대치 변화의 원인과 결과를 시각적으로 파악할 수 있다.
- 매출 성장 기대치의 변화에서 대부분의 투자 기회가 나올 수 있지만, 그러려면 회사의 투자수익률이 자본비용보다 커야 한다.

4 | '경쟁 전략' 분석이 필요하다

경쟁 전략competitive strategy 분석은 주식 분석에서 매우 중요하다. 투자자가 기대치 변화로부터 혜택을 받는 가장 확실한 방법은 회사의 경쟁 상황 변화를 예측하는 것이다. 경쟁 상황이 변하면 매출, 영업비용, 재투자 같은 가치 변화 트리거가 바뀌고, 이것이 예측투자 프로세스의 출발점이 된다. 투자자가 시장 기대치 변화의 방향을 찾아내는 데 경쟁 전략 분석은 필수적인 절차이다.[1]

경영자와 투자자의 입장 차이

경쟁 전략에 관한 연구들은 주로 경영자들을 대상으로 하고 있다. 하지만 투자자들은 이것을 다른 각도에서 사용할 수 있다.

경영자들의 목표는 자본비용보다 높은 투자수익률을 통해 가치를 창출해내는 것이다. 그 결과로 계속해서 기업가치가 높아지고 있다면 경쟁우위가 있다는 증거다. 따라서 회사들은 경영 계획과 의사결정을 할 때 경쟁 전략 분석을 한다. 좋은 경쟁 전략을 잘 실행해야 경쟁우위가 생기기 때문이다.

그러나 투자자는 다른 게임을 한다. 투자자는 회사의 실적에 대한 시장 기대치의 변화를 제대로 예상했을 때 우수한 수익률을 거둔다. 가치 창출을 가장 잘하는 회사의 주식에 투자해도, 주가에 미래 실적이 충분히 반영되어 있으면 높은 투자수익률을 얻을 수 없다. 이것이 바로 좋은 회사라고 해서 반드시 주식도 좋은 것은 아닌 이유이다. 투자를 할 때 기대치 변화를 예측하는 수단으로서 경쟁 전략 분석이 필요하다.

기업의 과거 실적 분석하기

회사의 과거 실적을 살펴보는 일은 미래를 예측하는 데 매우 중요하다. 과거 실적은 어떤 영업가치 핵심 동인이 가장 많이 변하는지를 알려준다. 그러면 '기대치 변화 기본틀'과 경쟁 전략 분석을 이용하여 이 정보를 분석해서, 그 핵심 동인이 무엇 때문에 변했는지를 추적할 수 있다. 또한 과거 실적은 현실 점검에도 필요하다. 만약 시장이 특정한 가치 핵심 동인이 예전과 비슷한 성과를 낼 것이라고 예상하는데, 당신은 기대치가 변할 것 같다고 생각한다면 그럴 만한 충분한 이유가 있어야 한다.

'기대치 변화 기본틀'과 경쟁 전략 분석을 조합하면 영업가치 핵심 동인에 영향을 주는 경제적, 전략적 요인들이 잘 드러난다. 예를 들어 어떤 회사가 판매량을 늘리기 위해 비용을 절감한 만큼 가격을 낮춰 소비자에게 돌려줬다고 하자. 비록 비용 절감에 따른 이익률 혜택과 가격 인하가 상쇄되었지만, 매출 증가에 끼치는 영향 때문에 가격 인하는 중요하다.

'기대치 변화 기본틀'은 원인과 결과를 판단할 틀을 제공하는 한편, 경쟁 전략 분석으로는 숫자를 넘어 회사의 경쟁 상황을 평가하게 해준다.

〈표 4-1〉은 과거 실적을 분석할 때 고려할 수 있는 영업가치 핵심 동인과 가치 변화 요인에 관련된 주요 이슈를 보여준다.

물론, 과거 실적 분석의 중요도는 회사마다 다르다. 과거 실적 분석의 상대적 중요성은 크게 과거 자료에 대한 접근성과 산업의 안정성에 좌우된다. 일반적으로 이용할 수 있는 과거 자료가 더 많으면 많을수록 좋다. 과거 자료가 오랫동안 쌓여 있으면, 산업의 과거 주기, 경쟁이 치열했던 시기의 상황, 경영 전략의 효과 등에 대한 중요한 통찰을 얻을 수 있다.

표 4-1 가치 핵심 동인과 가치 변화 요인 관련 주요 분석 이슈

가치 핵심 동인	가치 변화 요인	주요 이슈
매출 성장률	판매량	• 산업 성장 • 시장 점유율 • 고객 유지율(이탈률)
	가격과 매출 구성	• 가격 변경 • 매출 구성 변경
영업이익률	가격과 매출 구성	• 가격 변경 • 매출 구성 변경
	영업 레버리지	• 생산준비 비용 • 투자 주기 • 투자액 집행 기간
	규모의 경제	• 구매 • 생산 • 유통 • 학습곡선(learning curve)
	비용 효율	• 공정 재구성 • 기술 • 아웃소싱
재투자율	투자 효율	• 기술 • 설비 재구성 • 운전자본 관리

과거 자료가 얼마나 유용한지는 산업의 변화 정도에 따라서도 달라진다. 변화가 적은 산업에서는 미래가 과거와 거의 같을 것이기 때문에 과거 자료가 매우 귀중하다. 이와 달리, 빠르게 변하는 섹터나, 새로운 산업에서 경쟁하는 회사는 과거 자료가 덜 중요하다.

경쟁 전략 평가를 위한 분석틀

경쟁우위는 3가지 단계로 나눠 평가하는 것이 유용하다.

첫 번째 단계는 높은 층위에서 산업의 특성을 이해하는 것으로, 이를 통해 산업의 전체적인 특성을 조망할 수 있다.

두 번째 단계는 세부 산업 분석을 한다. 산업 매력도를 알려면 시장의 특성과 산업의 구조를 이해해야 한다. 우선, 시장 특성은 시장의 성장성, 고객 및 공급사와의 수요 공급 체계, 혁신의 수준, 규제 상황의 변화 등을 포함한다. 이에 비해 산업 구조는 시장점유율, 진입·철수 장벽, 수직계열화의 난이도, 대체재 위협, 경쟁의 형태, 산업의 수익성 등으로 구성된다.

세 번째 단계에서는 개별 회사의 우위 요인을 찾는다. 일반적으로 개별 회사는 산업의 매력도를 좌지우지하지 못한다. 하지만 다양한 전략을 통해 회사의 실적과 경쟁력을 개선할 수 있다. 이런 전략을 적용할 수 있는 영역으로는 제품의 품질, 기술, 수직계열화, 비용 절감능력, 서비스, 가격 정책, 브랜드 인지도, 유통망 집중 등이 있다. 회사의 전략적 선택과 이를 수행하는 능력이 가치를 창출하는 데 있어 회사의 성공 가능성을 결정짓는다.

이제 각 단계별로 필요한 분석틀에 대해 살펴보자.

산업의 경쟁 지형 이해하기

첫 번째 단계인 경쟁 지형 이해의 목표는 산업이 어떻게 움직이고, 수익성, 안정성, 외부 변수에 대한 민감도 등을 포함해 그 산업의 주요 특징이 무엇인지를 이해하는 것이다. '산업지도'를 그리는 것부터 시작하면 좋다.[2] 산업지도를 그리면 경쟁의 구조와 현재 및 미래의 수익성을 결정하는 요소들을 이해할 수 있게 된다.

〈그림 4-1〉은 미국 항공 산업을 예로 그려본 것이다. 이 산업지도처럼, 분석하려는 회사를 지도 가운데에 놓자. 그리고 왼쪽에는 공급자, 오른쪽에는 고객을 놓자. 회사의 수익성에 영향을 줄 수 있는 회사들을 최대한 빠짐없이 적어보자. 이때 회사를 규모 순으로 적으면 산업 내에서의 상대적 위치를 이해하기에 좋다. 산업의 경계가 항상 깔끔하게 구분되지는 않지만, 회사가 큰 맥락에서 어디에 들어가는지를 확인하면 회사를 이해하는 데 해야 할 중요한 질문들을 놓치지 않고 도출할 수 있다.

또한 지도를 만들어보면 잠재적인 신규진입자를 생각해 보기에도 좋다. 지금은 지도에 없지만 미래에 경쟁자가 될 법한 회사들도 생각해보자. 지도를 통해 회사 간 경제적 거래 관계의 속성도 이해할 수 있다. 예를 들어 회사들 사이의 관계가 계약 관계인지, 협력 관계인지, (단순) 거래 관계인지와 같은 것들이다. 마지막으로, 노사 관계나 지정학적 위험 등 수익성에 영향을 줄 수 있는

그림 4-1 산업지도 : 미국 항공 산업

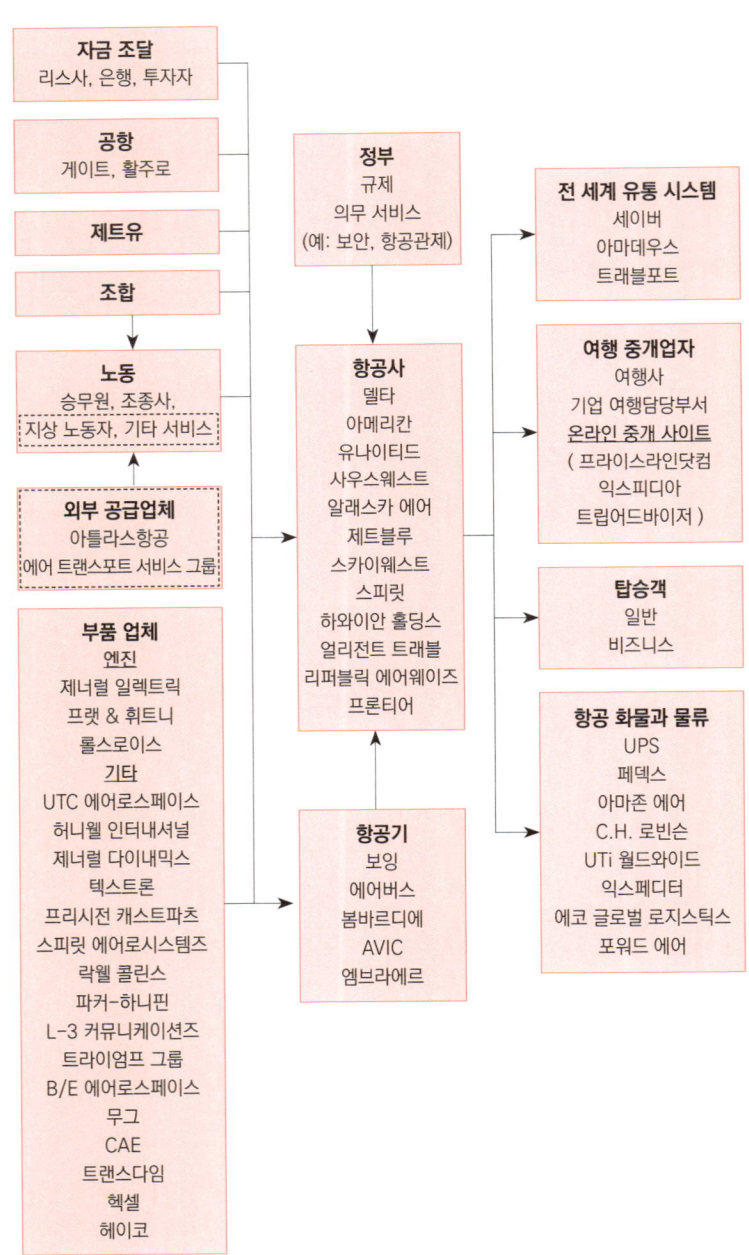

그림 4-2 가치 규모 분석 : 미국 항공 산업

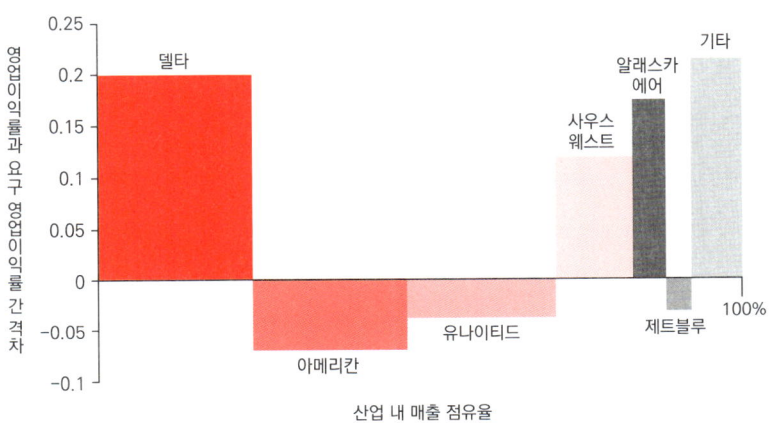

다른 요인들도 평가하자.

한편, 가치 규모 분석value pool analysis은 어떤 산업의 가치 창출에 대해 알 수 있게 해준다.[3] 가로축은 매출이나 자산 등의 규모를 보여준다. 세로축은 영업이익률과 요구 영업이익률 간 격차를 나타낸다. 요구 영업이익률은 앞에서 언급했듯이 회사가 정확히 자본비용만큼의 수익률을 내기 위해 필요한 영업이익률이다.* 가치 규모 분석은 회사가 얼마나 큰지(가로축), 그리고 창출하는 가치가 얼마만큼인지를(세로축) 보여준다.

---

* 요구 영업이익률이란 투자액으로 벌어들여야 하는 최소한의 이익률을 말한다.

〈그림 4-2〉는 2019년 기준 미국 항공 산업에 대한 가치 규모 분석의 예시이다. 산업의 성격 변화를 제대로 파악하려면 시기별로 가치 규모 분석을 하면 좋다. 안정적인 산업에서는 시간이 지나도 가치 창출의 변화가 완만하다. 반면에 가치 창출 규모가 크게 변하면 경쟁우위가 없다는 뜻이다. 또한 가치 창출 규모가 큰 대기업들에는 당연히 경쟁사들이 생기게 마련이다.

시장점유율 분석은 산업의 안정성을 확인하는 데 좋은 방법이다.[4] 시장점유율을 분석할 때는 3~5년의 간격을 두고 두 시기 동안 개별 기업의 시장점유율 변화를 보고, 이 변화의 절대값 평균치를 확인하면 된다.

〈표 4-2〉는 전 세계 스마트폰 산업의 시장점유율 분석표다. 변

표 4-2 시장점유율 분석 : 전 세계 스마트폰 산업

글로벌 스마트폰 제조사	2014년 (%)	2019년 (%)	5년간 절대값 (%p)
삼성	24	20	4
애플	15	13	2
레노보	7	3	4
화웨이	6	16	10
샤오미	5	8	3
LG	5	2	3
기타	38	38	0
계	100	100	
절대값 평균			4

자료 : 카운터포인트 리서치

화의 절대값 평균이 높을수록 시장점유율이 더 크게 변하며, 장기 경쟁우위를 가진 회사가 없을 가능성이 더 높다.

마지막으로 관세, 보조금, 규제 등 외부 요인이 해당 산업의 수익성에 주는 영향도 아주 중요하게 고려해야 한다. 예를 들어 미국 철강 기업들의 경우, 2019년 12월 미국이 브라질과 아르헨티나에서 수입되는 철강과 알루미늄 제품에 관세 부과를 재개하자 공급이 감소하면서 주가가 올랐다(이에 대해서는 12장에서 자세히 다룬다).

산업 지형에 대해 지금까지 살펴본 것을 토대로 이제 산업을 구성하는 요인들에 대해서 살펴보자.

산업을 분석하는 2가지 방법

산업 분석을 위해 두 가지 분석 방식을 소개하는데, 둘 다 하버드대학 경영대학원 교수들이 개발했다.

첫 번째는 마이클 포터Michael Porter의 그 유명한 '5가지 경쟁 요인' 분석이다. 산업 구조를 정의하는 데 도움이 되고 산업 내 경쟁 분석을 할 때 특히 유용하다(〈그림 4-3〉).[5]

두 번째는 클레이튼 크리스텐슨Clayton Christensen의 '파괴적 혁신' 모델로, 회사의 실패 위험을 예측할 때 유용하다.

그림 4-3 5가지 경쟁 요인 분석 모델

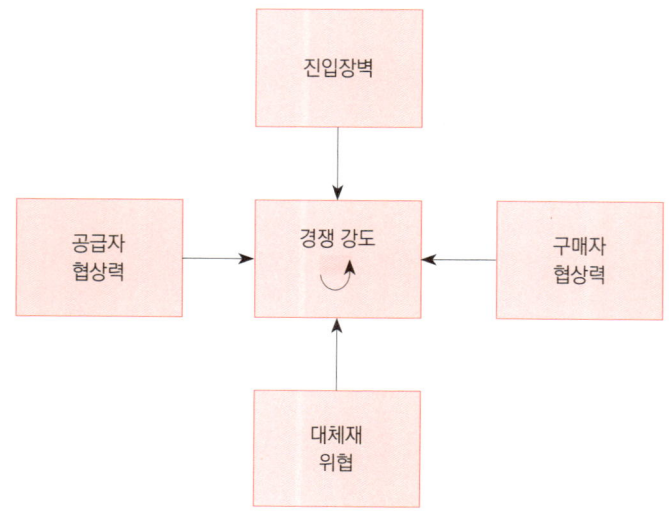

자료 : 『마이클 포터의 경쟁 전략』, 마이클 포터, 1980.(한국어판 2018년)

1) 5가지 경쟁 요인 분석

'산업 구조'는 게임의 경쟁 규칙뿐 아니라 회사들이 취할 수 있는 경쟁 전략이 무엇인지를 보여주는 주요한 요인이다. 산업 구조에 대한 5가지 경쟁 요인 분석은 대부분의 산업에 적용 가능하지만, 특히 다음과 같은 3가지 특성이 있는 산업에 더 잘 맞는다.

- 영역이 정해져 있는 산업 : 이런 산업에서는 구매자, 공급자, 경쟁자를 단번에 정의할 수 있다.
- 성숙하고 미래 상황 변화가 어느 정도 예측되는 산업 : 이런 산업은 상

대적으로 안정적이다.
- 유형자산 중심의 산업 : 이런 산업에서는 유형자산이 가치 창출의 핵심이다.

포터는 5가지 경쟁 요인의 총합이 어떤 산업의 잠재적인 가치 창출 능력을 결정한다고 주장한다. 또 산업별로 이런 잠재력은 각각 다르지만, 개별 회사는 어떤 전략을 정하는지에 따라 지속적인 경쟁우위를 가질 수도 있고, 잃을 수도 있다고 강조한다.

포터의 5가지 경쟁 요인을 하나씩 살펴보자.

- 대체재 위협 : 대체 제품이나 서비스의 존재 유무에 대한 것으로, 잠재 고객이 대체품으로 갈아탈 수 있는 가능성도 고려한다. 대체재 위협은 가격 경쟁력이 떨어지거나 경쟁사가 유사 제품을 판매할 때 생긴다. 대체품이 있을 때, 회사는 가격을 높이는 데 한계가 있고, 이에 따라 잠재적인 수익률에도 제한이 생긴다.
- 구매자 협상력 : 제품이나 서비스 구매자의 교섭 능력이다. 구매자 협상력은 구매자의 집중도, 전환 비용, 정보 수준, 대체재 존재 여부, 구매자에게 제품이 얼마나 중요한지에 따라 정해진다. 정보가 많은 대규모 구매자는 정보력이 없는 소규모 구매자에 비해 공급자에 대한 협상력이 훨씬 높다.
- 공급자 협상력 : 공급자가 가격, 품질, 서비스 등의 영역에서 고객

에게 가지고 있는 영향력의 정도이다. 어떤 산업 내에서 강력한 공급자가 가격 인상분을 고객에게 전가할 수 없는 산업은 매력도가 떨어질 수밖에 없다. 어떤 산업에서 공급자의 협상력이 클 때는 판매 대상인 산업보다 더 집중되어 있거나, 대체품이 없거나 혹은 전환 비용이 너무 많이 드는 경우이다. 또한 판매 대상인 산업이 매출에서 차지하는 비중이 상대적으로 작을 때, 혹은 고객사에게 해당 제품이 반드시 필요할 때도 공급자 협상력이 강하다. 차별성이 없는 원자재를 소수의 편중된 구매자에게 파는 일이 차별화된 제품을 다양한 구매자에게 파는 일보다 훨씬 어렵다.

- 진입 장벽 : 새로운 경쟁자가 어떤 산업에 진입할 때의 난이도다. 진입 장벽의 예로는 필요한 자본의 규모, 주요 브랜드의 힘과 고객 충성도, 유통 채널 접근성, 규모의 경제, 공급자를 바꿀 때의 전환 비용, 정부의 규제 등이 있다.

- 회사 간 경쟁 강도 : 가격, 서비스, 보증, 신제품 출시, 광고 등을 놓고 산업 내 회사들이 경쟁하는 정도이다. 경쟁이 강하면 해당 산업에 속한 모든 회사들을 매력적이지 않게 만든다. 경쟁 강도에 영향을 주는 요인으로는 산업의 성장성, 생산준비비용의 상대적인 규모, 제품의 차별화 정도가 있다. 성장하는 산업에서는 경쟁이 덜한 경향이 있는데, 이는 경쟁자들끼리 제로섬 게임을 하기보다는 성장에 집중하기 때문이다. 일반적으로 생산준비비용이

높은 산업은 보통 경쟁 강도가 강한데, 비용을 회수할 수 있을 만큼 충분히 큰 시장 규모가 경쟁을 끌어들이기 때문이다. 제품의 차별화가 거의 없는 분야에서도 가격 경쟁이나 서비스 경쟁이 치열하다.

이런 5가지 요인 중 진입 장벽과 경쟁 강도는 좀 더 살펴볼 만하다.

경쟁은 역동적이기 때문에, 산업 내에서 진입과 철수의 형태를 이해하는 것이 매우 중요하다.[6] 산업 진입과 철수를 실제적으로 분석하려면 잠재적 위협을 먼저 분석해야 한다. 일반적으로 새로 생겨난 산업은 기존의 산업보다 진입과 철수가 더 많이 일어난다. 그런데 알고 보면 어떤 산업이든 투자자나 경영진이 생각하는 것보다는 더 많은 진입과 철수가 일어난다.

시장에 신규 진입하는 회사의 결정은 기존 기업들의 예상되는 반응을 따져보는 것으로 시작된다. 기존 회사의 반응을 결정하는 구체적인 요인으로는 자산특유성*, 최소효율규모**, 시장 전체의 초과 설비 상황, 기존 기업의 스타일 등이 있다.[7]

---

* '자산특유성'은 자산이 다른 목적으로 전용되어 사용될 수 있는 정도를 가리킨다. 특유성이 높다면 특수한 상황이나 작업에서만 유용한 자산이고 특유성이 낮다면 범용으로 활용될 수 있는 자산이다.
** 규모의 경제 영역에 있는 기업의 장기 평균비용이 최소가 되는 생산량.

자산특유성(자산의 시장 특화 정도) : 그동안 경제학자들은 기업이 얼마나 많은 자산을 투자했는지에 따라 신규 진입자에 대한 반응이 달라진다고 믿어왔다. 하지만, 이제는 투자 규모보다는 투자자산이 해당 시장에 얼마나 맞춰져 있는지가 중요하다는 사실을 알게 되었다. 단지 특정 시장에서만 가치가 있는 자산을 보유한 기업이라면, 시장 내 지위를 유지하기 위해 맹렬히 싸울 것이다.

자산특유성에는 위치(효율성을 위해 고객 옆에 자산을 두는 경우), 물리적 고유성(특정한 활동을 위해 특화된 자산이 있는 경우), 전용 자산(특정 고객의 필요에 맞춰 자산에 투자한 경우), 인적 고유성(특정한 고객 관계를 구축하기 위해 직원들에게 특정 기술이나 지식을 제공한 경우) 등이 있다.[8]

최소효율규모 : 대부분의 산업에서 일반적으로 생산량이 늘면 단가가 내려간다. 하지만 생산량이 일정 수준 이상에 도달하면 그 다음부터는 생산량 증가에 따른 단가 하락이 멈춘다. 최소효율규모는 단가를 최소화하기 위해 필요한 최소 생산 규모이다. 최소효율규모를 알면 신규 진입을 해서 경쟁력을 지니고 가치를 창출하려면 투자는 얼마나 하고 시장점유율은 얼마나 되어야 하는지가 나온다.

초과 설비 상황과 기존 기업의 스타일 : 이 두 가지는 명료하다. 산업 내 설비가 초과 상태라면 신규 진입자가 용량을 더 늘려서 가격이 더 낮아질 것이다. 말과 행동을 통하여 평가되는 회사의 스타일이 전투적인지 수용적인지에 따라 잠재적 진입자의 의사결정 내용이 달라질 것이다.

또한 신규 진입자는 어떤 산업에 진입할 때 예상 수익을 따져봐야 하는데 기존 기업들의 우위가 넘어서기 어려울 정도로 너무 크면 매력적인 수익률을 낼 수 없기 때문이다. 기존 기업들의 경쟁 우위로는 각종 기존 계약관계, 라이선스와 특허, 학습곡선 우위, 네크워크 효과, 철수 비용 등이 있다.

기존 계약관계 : 원재료에 대한 독점권, 고객과의 장기계약, 산업 내 최저가 공급 계약 등이 있다.

라이선스와 특허 : 라이선스는 비용이 많이 들기 때문에 진입의 장벽이 된다. 특허는 이를 보유한 기업의 사업을 일정 기간 동안 보호하기 때문에 신규 진입을 방해한다.

네트워크 효과 : 더 많은 사람들이 제품이나 서비스를 사용하면서 그 가치가 올라갈 때 나타난다. 일단 네트워크 효과가 발생하고 나면 신규 사업자가 고객을 유치하기 어려워진다. 네트워크 효과의 대표적인 예로는 마이크로소프트의 개인용 컴퓨터 운영체제 Windows, 소셜미디어에서의 페이스북, 승차공유 서비스 업체인 우버Uber가 있다.

철수 비용 : 신규 진입자는 성공 확률과 철수 비용을 모두 따져봐야 한다. 철수 비용은 투자 규모와 투자 자산의 특화 정도에 따

라 정해진다. 투자해야 할 자산 규모가 작고, 그 자산이 특정 시장에 맞춰진 것이 아니라면 진입 장벽과 철수 장벽이 낮다.

한편, 회사 간 경쟁 강도를 결정하는 요인은 협력의 정도, 경쟁사 간 목표의 동질성, 수요 변동성, 산업의 성장성 등이 있다.

협력의 정도 : 대부분의 산업에서는 협력cooperation과 배신cheating 사이에 긴장감이 흐른다. 협력과 배신은 게임 이론에서 나온 말인데, 이는 둘 이상의 행위자 간 전략적 상호작용을 연구하는 분야다. 협력은 산업 내 참여 기업들이 서로 어느 정도 은근히 호응하여 가격이나 생산량 등을 관리할 때 발생한다. 배신은 한 회사가 이익을 더 가져가겠다고 혼자서만 가격을 낮추거나 생산량을 늘릴 때 일어난다. 경쟁강도 평가의 핵심은 회사 각각이 협력과 배신을 했을 때의 이해득실을 따져보는 것이다. 협력 수준이 높다면 경쟁강도가 약하고 수익성이 높을 것이다. 반대로 배신의 수준이 높다면 경쟁이 심해져 회사가 고수익을 내기 힘들다.

경쟁사 간 목표의 동질성 : 사업 목표, 사업기간, 보상 체계, 지분 구조, 기업철학이 비슷비슷한 회사들로 채워진 산업은 경쟁강도가 약한 편이다. 하지만 이런 일은 거의 없다. 예를 들어, 아무 산업이나 떠올려봐도 상장사, 비상장사, 사모투자회사가 소유한 회사 등이 섞여 있다. 이들 경쟁자들은 재무 목표, 사업기간, 보상 구조 등이 각각 다를 수밖에 없다. 이에 따라 전략과 전술도 서로 달라진다.

　수요의 변동성 : 산업의 제품이나 서비스에 대한 수요 변동도 중요하다. 수요의 변동성이 클 때 회사들은 외부보다는 내부 조율에 고심하게 된다. 수요 변동은 고정비용이 큰 산업에서 특히 더 중요한데, 수요의 정점에서 투자를 너무 많이 할 위험이 있기 때문이다. 그러한 초과 설비 때문에 산업 사이클의 저점에서 경쟁이 치열해질 수도 있다.

　산업의 성장성 : 산업이 빠르게 성장할 때, 회사들은 경쟁자와 싸우지 않고도 주주가치를 증대할 수 있다. 반면 성장이 정체된 산업에서 가치를 증가시키는 유일한 방법은 경쟁자의 것을 빼앗는 제로섬 게임과 유사하다. 산업 내 경쟁 강도가 강해지면 대개 산업의 성장이 둔화되는 현상이 나타난다.

2) 파괴적 혁신 모델

　클레이튼 크리스텐슨은 기대치 변화 예측에 도움을 주는 파괴적 혁신* 모델을 고안했다.[9] 이 모델에서는 기대치가 급락하면서 시장 지배 기업이 실패하는 패턴을 잘 보여준다. 파괴적 혁신 모델

---

* '파괴적 혁신'은 회사가 신기술을 이용해 기본형 상품을 저가에 소개한 후 시간이 지나면서 제품을 개선하고, 결국에는 옛 기술을 이용하는 기존 업체들의 프리미엄 제품까지 따라잡는 전략이다.

은 다음과 같은 회사를 분석할 때 특히 유효하다.

- 시장 선도기업 : 이런 회사들은 고객이 원하는 것을 파악하고 지금 당장의 이익을 내기 위해 노력한다. 결과적으로 이런 관성과 보상 체계 때문에 매우 중요한 기술의 변화를 놓칠 수 있다.
- 중앙 집중화된 조직 : 의사결정이 중앙에 집중된 회사는 보통 파괴적 기술의 출현을 알기 어렵다.
- 유형 제품을 판매하는 회사 : 기존 회사들은 판매하고 있는 제품이 유형에서 디지털로 바뀌면서 힘들어질 수 있다.

크리스텐슨은 훌륭한 경영진이 합리적인 경영 원칙을 바탕으로 좋은 결정을 내려도 시장 지배적 지위를 뺏기는 경우가 많다고 주장한다. 이런 딜레마에서 그는 3가지 사실에 주목했다.

첫째, 존속적 기술sustaining technologies과 파괴적 기술disruptive technologies은 완전히 다르다. 존속적 기술은 제품을 개선한다. 점진적일 수도 있고, 비연속적일 수도 있고, 혁신적일 수도 있다. 하지만 존속적 기술은 이미 규정된 가치 네트워크 안에서 움직인다. 크리스텐슨은 이에 대해 "회사가 고객의 니즈를 찾아서 반응하고, 문제를 해결하고, 자원을 투입하고, 경쟁에 대응하고, 이익을 추구한다는 의미"[10]라고 정의했다.

그러나 파괴적 기술이 시장에 제공하는 가치는 완전히 다르다.

파괴적 기술에 기반한 제품은 처음에는 상대적으로 저가나 소형, 편리성 같은 특징에 반응하는 소수의 고객에게만 팔린다. 어떤 때는 파괴적 기술이 기존 기업이 진출하지 않은 새로운 시장 부문을 차지하면서 나타나기도 한다. 일반적으로 파괴적 기술은 단기적으로는 기존 제품보다 부진한 성과를 낸다. 따라서 시장 선도기업들은 보통 파괴적 기술을 초기 단계에서는 간과하고, 무시하거나 묵살한다.

둘째, 일반적으로 기술은 시장의 수요보다 빠르게 발전한다. 기존 회사들은 보통 고객이 필요로 하는 것보다 더 많은, 즉 고객이 지불하는 돈 이상의 가치를 제공한다. 바로 이런 점 때문에 파괴적 기술이 나타난다. 파괴적 기술은 초기에는 많은 고객들이 원하는 바를 충족시키지 못하지만 빠른 기술 발전 덕분에 머잖아 충분한 경쟁력을 갖추게 된다.

셋째, 기존 기업들에게는 파괴적 기술을 무시하는 것이 합리적으로 보일 수 있다. 일반적으로 파괴적 기술에 기반한 제품은 이익률이 낮은데다, 규모가 작은 시장이나 신규 시장에서 팔리고, 가장 많은 이익을 안겨주는 고객들의 관심 밖에 있다. 이 때문에 고객이 원하는 바를 잘 파악하고 합리적인 투자 의사결정을 하는 회사들이 오히려 파괴적 기술을 무시하는 경향이 있다.

그럼에도 고객의 목소리에 귀 기울이는 것을 멈춰서는 안 된다. 현재 고객의 욕구를 만족시키는 동시에 미래의 욕구도 예측해야 한다. 어떤 때는 고객 스스로도 앞으로 무엇을 원하게 될지 모른다. 파괴적 기술이 미래의 고객을 위한 것이라는 전제 아래, 회사는 항상 지금 통하는 것과 미래에 통할 것에 균형을 맞춰야 한다. 지금 잘 되는 것이 내일은 구식이 될지도 모르기 때문이다. 인텔Intel의 전설적인 CEO인 앤디 그로브Andy Grove가 말하듯, "편집증 환자만이 살아남는다".[11]*

파괴적 기술의 대표적 사례는 비디오대여점 사업이다.[12] 1990년대 후반 블록버스터 비디오BlockBuster Video는 이 시장의 선두주자였다. 2000년대 초반, 블록버스터는 9,000개 이상의 매장을 운영했고 시가총액은 50억 달러에 달했다. 블록버스터는 대여기간이 지나면 연체료를 물렸다. 어떤 때는 한 해에만 연체료 수입이 8억 달러였는데, 이는 회사 매출의 15%를 넘는 규모였다.[13]

그러나 1997년에 설립된 넷플릭스는 DVD를 배송해주고, 연체료는 없애는 등 몇 가지 중요한 부분에서 고객에게 다가갔다. 2007년에는 스트리밍 서비스를 시작했고, 결국 DVD 디스크가 필요 없게 만들었다. 그리고 마침내 직접 콘텐츠를 제작하기 시작했다. 2020년 기준 넷플릭스의 시가총액은 2,000억 달러에 달했지만, 블록버스터는 이미 2010년에 파산 신청을 해야만 했다.

---

* 경영자는 늘 무슨 변화가 발생할지 몰라서 노심초사하는 편집증적 사고가 필요하다는 뜻이다.

파괴적 기술 때문에 일부 유명한 기업들에 대한 투자자들의 기대치는 낮아지고, 새롭고 가치 있는 회사들이 생기거나 부상할 수도 있다. 예를 들면 노트북컴퓨터 회사들은 스마트폰이 나오면서 무너졌다. 이처럼 투자자는 새로운 가치 네트워크가 출현하면서 기대치 변화의 씨앗이 싹트는 것에 관심을 가져야 한다.

5가지 경쟁 요인 분석은 산업 차원에서 수익성의 동인을 이해하는 데 아주 좋은 방법이며, 파괴적 혁신 분석은 현상 유지status quo에 대한 위협을 평가할 때 유용하다. 하지만 투자자가 궁극적으로 원하는 것은 개별 회사에 대한 기대치가 어떻게 바뀌게 될지를 이해하는 일이다. 이를 위해 회사의 상대적인 지위를 평가하는 방법에 대해 알아보자.

회사가 가치를 증가시키는 방식

대학에서 경쟁 전략에 대해서 가르치는 아담 브란덴버거Adam M. Brandenburger와 하본 스튜어트Harborne W. Stuart Jr.는 기업이 가치를 증가시키는 방법에 대해 아주 구체적이면서도 합당한 정의를 내렸다.[14] 공식은 다음에서 보듯이 간단하다.

[공식 4-1]

창출한 가치 = 지불의향 최대금액 – 기회비용

회사가 창출하는 가치는 제품이나 서비스를 통해 버는 돈과 그것을 생산하는 데 들어간 비용의 차이다(생산 비용에는 자본의 기회비용도 포함된다). 이것을 [공식 4-1]처럼 바꿔 말하면, 고객의 지불의향 최대금액이 회사의 기회비용보다 클 때 가치는 창출된다.

여기서 용어 정의를 하고 넘어가자. 우선 지불의향 최대금액willingness to pay이다. 누군가 당신에게 새로운 테니스 라켓을 건넸다고 해보자. 당신은 테니스를 좋아하기 때문에 이 라켓은 당신에게 가치가 있다. 이제 이 라켓을 준 사람이 (라켓에 대한 대가로) 당신의 은행계좌에서 돈을 조금씩 인출한다고 가정하자. 이때, 돈과 라켓 중 어느 것을 가져도 차이가 없는 만큼이 당신의 지불의향 최대금액이다. 만약 당신의 지불의향 최대금액보다 적은 돈으로 제품이나 서비스를 살 수 있으면 당신은 소비자 잉여consumer surplus*를 누리게 된다.

지불의향 최대금액이 고객 입장에서 본 것이라면, 기회비용은 회사의 입장에서 본 것이다. 당신이 가게에 가서 테니스 라켓을

---

* 소비자가 지불할 용의가 있는 최대 가격과 실제 지불한 가격 간의 차이를 뜻한다.

그림 4-4 가치 창출의 원천

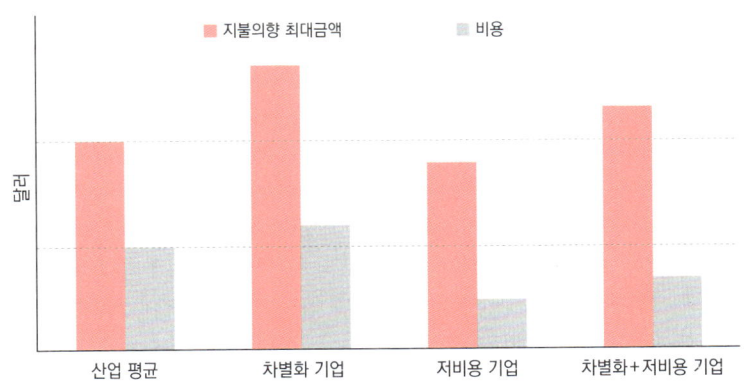

자료 : 『전략과 사업 지평』, 2017.

집었다고 치자. 이때 그 가게가 당신에게서 돈과 라켓 중 어느 것을 받아도 차이가 없는 만큼의 금액이 바로 기회비용이다.

  이 두 개념을 통해, 회사가 가치를 창출하는 두 가지 주요 방식을 알 수 있다. 첫 번째는 비용 경쟁력을 유지하면서 고객의 지불의향 최대금액을 증가시키는 것이다. 이것이 일반적으로 '차별화'라고 불리는 전략이다. 차별화는 상대적으로 더 높은 가격을 부과할 수 있는 능력이라고 생각하면 된다.

  두 번째는 충분한 가격을 부과할 수 있으면서도 제품이나 서비스에 들어가는 비용을 상대적으로 더 낮출 수 있는 방법이다. 이것이 저비용 전략이다. 비용우위는 영업비용의 절감이나 자본의 효율적 활용을 통해 생긴다. 실제로 많은 파괴적 혁신은 비용이나 요구자본이 더욱 낮아지면서 성공한다. 〈그림 4-4〉는 이러한 전략적 지위를 단순화해서 보여주는데, 평균 이상의 지불의향 최대금액과 평균 이하의 비용을 누리는 극소수의 기업도 찾아볼 수 있다.

이제 기업이 경쟁우위를 누리기 위해 가치를 증가시킬 수 있는 방법을 알았으니 뛰어난 성과를 내는 회사들만 떼어놓고 볼 필요가 있다. 이를 위해 다시 마이클 포터의 연구 성과를 살펴보자.

가치사슬 분석의 효과

가치사슬 분석Value Chain analysis*은 마이클 포터 덕분에 유명해진 개념이다. 이에 따르면 "(사업은) 제품 설계, 생산, 마케팅, 판매, 지원에 필요한 모든 활동의 총합"이다.[15] 학자이자 편집자인 조안 마그레타Joan Magretta는 마이클 포터와 함께 긴밀히 일하며 누구보다 포터의 작업을 잘 설명했는데, 그에 따르면 "(여기서 말하는) '활동'은 공급망 관리, 영업조직 운영, 제품 개발, 제품 배송 등 개별적인 경제적 역할이나 절차들"을 의미한다.[16]

포터와 마그레타는 회사 전체나 사업부서를 봐서는 경쟁우위

---

* 기업이 경쟁우위를 확보하기 위해서는 가치사슬 내의 활동들을 분석하고 활동들 간의 상호작용을 체계적으로 검토하여, 전략과 연계시키는 것이 필요하다는 것이다.

를 이해할 수 없다고 주장한다. 대신 회사가 제품이나 서비스를 제공하기 위해 수행하는 개별 활동들을 분석해야 한다는 것이다. 각각의 활동이 경쟁우위를 만들거나 유지할 수 있는 능력에 기여하거나, 또는 손상을 주기 때문이다.

포터는 회사의 전략에서 중요한 활동들을 분해해서, 경쟁사 대비 회사의 비용 절감이나 제품 차별화를 분석하는 방법을 알려준다. 비슷한 제품을 만드는 회사 간 가치사슬 분석을 하면 경쟁우위가 결정되는 항목들에서 차이점들을 구별해서 보기 쉽다.

가치사슬 분석은 대부분의 회사에서 유용하지만, 특히 다음 두 가지 유형의 활동이 많은 회사를 분석할 때 더욱 유용하다.

- 수직계열화된 활동들 : 수직계열화된 회사들은 원재료를 최종 제품으로 바꾸는 데까지 필요한 모든 활동을 직접 한다. 가치사슬 분석은 회사의 어떤 활동이 상대적으로 더 효율적인지를 찾는 데 도움이 된다. 특히 이 분석은 기업이 수익성 낮은 활동을 대폭 개선하거나 외주화할 수 있을 때 유용하다.
- 기술 변화에 취약한 활동들 : 기술 변화로 인해 가치사슬이 해체되고, 회사들은 좁은 영역에서의 활동만 전문적으로 하게 될 수 있다. 몇몇 활동에 의존해 수익을 내는 수직계열화된 회사들은 특정 활동을 더 잘하는 전문업체가 등장하면 위험에 빠질 수 있다.

그림 4-5 　가치사슬

```
연구개발  >  공급망관리  >  운영  >  마케팅과 영업  >  사후 서비스
```

자료 : 『당신의 경쟁 전략은 무엇인가?』, 조안 마그레타, 2012.(한국어판 2016년)

〈그림 4-5〉는 가치사슬의 예시이다. 이를 통해 한 회사의 활동에서 전략적으로 중요한 부분들을 구분하고, 해당 활동에서 다른 회사와 어떤 차이가 나는지를 비교해서 평가할 수 있다.

마그레타는 가치사슬을 통해 회사의 잠재적인 경쟁우위 요인을 찾아낼 몇 가지 방법을 아래와 같이 제안한다.

- 회사를 산업과 비교하기

  기업 활동이 업계와 어떻게 다르게 구성되었는지 보자. 경쟁우위나 경쟁열위가 발생할 수 있는 차이점을 찾아보자. 경쟁사와 가치사슬이 아주 비슷한 회사는 마이클 포터가 말하는 '1위 싸움'을 무의미하게 하는 상황일 가능성이 높고, 결국 이 싸움은 저조한 성과로 이어지는 길이다.

- 가격이나 차별화의 핵심 동인 찾기

  회사가 월등한 가치를 창출하려면, 가치사슬에서의 활동을 다른 방식으로 하거나 전혀 다른 활동을 해야 한다. 여기에는 희생이 따르는데, 한 가지 전략을 선택하면 다른 전략은 포기해야 한다. 가치사슬 어느 부분에서든 차이가 생길 수 있다.

- 비용의 핵심 동인 찾기

각각의 활동에 관련되는 비용을 추정해보자. 회사와 경쟁사의 비용 구조에서의 차이를 찾아보자. 비용우위나 비용열위를 만드는 특정 핵심 동인을 제대로 찾아내면 회사에 대해 아주 중요한 통찰이 생긴다.

마그레타는 가치사슬로 생각하면 몇 가지 중요한 결과에 이른다고 주장한다.

첫째, 가치사슬 내의 활동이 더 이상 단순히 비용으로만 보이는 것이 아니라 최종 제품이나 서비스에 가치를 더하는 단계로 보이게 된다. 따라서 가치사슬 내 활동 중 무엇이 고객에게 가치를 주는지를 알 수 있게 된다.

둘째, 가치사슬 분석을 하면 한 회사의 좁은 영역을 넘어, 다른 회사들이 포함된 더 큰 가치 체계를 보게 된다. 예를 들어 아마존 같은 이커머스 회사는 배송 일정을 지키는 능력이 중요하다. 이런 회사들은 배송업체가 제때 제대로 배송할 수 있도록 확인하는 활동들을 실행해야 한다.

이제 분석을 통해, 분석하는 회사가 속한 산업의 형태, 회사의 수익성 동인과 파괴적 기술의 위협, 잠재적인 경쟁우위 요인을 알게 되었다. 이 분석은 회사가 주가에 반영된 재무적 성과에 대한 기대치를 충족할지, 미달할지, 초과할지에 대해 판단할 수 있는 근거를 마련해준다.

지식산업이 만들어낸 새로운 기업 모델

최근 수십 년간 많은 회사들이 주요 투자 방식을 유형자산 중심에서 무형자산 중심으로 바꾸었다. 이런 변화는 투자가 재무제표에 표시되는 방식에 영향을 주기도 하고, 실물 상품과 지식 상품을 구분해서 이해해야 하게 만들기도 한다.

경제학자 칼 샤피로Carl Shapiro와 할 바리안Hal R. Varian은 그들의 저서 『정보시대의 규칙Information Rules』에서 기본적인 경제 원칙이 지식경제에서도 여전히 유효하다는 것을 설득력 있게 보여주었다.[17] 중요한 점은, 지식 기반의 회사는 유형자산 중심의 회사와는 다른 특징이 있다는 사실이다. 따라서 이 둘은 다소 다르게 평가해야 한다.

지식 기반 제품의 3가지 특징은 다음과 같다. 이런 주요 특징들은 살펴볼 만한 가치가 있다.

- 높은 초기 비용과 낮은 추가 비용

많은 지식 기반 제품들은 처음 만들 때에는 돈이 아주 많이 든다. 그러나 일단 디지털 형태로 만들어지면, 이것을 복제하고 유통하는 비용은 상대적으로 저렴하다. 소프트웨어를 예로 들어보자. 마이크로소프트는 매년 연구개발에 수십억 달러를 쓴다. 하지만 이렇게 개발한 소프트웨어를 찍어내고 배포하는 비용은 아주 싸다. 그 결과 마이크로소프트는 '수익률 증가' 효과를 누렸다.[18] 사실상 지식 기반 회사는 제품의 추가 판매로 매출이 늘어나는 족족 순이익과 현금흐름을 증가시킨다. 이런 식으로, 지식 기반 회사는 일정 기간 동안 수익률이 줄어들지 않고 증가하는 효과를 누릴 수 있다.

- 네트워크 효과

네트워크 효과는 더 많은 회원들이 제품이나 서비스를 사용하게 되면서 해당 제품이나 서비스의 가치가 올라갈 때 나타난다. 예를 들어, 승차공유 서비스업체인 우버가 승객이나 기사에게 매력적인 이유는 바로 많은 승객과 기사가 그 플랫폼에 모여 있기 때문이다. 어떤 특정한 산업에서 긍정적인 피드백이 의미하는 것은 일반적으로 한 개의 네트워크가 지배하게 된다는 것이다. 이런 식으로 승자독식 시장이 형성되어 가고, 산업의 이익이 지배적 기업에 몰리면서 변동성도 커지게 된다. 승자가 날개를 달 것이라는 기대가 커지고, 그만큼 패자들은 추락할 것이라는 예상도 커진다.

- 묶어두기Lock-in 효과

    고객이 일단 특정 제품의 사용법을 익히거나 제품의 표준에 익숙해지고 나면, 고객은 이제 설령 다른 경쟁 제품의 기능이 더 좋거나 가격이 싸도 그 제품으로 갈아타는 것을 꺼려 한다. 회사가 고객 '묶어두기'에 성공한 것이다. 이런 고객은 경쟁 제품을 사는 대신 수익성이 매우 높은 업그레이드 제품을 더 사고 싶어한다. 샤피로와 바리안은 브랜드 특화 교육과 고객 혜택 프로그램을 포함해 다양한 형태의 '묶어두기'를 인용했다.[19]

여기서 지식 기반 제품의 이러한 주요 특징과 함께 유용성이 검증된 두 가지 모델 또한 소개한다.

이 두 가지 모델은 기술 산업 전략에 대한 뉴스레터 〈스트래처리Stratechery〉를 발행하는 벤 톰슨Ben Thompson이 만들었다. 그는 '애그리게이터Aggregator'와 '플랫폼'에 대한 이론을 만들었는데, 이 이론들은 기술 산업과 미디어 산업에 속하는 회사들의 경쟁 지위를 설명해준다. 이에 대해 간단히 살펴보자.

- 애그리게이터

    애그리게이터는 공급자에게서 풍부한 콘텐츠를 모아 사용자가 이용하기 편한 형태로 제공하는 기업을 말한다. 구글이 전형적인 사례다. 사용자가 구글에서 검색을 하면 이에 맞는 웹사이트를 찾아서 연결해준다. 톰슨은 성공적인 애그리게이터의 3가지 특징을 제시한다. 즉, 이용자와 직접 관계를 맺어 이용자 정보를 소유하고, 신규 이용자에 대해 추가로 투입되는 서비스 비용이 없거나 매우 낮은 수준이며, 긍정적인 피드백이 많아지면 신규 이용자를 획득하는 비용이 낮아진다는 것이다. 또다른 애그리게이터 사례로는 넷플릭스, 에어비앤비Airbnb, 아마존닷컴 등이 있다.

- 플랫폼 기업

플랫폼 기업은 제3자인 공급사와 최종 소비자의 관계를 쉽게 만들어준다. 한 가지 예로 쇼피파이Shopify가 있다. 쇼피파이는 상점용 전자상거래 플랫폼이고, 소매 결제 시스템을 제공한다. 쇼피파이는 플랫폼에 있는 상점의 소비자와 직접 거래하지 않는다. 그 대신, 상점이 시장에서 효과적으로 영업하기 위해 필요한 도구를 제공한다. 플랫폼 기업은 생태계를 만들고, 여기서 창출된 가치의 작은 부분만을 가져간다. 플랫폼 기업의 또다른 예로는 스트라이프Stripe(온라인 결제 서비스), 마이크로소프트의 윈도 생태계, 아마존 웹서비스가 있다.

애그리게이터 기업은 엄청난 진입 장벽을 만들어주는 규모의 경제를 누린다. 플랫폼은 생태계의 핵심 요소가 되어, 사용자가 다른 서비스로 바꾸려 할 때 전환비용을 크게 만든다. 그래서 이런 유형의 회사들이 주로 무형자산에 투자하는 것은 중요한 산업적 동인이나 경쟁우위 요소에 투자하는 것과 같다.

디지털 시대에 고객은 필요와 욕구 충족을 위해 구독 서비스를 점점 더 많이 이용한다. 과거에는 신발상자에 인화된 사진을 넣어 보관했다면, 이제는 아이클라우드iCloud를 구독하여 사진을 디지털로 저장한다. 또한 영화관에 가는 횟수가 줄고, 넷플릭스를 구독하여 리모컨을 들고 영화를 본다. 기업들은 소프트웨어를 일회성으로 구입하여 설치하였지만, 이제는 이른바 서비스형 소프트웨어Software as a Service, SaaS를 구독한다.

마케팅 전문가인 대니얼 매카시Daniel McCarthy와 피터 페이더Peter Fader 교수는 '고객 기반 기업의 가치평가CBCV'를 고안했다.[20] 이 방식은 고객 관계의 경제적 요소를 분석해 상향식으로 기업을 분석한다. 고객의 가치는 고객이 서비스를 이용하는 기간 동안 발생시켜주는 현금흐름의 현재가치에서 고객 획득 비용을 뺀 값이다. 여기서 현금흐름은 매출에서 모든 관련 비용을 뺀 값이다. 고객 유지는 보통 이탈churn 비율을 이용해 표현되는데, 이탈 비율은 특정 기간 동안 회사의 제품이나 서비스 사용을 중단한 고객의 비율이다.

'고객 평생 가치'라는 개념은 수십 년간 존재하고 있다. '고객 기반 기업의 가치평가' 방식의 주요한 공헌은 매출 성장 예측의 정확성이다. 이 방식은 특히 매출 성장이 가장 중요한 가치 핵심 동인인 경우에 엄청나게 유용하다.

CBCV 분석을 제대로 하려면 몇 가지 모델이 필요하다. 고객 획득 모델로 신규 고객이 증가하는 속도를 파악하고, 고객 유지 모델을 통해 고객이 얼마나 오랫동안 활발하게 구매할지를 알아야 한다. 구매 모델을 통해 얼마나 자주 구매할지도 이해해야 한다. 고객이 얼마나 많은 금액을 구매할지를 알아볼 수 있는 모델 역시 필요하다.[21] 대부분의 회사는 이런 정보들을 자세히 공개하지 않지만, 대부분의 경우 학습을 통해 추정이 가능하다.

매카시와 페이더는 이런 모델들을 활용해 매출을 예측하고, 관련 비용을 차감해 잉여현금흐름을 구했다. 그들의 가치평가 모델은 전통적인 현금흐름할인법을 토대로 한다. 그러나 무형자산 중심 회사가 지식 기반 제품을 처음 만들 때 초기 비용이 많이 소요되는 것처럼, 이 모델들도 마케팅 비용이나 무료 체험비와 같은 고객 획득 비용이 많이 소요된다.

CBCV 방식은 회사의 가치를 추정하는 데 사용할 수 있지만, 예측투자를 위한 도구로 더 강력하다고 할 수 있다. 회사의 주가를 이용하면 현재 주가를 정당화시켜줄 주요 고객 지표가 무엇인지 결정할 수 있게 된다.

예측투자는 단순히 영업가치 핵심 동인의 미래 변화와만 관련된 것은 아니다. 예측투자는 '기대치 변화 기본틀'과 경쟁 전략 분석을 통합해서 투자자가 수익성 있는 잠재적인 투자 기회를 어디서 찾을지 잘 판단할 수 있게 해준다.

🔍 핵심 포인트

- 시장 기대치의 변화를 예측하는 가장 확실한 방법은 회사의 경쟁 구도 변화를 예상해보는 것이다.
- 경영진과 투자자는 성과에 대한 기준이 서로 다르다. 경영진의 목표는 자본비용 이상의 수익률 달성이다. 투자자의 목표는 시장 기대치의 변화를 제대로 예측하는 것이다.
- 과거 실적과 산업지형을 알면 가치 핵심 동인의 변화 정도를 알 수 있다. 과거에 어떤 가치 핵심 동인이 가장 많이 변화했고, 산업은 어느 정도 변하는지가 나타나기 때문이다. 이 두 가지 분석은 투자자로 하여금 허무맹랑한 기대치 변화 예상을 피하도록 해준다.
- '5가지 경쟁 요인' 분석은 산업 수익성의 핵심 동인을 잘 드러내고, '파괴적 혁신' 모델은 잠재적 취약점과 기회를 보여준다.
- 기업이 가치를 창출할 때는 고객의 지불의향 최대금액이 회사의 기회비용보다 클 때다. 회사가 경쟁우위를 갖는 때는 지불의향 최대금액이 경쟁자보다 클 때(차별화)와 비용이 낮을 때(비용우위), 혹은 둘 다일 때이다. 그리고 가치사슬 분석을 통해 이런 경쟁우위의 원천을 정확히 알 수 있다.
- 경제 원칙은 변하지 않았지만, 전통산업과 지식산업의 특성은 서로 다르다는 점을 이해하는 게 중요하다.

● 좀 더 알아보기 ●

'경쟁사 움직임'에 주목해야 하는 이유

만약 당신이 새로운 종이 공장을 지을 생각이라면, 성장에 대한 몇 가지 가정들에 기반하여 의사결정을 할 것이다.……하지만 경쟁자의 대응에 대해서는 전혀 고려하지 않을 것 같다. 누가 과연 우리와 같은 시기에 공장을 짓거나 기계를 설치하겠어?

– 인터내셔널 페이퍼 CFO[22]

회사들은 경쟁사의 전략적 움직임에 각자 서로 대응하기 때문에 한 회사의 어떤 행동을 의미 없이 평가할 수는 없다. 게임 이론은 산업 내 경쟁에 대해 생각할 때 유용한 도구이며, 특히 다음의 두 가지 상황에 잘 맞는다. 가격 정책과 경기민감 산업에서의 설비 증설이 바로 그것이다.[23]

서로 협력하며 가격을 결정하는 산업이 경쟁적으로 가격을 책정하는 산업보다 산업 전체의 이익이 크다. 중국의 택시 호출서비스 회사 두 곳의 사례가 이것을 잘 보여준다. 두 회사는 알리바바의 자회사인 콰이디 다처와 텐센트가 일부 지분을 가진 디디 다처이다.

2014년 초, 디디 다처는 점유율을 올리기 위해 가격을 낮추고 보조금을 지급하기 시작했다. 콰이디 다처도 즉각 따라했다. 두 회사가 단 6개월 만에 3억 2,500만 달러를 지출하면서 산업 전체의 이익이 급감했다. 두 회사는 그해 6월 싸움을 멈췄는데, 그때의 점유율은 가격전쟁 전과 비슷했다. 이 둘은 2015년 합병했고, 그 덕에 가격은 정상화되었다.[24]

게임 이론이 유용한 또다른 경우는 경기 순환 정점에 설비를 늘려야 할지에 대한 결정이다. 회사가 설비를 늘리는데 경쟁사는 늘리지 않는다면 많은 이익을 추가로 얻을 것이다. 회사는 투자를 하지 않는데 경쟁사가 설비를 증설한다면 경쟁사가 추가 이익을 가져간다. 하지만 만약 모두가 설비를 늘리면 아무도 혜택은 못 본다. 그리고 모두가 다음 경기 하락기 때 감당해야 할 고통은 더 커진다.

따라서 회사의 어떤 행동에 대한 경쟁사의 대응이 기대치의 변화에 큰 영향을 준다.

Reading Stock Prices for Better Returns

Most investors recognize that the stock valuations that ju...
...eir buy and sell decisions are based on expectations for a c...
...any's future financial performance. Likewise, corporate exe...
...ves commonly have projections for sales, operating profit, ...
...e capital needs of their firm for the next three to five ye...
...vestors and corporate executives who adopt expectations inv...
...g will have a systematic and robust way to compare their ex...
...tions to those of the market.

This book brings the power of expectations investing to p...
...ines   ents   vesting has
...ted su   al   st i   corporate community.
...estors c   e   tion   sting to guide their inv...
...decisio   po   ecu   the approac...
...   ate   to   of mismatche...

...pter 1 makes the   or e   tions investing and expl...
...raditional analys   h its   m earnings

2부

• 5장 • 6장 • 7장 • 8장 • 9장 •

예측투자와 실전 활용법

Implementing
the
Process

5 '주가'에 담긴 기대치 읽는 법

투자에서 높은 수익률을 내려면 주식시장의 기대치 변화를 제대로 예측해야 한다. 그러나 시장 기대치가 얼마나 많이, 어느 정도의 확률로 변할지 따져보려면, 그 전에 먼저 현재 주가에 담긴 기대치부터 명확히 이해해야 한다.

일반적인 투자자에게 시장 기대치를 이해하는 데 관심이 있는지 물어보면, 물론 그렇다고 답할 것이다. 하지만 어떻게 기대치를 파악하느냐고 물으면, 단기 순익 전망이나 PER 같은 이런저런 통계적인 지표들에 의존한다고 답할 것이다. 이런 단순한 지표들은 널리 쓰이기는 하지만, 주주가치와 별로 연관이 없기 때문에 현재의 시장 기대치를 제대로 반영하지 않는다.

주가에 담긴 기대치를 정확히 읽으려면, 시장의 방식으로 생각해야 한다.

시장이 가격을 매기는 방식은 장기 현금흐름할인법 모델이다. 하지만 투자자들은 미래의 현금흐름을 예측하는 것이 엄청나게 위험하다고 생각한다. 이것도 일리가 있다. 장기 전망을 제대로 하기는 쉽지 않고, 예측하는 투자자의 편향적 사고방식만 부각되는 경우가 흔하기 때문이다. 워런 버핏은 "예측은 미래에 대해서가 아니라 예측하는 사람에 대해 더 많이 알게 해준다"라고 했다.[1] 그러면 답은 어디에 있을까?

이상적인 해답은 현금흐름 예측에 대한 부담을 버리고 현금흐름할인법을 쓰는 것이다. 바로 예측투자가 하는 방식이다. 예측투자는 현금흐름을 전망하는 대신, 현재 주가를 기준으로 현금흐름할인법을 이용하여 시장이 회사의 미래 실적에 대해서 내포하고 있는 것을 '읽어낸다'. 이렇게 주가에 내재된 기대치price-implied expectations, PIE를 추정하는 것이 예측투자 프로세스의 출발이다(〈그림 5-1〉).

이렇게 생각해보자. 불확실한 미래에 대한 예측은 집단지성을

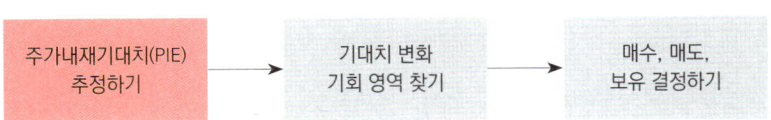

그림 5-1 예측투자 1단계 : PIE 추정하기

가진 시장이 여느 개인보다 더 잘 맞힌다. 그러면 이 정보의 원천인 시장에서 가격에 내재된 기대치(PIE)를 직접 가져다 쓰면 되는 것 아닌가?

많은 투자자나 경영진은 주가에 대한 의구심을 드러내며, 주가가 가치를 언제나 정확히 반영하는 것은 아니라고 생각한다. 하지만 예측투자의 관점은 다르다. 예측투자에서는 주가를 가장 좋지만 가장 잘 이용하지 않는 정보원으로 본다. 주가는 매수자와 매도자의 거래가 합의되고 성사되는 가격이며, 어느 시점이든 시장의 기대치를 보여주는 가장 분명하고 믿을 만한 지표다. 따라서 투자자는 현재의 시장을 읽고, 미래에 기대치가 어떻게 변할지 예측만 하면 된다.

시장 기대치 읽는 방법을 설명하기 전에 마지막으로 한 마디만 더 덧붙인다. 이 책을 쓴 우리는 선생으로서, 주식 애널리스트로서, 컨설턴트로서 수많은 주식의 시장 기대치를 분석했는데, 대개는 투자자들과 기업 경영진들이 그 결과를 보고 놀라워한다는 점이다.

시장이 단기 중심적이라고 생각하는 투자자들은 시장이 실제로는 장기적 관점을 가지고 있다는 사실을 알고 나서 깜짝 놀란다. 또한 시장이 늘상 자기 회사 주식을 저평가한다고 믿는 회사 경영자들도, 때로는 시장의 기대치가 자신이 생각하는 것보다 훨씬 크다는 사실을 알고서 놀라곤 한다. 고로, 당신도 가격에 내재된 기대치, 즉 PIE를 접하고서 처음 몇 번은 놀랄 준비를 하시라.

시장 기대치 읽기

앞서 2장에서 봤듯 현금흐름할인법 모델에서 가치는 잉여현금흐름, 자본비용, 예측 기간을 갖고 계산한다. 또한 예측투자는 현금흐름할인법과 동일한 방법을 쓰지만, 반대의 절차를 거친다. 즉, 주가를 기준으로 그 주가를 정당화시켜 줄 현금흐름, 자본비용, 예측 기간에 대한 기대치를 추정한다.

이제 시장 기대치를 읽는 몇 가지 가이드라인을 소개한다. 비록 이 도움말들이 유용하기는 하지만, 시장 기대치를 읽는 것은 과학이라기보다는 예술에 가깝다는 점을 이해하자. 투자 경험이 풍부하고, 산업에 대한 지식이 많을수록 시장 기대치를 읽는 능력도 좋아진다.

또 예측투자의 이 단계에서는 선입관이 없어야 한다. 주가로 읽은 시장 기대치가 어떻게 나오든 그냥 그대로 받아들이자. 이 단계의 목적은 시장의 심리를 읽는 것이다. 이 기대치가 합당한지는 또 다른 단계에서 평가하면 된다.

1) 현금흐름

매출 성장률, 영업이익률, 재투자율에 대한 시장의 기대치를 구하기 위해서는 많은 곳에서 제공하는 서비스를 참고하면 된다.* 이런 기대치가 영업가치 핵심 동인 값으로 적절한지를 판단하려면 경쟁 상황의 관점에서 산업의 환경을 평가해야 한다. 그리고 과거의 영업가치 핵심 동인을 살펴보고, 과거 성과와 기대했던 성과 사이에 뚜렷한 차이가 있는지를 확인하자.

2) 자본비용

2장에서 소개한 방법을 사용하여 회사의 가중평균 자본비용 weighted average cost of capital을 추정해본다. 이와 관련해 아래 사항을 참고하면 도움이 된다.[2]

- 블룸버그 등 일부 서비스는 자본비용 추정치를 제공한다.
- 베타는 블룸버그, 밸류라인, S&P 캐피털IQ, 야후 파이낸스 등에서 제공한다.
- 시장 위험 프리미엄에 대한 추정치는 애스워드 다모다란 Aswath

---

* 미국 시장 전망치를 볼 수 있는 서비스로는 밸류라인 인베스트먼트 서베이(Value Line Investment Survey), 모닝스타(Morningstar), 팩트셋(FactSet), 블룸버그(Bloomberg), S&P 캐피털 IQ(S&P Capital IQ), 레피니티브(Refinitiv), 증권사 리포트, 경영진이 발표하는 정보 등이 있다.

Damodaran 교수나, 더프 앤 펠프스Duff & Phelps 같은 자문회사, 증권사에서 제공한다.

3) 비영업자산과 부채

일반적으로 비영업자산이나, 이자발생부채 또는 연금 부채 같은 회사의 부채는 재무상태표에서 찾을 수 있어서 따로 추정할 필요는 없다.

일반적인 비영업자산은 초과현금excess cash과 매도가능증권, 비연결 자회사와 관계회사 투자, 연금 추가납입액, 과거 손실로 인한 세금 이연분 등이 있다. 비영업자산과 부채의 가치를 추정할 때는 세금 변화는 물론 재무상태표에 기록된 금액과 시장가치의 차이를 반드시 고려해야 한다.

4) 시장 가격에 내재된 예측 기간

가치를 결정하는 마지막 항목은 주가를 정당화하기 위해 필요한 잉여현금흐름의 반영 기간이다. 이것을 시장 가격 즉, 주가에 내재된 예측 기간market-implied forecast period이라고 한다(가치성장 지속기간value growth duration이나 경쟁우위 기간competitive advantage period이라고도 하며, 시장 초과 수익률의 평균 회귀 기간과 같은 개념이다).[3]

사실상 시장 가격에 내재된 예측 기간은, 회사가 자본비용보다 높은 재투자 수익률을 낼 것이라고 시장이 예상하는 기간이다. 이 모델은 이 기간 이후에는 회사가 재투자를 해도 자본비용만큼의 수익률만 내며, 따라서 가치가 증가하지 않는다고 가정한다. 미국 주식의 경우 시장 가격에 내재된 예측 기간은 5년에서 15년 사이에 몰려 있지만, 어떤 회사는 0년일 수도 있고, 경쟁 지위가 강력한 회사는 30년이 될 수도 있다.[4]

시장 가격에 내재된 예측 기간을 구하려면, 먼저 미래의 잉여현금흐름과 자본비용에 대한 시장 기대치를 계산해야 한다. 그리고 이 두 수치를 바탕으로 현재 주가가 나올 때까지 현금흐름할인법에서의 예측 기간을 늘리면 된다. 예를 들어, 할인된 잉여현금흐름(영구가치를 더한 값)을 12년 치로 늘려야 현재의 주가가 나온다면, 시장 가격에 내재된 예측 기간은 12년이다.

주가에 담긴 기대치 읽는 법 : 도미노 피자 사례 분석

이제 글로벌 피자체인점인 도미노 피자 주식을 분석하면서 이 개념을 구체적으로 살펴보자.

도미노 피자 주식을 분석한 2020년 8월 기준, 도미노 피자의 상장주식 수는 3,930만 주, 주가는 약 418달러로 시가총액은 대략 160억 달러에 달했다.

1) 현금흐름

418달러라는 주가에 내재된 기대치를 추정하기 위해 모닝스타, 밸류라인, 애널리스트 예상치들을 검토했다. 그 결과, 예상치의 컨센서스는 다음과 같다.

매출 성장률	7.0%
영업이익률	17.5%
실효세율	16.5%
고정자본 재투자율	10.0%
운전자본 재투자율	15.0%

매출 성장률, 영업이익률, 실효세율을 통해 세후순영업이익 NOPAT이 나온다. 고정자본 및 운전자본 재투자율을 보면, 도미노는 매출이 1달러 늘 때마다 고정자본(자본적지출에서 감가상각비를 제외한 값) 0.1달러, 운전자본 0.15달러를 각각 투자할 것이다. 이 수치는 도미노의 예상되는 영업가치 핵심 동인 성과에 대한 시장의 기대치를 가장 잘 추정한 것이다.

2) 자본비용

분석 시점에서, 무위험 미국 국채 10년물 금리는 0.65%이고, 시장 위험 프리미엄에 대한 추정치는 5.1%, 베타는 1.0이었다. 베타를 추정하기 위해, 부채를 제외한 산업의 베타unlevered beta를 가지고 도미노의 자본 구조를 반영하여 부채를 포함한 베타levered beta 값으로 변환했다. 주가를 이용하여 계산한 베타는 1.0보다 낮았지만, 산업 수치를 이용하여 계산한 베타가 위험을 더 잘 반영했다. 이런 계산에 따르면, 도미노의 순자기자본비용은 5.75%였

표 5-1 주가에 내재된 예측 기간 추정하기 : 도미노 피자 (단위 : 100만 달러)

	2019년	2020년	2021년	2022년
매출	3,618.8	3,872.1	4,143.1	4,433.1
영업이익	629.4	677.6	725.0	775.8
(-) 영업이익에 대한 납부세액	105.2	111.8	119.6	128.0
세후순영업이익	524.2	565.8	605.4	647.8
운전자본 재투자		25.3	27.1	29.0
고정자본 재투자		38.0	40.7	43.5
총투자액		63.3	67.8	72.5
잉여현금흐름		502.5	537.7	575.3
잉여현금흐름의 현재가치		476.9	484.4	491.9
잉여현금흐름의 현재가치 누적액		476.9	961.3	1,453.2
영구가치의 현재가치		14,523.2	14,749.7	14,979.7
기업가치		15,000.1	15,711.0	16,432.9
(+) 비영업자산		391.9	391.9	391.9
(-) 이자발생부채 및 기타부채		4,170.0	4,170.0	4,170.0
주주가치		11,222.0	11,932.9	12,654.8
주당 주주가치 (달러)		285.18	303.25	321.60

다[0.65%+(1.0×5.1%)=5.75%].

도미노의 세전부채비용은 4.55%이며, 따라서 세후부채비용은 3.8%였다[4.55%×(1-16.5%)=3.80%]. 도미노의 총자본 대비 부채비율은 약 20%이다. 따라서 가중평균을 한 자본비용은 5.35%였다[(0.80×5.75%)+(0.20×3.80%)=5.35%].

▶ 옆 페이지에서 이어지는 표입니다.

2023년	2024년	2025년	2026년	2027년
4,743.5	5,075.5	5,430.8	5,811.0	6,217.7
830.1	888.2	950.4	1,016.4	1.088.1
137.0	146.6	156.8	167.8	179.5
693.1	741.7	793.6	849.1	908.6
31.0	33.2	35.5	38.0	40.7
46.5	49.8	53.3	57.0	61.0
77.6	83.0	88.8	95.0	101.7
615.6	658.6	704.8	754.1	806.9
499.6	507.4	515.3	523.3	531.5
1,952.8	2,460.2	2,975.5	3,498.8	4,030.3
15,213.3	15,450.6	15,691.5	15,936.2	16,184.8
17,166.1	17,910.8	18,667.0	19,435.1	20,215.1
391.9	391.9	391.9	391.9	391.9
4,170.0	4,170.0	4,170.0	4,170.0	4,170.0
13,388.0	14,132.7	14,888.9	15,656.9	16,437.0
340.23	359.15	378.37	397.89	417.71

3) 비영업자산 및 부채

2019년 말 기준, 도미노의 비영업자산은 초과현금과 매도가능 증권으로 구성되었는데, 약 3억 9,000만 달러, 주당 10달러 수준이다. 도미노의 부채는 거의 전부가 금융부채인데, 대략 41억 달러, 주당 105달러 정도이다.

4) 시장 가격에 내재된 예측 기간

도미노의 시장 가격에 내재된 예측 기간을 8년으로 계산한 방법은 다음과 같다. 2020년부터 시작하여 매해 말 도미노의 주당 주주가치를 계산한다(〈표 5-1〉). 영구가치를 계산할 때 인플레이션 반영 영구채권 방식을 사용하는데, 이는 시장 가격에 내재된 예측 기간이 지난 후에 도미노의 세후순영업이익^{NOPAT}과 투자가 물가상승률에 따라 증가할 것이라고 생각하기 때문이다. 그러고 나서 몇 년 뒤까지로 예측 기간을 확대해야 현재 주가가 되는지를 살펴본다.

2020년 말 도미노의 가치는 주당 285달러라고 추정하며, 8년째인 2027년 말이 되어야 현재 주가인 418달러에 도달한다. 따라서 시장 가격에 내재된 예측 기간은 8년이다.

기대치를 다시 살펴봐야 할 2가지 상황

기대치 변화에 대한 기회의 영역들은 이 책 12장에서 자세히 설명한다. 하지만 주가가 크게 변하거나, 회사가 새롭고 중요한 정보를 밝혔을 때는 PIE, 즉 시장 가격에 내재된 기대치를 다시 살펴봐야 한다. 이 두 가지 상황은 동시에 일어나는 때가 많다.

예를 들어 어닝 서프라이즈에 대한 반응으로 주가가 크게 움직인 회사의 경우 기대치를 다시 따져봐야 한다. 어닝 서프라이즈는 좋은 쪽이든 나쁜 쪽이든 시장의 과잉 반응을 유발시키곤 한다.

2019년 11월, 통신장비 제조업체인 플랜트로닉스Plantronics의 발표를 살펴보자. 당시 플랜트로닉스가 발표한 실적은 시장에서 예상한 매출과 이익보다 낮았다. 그리고 향후의 실적 전망치도 낮춰잡았다. 회사는 앞으로 제품 재고를 판매 채널에서 줄일 것이라고 밝히면서 이번 실적은 일시적인 요인으로 인한 매출 하락이며 장기 전망은 변함없다고 진화에 나섰다. 그러나 시장의 반응은 주가가 37% 급락하는 등 크게 요동쳤다.[5] 회사의 발표가 장기 매출과 이익에 대한 기대치 하향의 신호일 때, 주가 급락은 보나마나 뻔하다. 반면, 성장의 정체가 정말 일시적이라면, 주가 하락은 매수 기회일 수도 있다.

두 번째 상황인 새롭고 중요한 정보의 공개로는 인수합병, 의미 있는 규모의 자사주 매입 계획, 경영진 보상의 의미 있는 변화 등이 있다. 이와 관련하여, 10장에서는 인수합병이 보내는 신호의 의미를, 11장에서는 자사주 매입이 보내는 신호의 의미를 각각 다룬다.

🔍 핵심 포인트

- ◆ 기대치를 제대로 읽으려면 시장의 방식으로 생각해야 한다. 예측투자를 통해 현금흐름할인법의 강점을 적극 활용하자.
- ◆ 시장의 기대치가 변할 가능성과 규모를 고려하기 전에, 먼저 현재의 기대치가 어떤 의미가 있는지를 분명히 알아야 한다.
- ◆ 공개된 정보를 활용해서 주가에 내재된 기대치(PIE)를 추정할 수 있다.
- ◆ 주가가 크게 변하거나 회사가 새롭고 중요한 정보를 발표하면 기대치 분석도 다시 해야 한다.

6 기대치가 바뀔 때 기회도 생긴다

이제 예측투자 프로세스의 두 번째 단계인 기대치 변화에 따른 기회 영역 찾기로 넘어가자(〈그림 6-1〉). 기대치가 변화하는 것 중에서도 다른 것보다 특히 중요한 변화들이 있다. 따라서 중요한 것에 집중해야 시간을 아끼고, 더 좋은 기회를 찾을 확률이 높아진다.

투자자가 가장 먼저 하고 싶은 일은 주주가치에 가장 큰 영향을

그림 6-1 예측투자 2단계 : 기회 영역 찾기

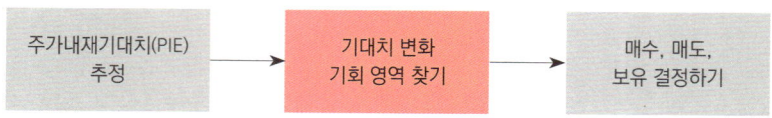

끼칠 가치 변화 트리거를 가려내는 것이다. 이것을 '터보 트리거turbo trigger'라고 부르자. 자동차에서 터보차저가 출력을 엄청나게 높이듯, 터보 트리거는 가장 중요한 것을 이해할 수 있는 능력을 제공해준다. 현재 주가에 담긴 기대치와 미래의 기대치 변화 사이의 의미 있는 기회 영역을 찾아내는 것이 이번 장에서의 목표다.

기대치 변화 가능성을 판단하는 방법

기대치 변화에서 기회를 찾기 위해서는 두 종류의 데이터와 두 가지 도구가 기본적으로 필요하다(〈그림 6-2〉). 두 종류의 데이터는 과거 실적과 회사의 미래 실적에 대한 시장 기대치(PIE)이다. 과거 실적은 PIE 및 기대치 변화에 대한 판단이 합리적인지를 실제로 확인하기 위해 사용한다.

두 가지 필요한 도구는 '기대치 변화 기본틀'(3장)과 경쟁 전략 분석(4장)이다. '기대치 변화 기본틀'은 주주가치를 구성하는 요소들을 체계적으로 분석할 수 있게 해준다. 그리고 경쟁 전략 분석은 산업 매력도와 회사가 선택한 전략을 평가할 수 있게 해준다. 이 두 도구를 활용하면 시장 기대치 변화의 가능성에 대한 매우 중요한 통찰이 생길 것이다.

그림 6-2 기대치 변화에서 기회 찾기

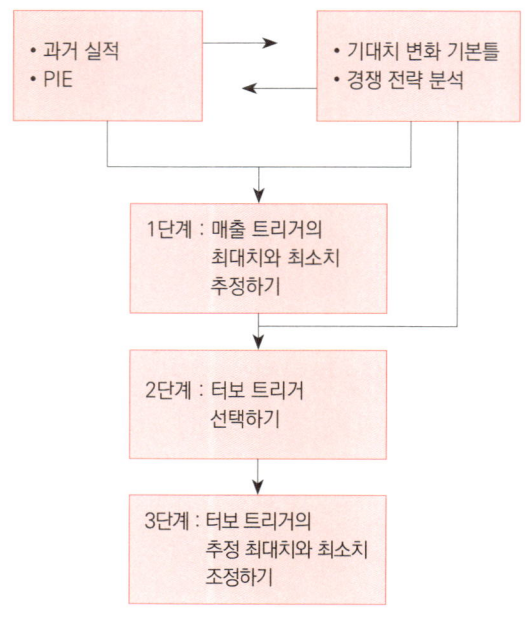

주주가치에 가장 큰 영향을 미치는 것은?

기대치 변화에서 기회를 찾기 위해서는 다음에서 설명하는 세 단계를 밟아야 한다. 이를 통해 터보 트리거를 가려내고 터보 트리거가 주주가치에 끼치는 영향에 대한 추정치를 조정할 수 있다.

1단계 : 매출 트리거의 최대치와 최저치를 추정하고, 이에 따른 주주가치
 계산하기

매출에 대한 트리거부터 시작하는 이유는, 매출의 변화가 주주가치의 변화에 가장 큰 영향을 줄 가능성이 높기 때문이다. 또한 이렇게 매출에서부터 시작하면 나머지 두 가치 변화 트리거인 영업비용과 재투자를 살펴봐야 할지 넘겨도 될지를 빠르게 정할 수 있다. 이처럼 중요한 것에만 집중하면 분석에 소요되는 수고를 훨씬 줄일 수 있게 된다.

매출 트리거가 주주가치에 주는 영향을 추정하기 위해서는 고성장과 저성장별 시나리오를 포함해 매출 성장률의 범위를 추정할 필요가 있다. 참고 데이터(과거 실적과 PIE) 및 분석방법('기대치 변화 기본틀'과 경쟁 전략 분석)을 사용해서 매출 성장을 예측하자.

여기서 중요한 점은 매출 성장률과 4가지 가치 변화 요인(판매량, 가격과 매출 구성, 영업 레버리지, 규모의 경제) 간의 관계를 주의 깊게 살피는 것이다. 이를 통해 매출 성장률에 따라 영업이익률이 어떻게 변화하는지, 그리고 그 결과 주주가치가 어떻게 변하는지도 평가할 수 있게 된다. 이렇게 계산한 결과를 보면 매출 성장률의 범위, 즉 매출 성장 시나리오에 따라 주가가 얼마만큼 변할지가 보인다.

일부 회사들의 경우, 특히 영업 레버리지가 큰 회사들은 매출에 의해 변화된 가치 변화 요인이 영업이익률에 긍정적이든, 부정적이든 매우 큰 영향을 끼친다. 어떤 회사들은 가치 변화 요인들이 서로 상쇄되는 경우도 있다. 예를 들어 월마트나 코스트코처럼 시장 선도 기업들은 규모의 경제와 비용 효율화로 얻는 혜택을 가격 인하를 통해 소비자에게 돌려준다. 하지만 어떤 회사들은 매출이 변화해도 영업이익률에 별로 영향을 끼치지 않아 분석을 더 해볼 필요가 없는 경우도 있다.

1단계를 거치고 나면, 나머지 두 트리거인 영업비용과 재투자를 매출 트리거와 비교하여 어떤 것이 정말 주주가치에 가장 큰 영향을 끼치는 터보 트리거인지를 결정한다.

2단계 : 터보 트리거 선택하기

영업비용이나 재투자가 터보 트리거로 적합한지 확인하려면, 달리 말해 이 둘이 매출 트리거가 주주가치에 미치는 영향보다 더 큰 변화를 주려면, PIE에서 어느 정도의 분산값을 가져야 하는지 결정하면 알 수 있다.

어떤 주식의 현재 가격이 20달러이고, 이것의 PIE를 추정한다고 해보자. '기대치 변화 기본틀'을 통해 도출한 매출 성장률의 범위에 따라 가치는 10달러에서 30달러 사이였다. 영업이익률도 마찬가지로 '기대치 변화 기본틀'을 이용하여 최대치와 최소치를 추정한다. 그리고 이 영업이익률의 범위가 어느 정도이어야 1단계 매출 범위에서의 주주가치 변화가 일어나는지를 구하는 것이다. 그리고 이때 구한 영업이익률의 범위는 순전히 비용 효율화에 따른 변화라고 생각하자.* 이렇게 영업이익률의 범위를 구하고 나면, 진짜 비용 효율화로 그런 정도의 변화가 생길 수 있을지를 따져본다.

현재 20달러인 주가에는 영업이익률 10%라는 기대가 포함되어 있다고 가정하자. 만약 앞으로 매출액이 고성장할 것으로 전망되거나 또는 비용 절감이 이루어져 영업이익률이 17%로 높아질 것이 예상된다면 주가는 30달러가 될 수 있다. 반대로 매출액이 저성장할 것으로 전망되거나 아니면 비용이 많아져 영업이익률이 3%로 떨어질 것이 예상된다면 주가는 10달러가 될 수 있다.

이렇게 매출액의 고·저 성장에 대한 예측과 마찬가지로 영업비용에 대한 예측 수준도 터보 트리거로서 자격 요건을 갖추기에 충분한지 따져볼 수 있다. 그리고 같은 방식으로 재투자도 터보 트리거가 될 수 있는지 시험해볼 수 있다.

만약, 영업비용이나 재투자가 주주가치를 가장 많이 움직이는 터보 트리거라고 판단했다면, 다시 이 트리거의 현실적인 범위를 살펴보고, 그 결과에 따라 나오는 주주가치의 최대값과 최소값도 살펴봐야 한다.

---

* 왜냐하면 매출에 의한 변화는 1단계에서 구했기 때문이다.

3단계 : 터보 트리거의 범위를 조정하고, 이에 따른 주주가치 계산하기

매수, 매도, 보유 결정을 하기 전에, 처음에 추정한 터보 트리거의 범위를 조정해야 한다. 특히 한 층 깊이 들어가서 가치를 결정하는 핵심 지표leading indicators를 파악하자. 핵심 지표는 터보 트리거에 큰 영향을 주고, 따라서 주주가치에도 영향을 끼치는 측정 가능하고 현재 유효한 지표를 말한다.

예를 들면 고객 유지율, 신제품 출시 준비 기간, 신규 점포 숫자, 품질 개선, 주문부터 선적까지 평균 소요 기간 등이 해당된다. 보통 2~3가지의 핵심 지표에 따라 터보 트리거가 크게 바뀐다.

심리적 함정에 빠지지 않기

모든 투자자들이 가끔은 심리적 덫에 갇혀서 더 높은 수익률을 내지 못하곤 한다. 이런 덫은 의사결정을 잘하기 위해 필요한 정보들을 충분히 검토하지 않고, 어림짐작 즉 휴리스틱heuristics*에 의존하려 할 때 생긴다. 휴리스틱을 이용하면 분석이 단순해지지

---

* 시간이나 정보가 불충분하여 합리적인 판단을 할 수 없거나, 굳이 체계적이고 합리적인 판단을 할 필요가 없는 상황에서 신속하게 사용하는 간편 추론의 방법이다.

만, 좋은 결정을 가로막는 편향으로 작용할 수도 있다.

잠재적인 기대치 변화의 범위를 추정할 때 반드시 두 가지 편향은 피해야 하는데 바로 '과신'과 '확증 편향'이다. 이 두 가지 함정을 좀 더 자세히 살펴보자.

많은 연구에 따르면, 사람들은 항상 스스로의 능력, 지식, 기술을 과대평가한다. 특히 전문지식이 필요하지 않은 분야에서 더 심하다. 이런 과신은 몇 가지 형태로 나타난다. 하나는 과대평가 overestimation로, 자신의 능력이 실제보다 낫다고 생각하는 것이다. 또 하나는 우월감 overplacement으로, 남들보다 특정한 무언가를 더 잘한다고 생각하는 것이다.

투자자들이 특히 염두에 둬야할 편향은 정확도 과신 overprecision으로, 자신의 지식에 대해 필요 이상으로 확신을 갖는 일이다.[1] 예를 들어, 애널리스트에게 그들이 잘 모를 것 같은 정보에 대해 (예를 들어 아프리카 대륙의 전체 면적) 범위를 정해보라고 하면, 응답자 중 '64%'만 정답이 포함될 정도로 충분히 넓은 범위를 말했다. 심지어 펀드매니저들의 경우에는 그 결과가 '50%'까지 더 내려갔다.[2]

특히 앞서 봤던 기대치 변화의 기회 찾기 1단계에서, 매출 성장의 범위를 추정할 때 정확도 과신에 주의하자.

흔히 저지르는 실수는 범위를 너무 좁게 고려하는 것이다. 예컨대 범위를 너무 좁게 설정하면, 실제로는 매출 성장이 터보 트리거인데 영업비용이나 재투자가 터보 트리거라고 오해하게 된다. 범위를 잘못 추정하면 신호를 오판할 수 있다.

그렇다면 정확도 과신은 어떻게 피할까? 간단하고 실용적인 방법들을 몇 가지 소개하겠다.

- 해당 회사, 경쟁사, 그리고 더 넓은 범주에 속하는 회사들의 과거 실적과 범위를 비교하기
- 다른 사람들로부터 피드백 구하기
- 과거의 분석을 살펴보고, 과거의 실수로부터 배우기

두 번째 함정은 확증 편향confirmation bias이다. 자신이 믿는 것에 부합하는 정보만 찾고, 부합하지 않는 정보는 무시하거나 깎아내리는 행동이다. 확증 편향은 예측투자 프로세스 중 두 가지 부분에서 오류를 발생시킨다.

첫째는, PIE를 읽을 때다. 그때는 자기 관점을 유보하고 최대한 객관적이 되는 것이 중요하다. 시장의 관점을 이해하려는 노력을 해야 하고, 자신만의 분석은 그 다음 차례다.

둘째는, 새로운 정보가 나왔을 때 이에 근거해 자신의 관점을 재검토하고 수정할 때이다. 틀린 결정을 하고 싶은 사람은 없다. 따라서 자신이 틀렸다는 정보가 나와도 인정하기 싫어한다. 투자자들은 자기 견해에 반대되는 기사보다는 부합하는 기사를 더 많

이 읽는다는 실험 결과도 이를 뒷받침한다.[3] 똑똑한 사람들이 특히 취약한데, 똑똑할수록 자기 믿음을 정당화하는 능력도 뛰어나기 때문이다.

그렇다면 확증 편향은 어떻게 피할까? 다음의 주의사항이 도움이 될 것이다.

- PIE 분석을 할 때는 자신의 생각을 잠시 내려놓자.
- 다양한 관점에서 결정을 살펴보자.
- 의견을 문서화하고, 새로운 정보가 나와서 견해를 변경하는 것이 합리적일 때는 기꺼이 따르도록 하자.

기대치 변화에 따른 기회 영역 찾는 법 : 도미노 피자 사례 분석

지금까지 다룬 분석 방식을 도미노 피자에 적용해보자. 지난 장에서 도미노 피자의 전략이나 영업 방식은 살펴보지 않았는데, 그때는 PIE를 추정하는 것이 목표였기 때문이다. 이제는 모든 도구를 동원하여 도미노 피자에 대해 더 자세히 알아볼 때가 됐다.

도미노 피자는 세계 최대의 피자 회사이다. 2019년 말 기준 전 세계 90개국에 1만 7,000개 이상의 매장이 있으며, 매출은 140억 달러가 넘는다. 매장의 35%는 미국에 있고, 나머지는 세계 각국에 퍼져 있다. 거의 대부분의 매장은 가맹점 방식으로 운영된다. 직영매장은 수백 개 정도에 불과하지만, 여기서는 새로운 기술, 행사의 효과, 운영의 효율화 등이 시범적으로 적용된다.

도미노가 돈을 버는 주요 수단은 가맹점에서 받는 로열티와 매출에 따른 수수료이다. 미국에서는 회사가 가맹점과 직접 거래한다. 미국 외에서는 가맹 총판이 있고, 이 총판이 해당 지역 내의 브랜드 관리 권리를 갖는다. 이것만 봐도, 도미노가 성공하려면 가맹점의 성공이 중요하다는 점이 나타난다.

도미노는 공급망 사업을 통해 미국뿐 아니라 세계 각국의 매장에 식재료 및 물품을 공급한다. 이를 통해 가맹점은 원재료의 품질을 유지한다. 또 주문 및 재고 관리 시스템에 IT 기술을 이용하며, 규모의 경제 효과도 얻는다. 공급망 사업은 가맹점에게만 독점 공급하는 대신 수익을 나눈다. 따라서 본사와 가맹점은 공동의 이해관계를 갖는다.

도미노의 주요 사업영역은 피자 판매 중에서도 배달과 포장 부문이다. 2019년 미국 피자 산업의 전체 매출은 약 380억 달러였고, 이 중 50%는 포장, 30%는 배달, 20%는 매장 내 취식이다. 도미노는 포장 부문의 16%, 배달의 35%를 차지한다.[4]

도미노는 외식업계에서 IT 기술과 데이터 활용의 선두주자이다. 전 세계 매출의 절반이 컴퓨터, 모바일, 스마트워치에서 발생하기 때문에 IT 기술은 도미노에게 매우 중요하다. 도미노는 온라인 주문 데이터 덕분에 고객에 대해 아주 잘 알게 되고, 그 결과 수요를 예측하거나 신제품의 프로모션 효과를 평가한다. 또 인건비 및 재고비용을 더 잘 관리하게 된다. 도미노의 고객 혜택 프로그램을 이용하는 활성 회원수는 2,500만 명이며, 데이터베이스에 저장된 전체 회원수는 8,500만 명에 달한다.

1) 경쟁 전략 분석

경쟁 전략 분석을 하는 목적은, 시장 기대치의 변화 가능성을 예측하기 위해서다. 앞서 4장에서 살펴본 분석 방법을 활용하면 된다. 경쟁상황을 이해하고, 산업 분석을 통해 시장 특성을 알고, 도미노만의 특정한 우위에 집중한다.

〈그림 6-3〉은 피자업계에 대한 산업지도다. 몇 가지를 짚고 넘어가보자.

먼저, 피자업계는 많은 대형 피자체인들이 경쟁하고 있다. 하지만 동네 소규모 업체들의 시장점유율 또한 40%에 달하는 시장이다. 또 피자체인 외에도 맥도날드, 칙-필-라, 염!브랜즈(피자헛, KFC, 타코벨 보유) 등 패스트푸드업계에 쟁쟁한 경쟁자들이 있다.

둘째, 피자업계는 가맹점이 매우 중요하기 때문에, 가맹점의 재무적 안정성이 관건이다.

셋째, 〈그림 6-3〉을 보면 고객이 피자회사와 소통하는 방식을 알 수 있다. 주목할 점은 '매장 내 취식' 부문이다. 도미노는 이 부

그림 6-3 산업지도 : 미국 피자업계

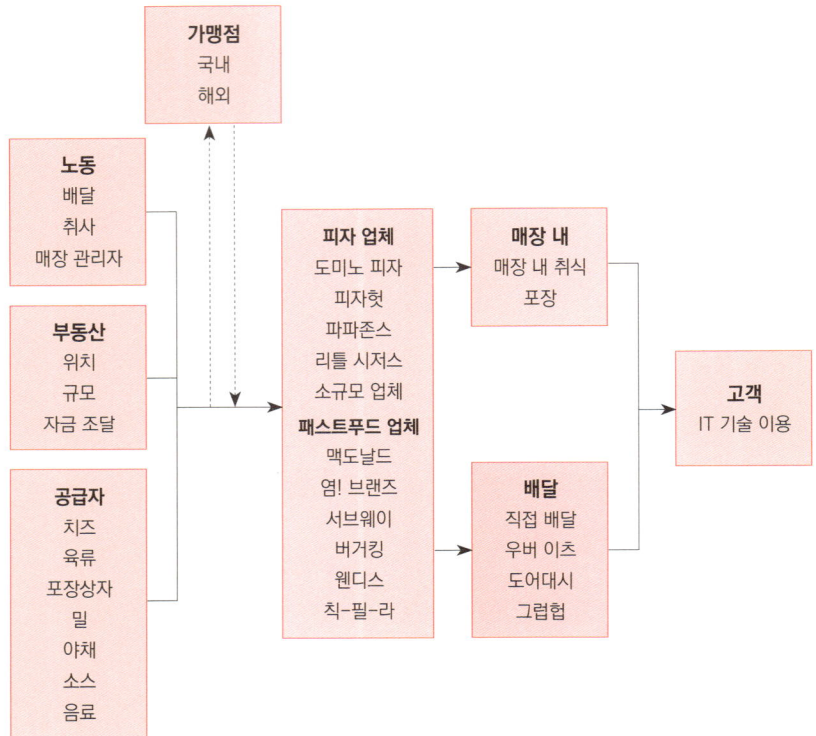

문에서 경쟁하지 않는 대신 포장과 배달에 주력한다. 그리고 이 과정에서 중요한 고객 정보가 많이 모이게 된다. 도미노는 이 데이터들을 바탕으로 의사결정을 한다.

여기서 완벽한 가치 규모 value pool 분석은 생략하겠지만, 가맹점의 수익성이 이 분석에서 핵심이라는 점은 명확하다. 간단히 말해 도미노의 매출은 가맹점 매출과 직결되기 때문에, 성장하고 싶어

하는 바람대로 가맹점이 행복하고 잘되길 바란다.

이런 면에서, 미국 내 최대 경쟁자인 피자헛이나 파파존스와 비교했을 때 도미노가 매장 개점 비용은 가장 낮고, 매장당 이익은 가장 높다. 도미노 매장의 현금 투자수익률cash-on-cash return이 40%를 초과하는 데 비해 미국 패스트푸드업계의 평균치는 15~20%에 그친다. 여기서 현금 투자수익률이란 연간 세전현금흐름을 총투자현금으로 나눈 값이다.[5]

2012년에 회사는 '성벽 쌓기fortressing' 전략을 채택했다. 즉, 특정 지역에 점포를 늘려서 밀도를 높이는, 다점포 고밀도 전략이다. 이 전략을 통해 고객서비스를 개선하고 배달 직원의 배달건수 및 이에 따른 보수 또한 높였다. 그 결과 포장 매출이 증대했다.

미국 내 도미노 가맹점들의 평균적인 수익성은 EBITDA(이자,

표 6-1 미국 피자업계 시장점유율 변화

피자 브랜드	2014년 (%)	2019년 (%)	5년 변동율 (%p)
도미노	9.9	14.2	4.4
피자헛	14.8	11.9	2.9
리틀 시저스	7.9	7.9	0.1
파파존스	6.5	5.9	0.5
기타 프랜차이즈	20.1	20.1	0.1
소규모 업체	40.9	40.0	0.9
합계	100	100	
절대값 평균			1.5

자료 : 테크노믹 앤드 CHD 엑스퍼트

세금, 감가상각 전 이익)를 기준으로 했을 때 2011년에 비해 2019년에는 2배가 되었다. 가맹점의 수익성도 가치의 핵심 지표다. 도미노의 매출 성장률은 가맹점 성장에 달려 있다.

〈표 6-1〉은 시장점유율 변화인데, 몇 가지 특징을 알 수 있다. 도미노는 최근 시장점유율을 많이 늘렸고, 다른 대형 경쟁자는 그만큼 시장을 빼앗겼다. 도미노의 성장은 산업 전체로는 과거 5년간 총 2%도 성장하지 못한 것과는 확연히 다른 양상이다.

시장점유율은 전체적으로 다른 산업에 비해 변화가 작은 편이며, 이것은 피자업계가 상대적으로 안정적이라는 뜻이다. 다만, 시대적 추세에 따라 동네 소규모 업체들의 점유율은 조금 내려갔다.

이제 산업 분석으로 넘어가자. 여기서는 '파괴적 혁신'보다는 기대치에 영향을 주는 '5가지 경쟁 요인' 분석을 적용하는데, 이는 도미노가 새로운 기술로 인해 와해될 위험은 적다고 생각하기 때문이다.

- 5가지 경쟁 요인 분석 : 대체재 위협

대체재 위협 요인은 중요한데, 두 가지 방향에서 생각해볼 수 있다.

첫 번째 위협은, 대체식품에 대한 선택이다. 피자는 다른 종류의 음식과 경쟁하고 있으며, 소비자들은 피자 대신 다른 것을 쉽게 선택할 수 있기 때문이다. 피자업계의 낮은 성장은, 소비자들이 지속적으로 다른 좋아하는 음식을 찾고 있다는 반증이기도 하다.

두 번째 위협은, 배달과 관련된 양상이다. 최근 몇 년 사이 음식 배달 애그리게이터인 도어대시DoorDash나 우버 이츠Uber Eats는 식당과 소비자의 중간자로 급부상했다. 이런 회사들은 초기에 큰 자본을 투입하여 공격적인 행사와 할인을 한다. 이 산업의 가치사슬은 이런 애그리게이터를 중심으로 재편될 가능성이 높으며, 이렇게 되면 소비자들은 다른 종류의 음식을 더 싸고 편하게 선택할 기회가 많아진다.

- 5가지 경쟁 요인 분석 : 구매자의 힘

도미노는 가치 있는 브랜드로 자리매김했다. 이렇게 될 수 있었던 이유는 효율적인 공급망 체계 덕분이었다. 도미노는 가격과 비용을 낮게 유지함으로써 이 요인, 즉 '구매자의 힘' 때문에 도전을 받은 적이 없다는 결론을 내릴 수 있다. 가맹점의 수익성이 높다는 사실에서도 이런 결론이 뒷받침된다.

- 5가지 경쟁 요인 분석 : 공급자의 힘

이 요인도 도미노가 크게 걱정할 요인은 아니다. 피자의 주된 재료는 치즈, 육류, 포장상자, 밀, 야채, 소스 등이다. 도미노는 이런 재료들을 장기 계약을 통해 공급받고 있다. 현재의 공급자가 가격을 올릴 경우, 회사는 다른 공급자를 쉽게 찾을 수 있다고 판단하고 있다.

또한 도미노는 규모가 크고 점포 밀도가 높기 때문에, 배달 직원이나 조리 인력에게 매력적인 임금을 줄 수 있다. 도미노가 직영하는 매장을 기준으로 했을 때 인건비와 식재료비는 매출액의 50~60%를 차지한다.

- 5가지 경쟁 요인 분석 : 진입장벽

표면적으로, 피자업계의 진입장벽은 그리 높지 않아 보인다. 초기 자본 투자가 상대적으로 적고, 제품이 단순하기 때문이다. 하지만 소규모 업체들이 체인점에게 점유율을 일정 부분 내줬다는 사실에서, 수익성을 내기 어렵다는 점도 알 수 있다. 기존 대기업은 다양한 방식으로 규모의 경제 효과를 누린다. 이런 몇 가지 예로는 조달과 광고, 고객의 탐색 비용을 줄여주는 브랜드, 고객의 취향과 행동에 대한 많은 데이터 등이 있다. 최근 수십 년 간 시장에 신규로 진입한 소수의 체인들은 전체 시장에서 차지하는 비중이 상대적으로 작다.

- 5가지 경쟁 요인 분석 : 경쟁 강도

피자업계는 경쟁이 매우 치열하다. 하지만 도미노는 소매 매출을 기준으로 했을 때 세계 최대이며, 점포별 수익률도 가장 높은 수준이다. 경쟁 강도의 전형적인 신호는 '가격 경쟁'이다. 그럼에도 경쟁자가 도미노보다 가격을 낮추기는 어렵다. 도미노는 가치 있는 브랜드로 이미 자리를 잡았고, 비용까지 낮기 때문이다. 또한 '성벽 쌓기' 전략을 통해 지역 내 규모의 경제를 실현했고, 이로 인해 경쟁자는 도미노와 효과적으로 경쟁하기 더 어렵게 되었다.

미국 피자업계 전체는 가치를 만들어내고 있다. 다른 체인들이나 소규모로 운영되는 업체들은 가치를 늘리기 위해 애를 쓰고 있지만, 도미노의 경우는 다르다. 가맹점들이 매력적인 수익성을 달성하는 데 있어 충분히 유리한 산업 구조를 만들어낸다. 산업 구조가 수익성을 결정한다. 이것이 의미하는 바는, 도미노가 보다 큰 규모의 가치를 창출한다는 것이다.

회사는 제품이나 서비스를 팔아서 받는 돈이, 자본의 기회비용을 포함하여 생산하는 데 들어가는 비용보다 클 때 가치를 창출한다. 방금 살펴본 것처럼 도미노가 속한 산업은 상대적으로 안정적이며, 도미노는 산업 내에서 매력적인 지위를 차지하고 있다.

이제, 도미노가 다른 경쟁자와 차별화되는 점을 이해하고, 도미노의 이런 이점 때문에 기대치도 바뀔 수 있을지 평가하기 위해 가치사슬(〈그림 6-4〉) 분석을 해보자.

그림 6-4 가치사슬

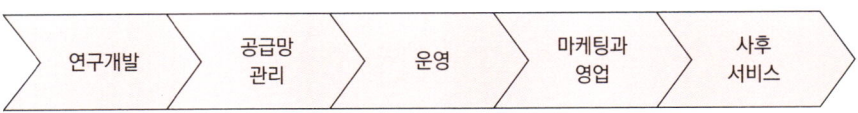

자료: 『당신의 경쟁 전략은 무엇인가?』, 조안 마그레타, 2012.(한국어판 2016년)

가치사슬 분석의 첫 단계는 해당 산업에 대한 이해다. 도미노가 속한 산업의 사업 형태는 꽤 이해하기 쉽고 단순하다. 가게는 재료를 공급받아서, 음식과 음료를 준비하며, 고객에게 제공한다. 이런 기본적인 활동은 모든 음식점들이 똑같이 하는 일이다.

도미노는 공급망 사업을 통해 거의 모든 매장에 공급되는 재료의 품질을 일정하게 유지하고, 규모의 경제를 통해 저렴한 가격을 유지하도록 해준다. 공급망 사업의 목적은 이익 창출이라기보다는 가맹점의 높은 수익성을 용이하게 하기 위해서이다. 다른 체인도 역시 공급 전담 회사들이 있지만, 일반적으로 영세한 업체들의 경우 가맹점과의 이해관계가 맞지 않거나, 개별 점포의 특정 메뉴에 맞춰진 식품유통사업 중심으로 운영된다.

전략의 본질은 상호 절충을 통해 균형을 이루도록 하는 것이라고 할 수 있다. 이런 측면에서 도미노의 가장 중요한 결정은 매장 내 취식을 선택하지 않은 것이다. 이 결정 덕분에 매장이 더 작아도 되고, 따라서 매장과 관련된 비용이 더 낮아진다. 또한 운영이 단순해지고, 음식 준비도 효율적으로 할 수 있고, 노동력도 더 효과적으로 활용 가능하다.

매장 내 취식이 없는 대신, 도미노는 배달과 포장이 아주 효율적으로 운영되도록 조직되었다. 지역 내 점포 밀도가 높기 때문에, 지역 내에서 규모의 경제 효과가 생겨 효율성은 더 높아졌다. 배달 또한 더 빨라졌다. 도미노의 시간당 주문은 업계 평균보다 훨씬 높은데, 신속한 배달로 인해 고객의 만족도는 더 올라간다. 그리고 매장의 수익성은 더 높아진다.

도미노가 경쟁자와 차별화되는 또다른 지점은 IT 기술이다. 도미노는 가맹점 POS인 자체 PULSE 시스템을 이용하여 가맹점의 효율성을 높이고, 중요한 경영 정보를 얻는 등 오랫동안 디지털 시스템의 선두주자 자리를 차지하고 있다.

지금까지 살펴본 경쟁 전략 분석을 통해 가치 창출은 더디지만 상대적으로 안정적인 산업에서 도미노가 경쟁하고 있다는 사실을 알게 되었다. 이런 가운데 도미노는 매장 내 취식을 포기하는 대신 배달과 포장에만 집중하고, IT 기술 적용과 '성벽 쌓기'를 통해 가맹점의 수익성을 높이는 전략적인 선택을 했다. 결과적으로 도미노는 큰 규모의 가치 창출을 이뤘다. 또한 도미노는 재료 조달, 기술, 광고 부문에서 규모의 경제 효과를 누리고 있다.

2) 과거 자료 분석

과거 재무 성과 분석(〈표 6-2〉)을 해보면 미래 실적이 어떤 범위에서 움직일지 실마리를 찾을 수 있다.

- 매출 성장률
  최근 5년간 증가분의 2.5%p는 회계기준 변경 때문이기는 하지만, 그럼에도 두 자릿수의 양호한 성장을 했다. 매출 성장의 가

표 6-2 도미노 피자의 과거 영업가치 핵심 동인 (단위 : %)

	2015	2016	2017	2018	2019	5년 평균
매출 성장률	11.2	11.6	12.8	23.1	5.4	12.7
영업이익률	18.3	18.4	18.7	16.7	17.4	17.7
고정자본 재투자율	13.9	8.0	14.5	10.3	13.8	13.7
운전자본 재투자율	-9.0	-1.3	10.6	7.5	-3.1	3.2

자료 : 도미노 피자

* 5년 평균 매출 성장률은 기하평균으로 계산한 값임.

장 큰 요인은 공급망 사업이었는데, 공급망 사업 성장은 북미 직영점 및 가맹점이 증가했기 때문이다. 전체적으로 미국 가맹점 수는 해마다 4.3% 증가했고, 이들 점포의 매출은 8.0% 증가했다. 미국을 제외한 글로벌 사업도 성장하여, 점포 수는 해마다 10.7% 증가했다. 또한 이들 점포의 매출은 4.6% 증가했다. 다만, 해외 매출 부문은 환율의 부정적인 영향을 받았다.

■ 영업이익률

2018년 16.7%가 최저, 2017년 18.7%가 최고인데 전반적으로 안정적이다. 최근 5년 이전으로 거슬러올라가보면, 회사가 영업 레버리지 효과를 보면서 영업이익률도 늘었다. 주목할 것은 공급망 사업의 총이익률은 보통 11% 수준으로 낮다는 점이다. 이는 회사의 이익보다 가맹점의 수익성을 더 우선시한다는 것을 나타낸다. 회사는 판매관리비를 아주 잘 관리하며, 광고비는 매출의 10% 이상을 꾸준히 유지한다.

- 투자

    도미노의 사업은 대규모의 자본 투자가 필요하지 않다. 최근 몇 년간 고정자본 재투자율은 평균 15% 이하인데, POS 시스템 기술, 공급망 사업 확장, 직영점의 신규 개점 및 개선에 관련된 비용이 큰 비중을 차지한다. 운전자본 재투자는 크게 필요하지 않다. 재투자 부담의 상당 부분이 가맹점의 몫인데, 결과적으로 가맹점이 잘 되는 것이 도미노가 성공하는 데 핵심이라는 점을 알 수 있다.

3) 기대치 변화에 대한 기회 찾기

도미노의 경쟁 전략 분석과 과거 실적 분석을 해보면 매출 성장이 터보 트리거일 가능성이 가장 높다. 진짜 그런지 확인하기 위해, '숫자'를 살펴보자.

아래는 5장에서 소개했던, 도미노에 대한 PIE의 예상치이다. 이 숫자는 2020년 8월 도미노의 주가 418달러 및 애널리스트 보고서와 밸류라인에서 나온 전망치가 반영된 것이다. 경쟁 전략 분석과 과거 실적 분석을 통해 이제 기대치 변화에서 기회를 찾기 위해 3가지 단계를 밟아보자.

매출 성장률	7.0%
영업이익률	17.5%

실효세율	16.5%
고정자본 재투자율	10.0%
운전자본 재투자율	15.0%

1단계 : 매출 트리거에 대한 최고치와 최저치를 추정하고, 이 값들을 넣어서 주주가치 계산하기

유수한 애널리스트들과 우리 자체 분석에 따르면, 향후 8년간의 예측 기간 동안에 매출 성장률은 3%에서 11% 사이로 추정된다. 실제로 이를 바탕으로 몇 가지 시나리오를 만들어보는 것이 좋다. 여기서는 설명을 단순하게 하기 위해 '저성장'과 '고성장'으로 시나리오를 나눠서 살펴보도록 하겠다.

- '저성장' 시나리오

  이 경우 미국 및 해외에서 신규 점포 수 증가와 동일 점포의 매출 성장이 과거 실적 및 회사 가이던스에 훨씬 못 미칠 때를 가정한다. 직영점도 과거보다는 매출 성장이 더디며, 공급망 사업도 마찬가지다. 이런 경우 도미노는 계획했던 기회를 달성하지 못한다.

- '고성장' 시나리오

  미국과 해외에서 신규 점포 수 증가와 동일 점포 매출이 급격히

증가하면서 두 자릿수 초반의 매출 성장을 가정한다. 공급망 매출 성장은 미국 사업 성장률과 비슷하며, 직영점의 매출 성장은 한 자릿수 후반에 이른다.

도미노는 회사의 가치를 만들어내는 매출의 대부분이 가맹점으로부터 받는 로열티와 수수료에서 발생한다는 점에서 다른 많은 기업들과는 다르다. 따라서 도미노의 주요 목표는 IT 기술의 적용, 효과적인 광고, 저렴한 재료 공급으로 가맹점이 성공하도록 돕는 것이다.

'기대치 변화 기본틀'을 이용하여 터보 트리거인 매출 성장을 영업가치 핵심 동인으로 환산해보자. 처음 두 가지 가치 변화 요인은 '판매량', '가격과 매출 구성'이다. 도미노는 다른 피자 회사와 차이가 있는데, 매출 성장이 주문 건수(판매량)의 급증을 통해 일어났고, 가격 인상(가격과 매출 구성)은 제한적이라는 점이다. 이에 비해 피자업계의 경쟁자들은 최근 수년간 순전히 가격 인상을 통해 매출을 늘렸다.

도미노는 영업 레버리지와 규모의 경제에 따른 혜택을 보지만, 궁극적으로 이것이 영업이익률에 끼치는 영향은 크지 않다. 영업 레버리지의 한 가지 예는 IT 기술의 활용인데, 초기 비용은 높을 수 있지만 여러 점포에서 이용하게 되면 상대적으로 단가가 저렴하다. 규모의 경제는 공급망 운영에서 발생하며, 이 때문에 가맹점의 비용 절감이 가능하고, 이 효과는 고객에게 돌아갈 수 있다.

과거 매출의 변화와 영업이익의 관계를 분석하면, 영업 레버리지와 규모의 경제에 따른 효과를 알 수 있다. 즉, 도미노는 비용 절감의 효과로 본사가 이익을 더 늘리기보다는 가맹점에게 돌려주는 것을 선호하는데, 이는 가맹점의 성공이 장기적인 가치를 최대화하는 데 핵심이라고 믿기 때문이다.

이런 점들을 반영하여, 매출 고성장 시나리오에서 영업이익률은 1% 증가하고, 저성장 시나리오에서는 1% 감소한다고 가정하자.

이제 매출 성장률의 변화가 주주가치에 주는 영향을 확인할 시간이다. 결과는 다음과 같다.

PIE	매출 성장률		추정 가치		가치의 변화	
	저	고	저	고	저	고
7%	3%	11%	$290	$586	-30.6%	40.2%

* 2020년 8월 주가 : 418달러

이 숫자를 보면, 도미노의 매출 성장률에 대한 기대치를 7%에서 3%로 낮출 때 주식의 가치는 주당 418달러에서 290달러로 대략 30% 떨어질 수 있다. 반대로, 매출 성장률에 대한 기대치가 7%에서 11%로 높아지면 주식의 가치는 주당 586달러로 대략 40% 오를 수 있다.

2단계 : 터보 트리거 선택하기

매출이 가치를 변화시키는 것 이상으로 영업비용이나 재투자가 더 큰 변화를 일으키는 터보 트리거라고 가정한다면, 각각의 범위가 어느 정도 될까?

영업비용이 매출만큼 중요해지려면, PIE 영업이익률인 17.5%에서 매출 성장률의 변화량과 같은 4%p를 더하거나 빼야 한다. 도미노의 비용 구조를 감안하면 이 정도로 기대치가 변하기는 매우 어렵다. 따라서 영업비용은 매출보다 중요하지 않다고 판단할 수 있다.

고정자본과 운전자본에 대한 재투자율의 변화를 가지고 마찬가지 과정을 밟아보면, 매출의 영향과 비슷해지기 위해서는 극단적인 변화를 가정해야만 한다. 그러나 도미노의 사업 모델, 경쟁 지형, 과거 실적 등 어떤 면으로 봐도 그럴 가능성은 없어 보인다. 따라서 재투자가 매출보다 중요한 트리거가 아니라는 결론을 쉽게 내릴 수 있다. 결국, 도미노의 터보 트리거는 매출이라는 사실이 분석을 통해 확인되었다.

3단계 : 터보 트리거의 범위를 조정하고, 이에 따른 주주가치 계산하기

분석에서 힘든 부분은 거의 끝났다. 하지만 매출이 트리거로 작

용한 주주가치 변화에 대한 추정치를 조정하는 일이 남아 있다. 도미노의 매출 성장에 영향을 주는 핵심 지표는 무엇인가?

앞에서 살펴본 바에 따르면, 두 가지 핵심 지표가 눈에 띈다. 첫 번째 핵심 지표는 '가맹점의 성공'이다. 여기서는 주로 미국 내 가맹점을 살펴봤지만, 도미노의 해외 사업 성과를 평가하는 것도 중요하다.

도미노의 해외 사업은 총판 계약을 통해 이뤄지고, 점포 수를 기준으로 상위 10개 지역 중 8곳에 총판이 있다. 이들 총판은 상장회사들이 관리하고 있는데, 인도의 주빌란트 푸드웍스Jubilant FoodWorks, 영국의 도미노스 피자 그룹Domino's Pizza Group, 호주의 도미노스Domino's 등이 있다. 가맹점의 수익성이 양호하고, 그들과의 좋은 관계가 건강한 생태계를 만드는 데 매우 중요하다.

두 번째 핵심 지표는 '점포 수의 증가와 동일 점포의 매출'이다. 지원을 잘 받는 가맹점은 도미노의 탑라인을 증가시키면서 성장하려고 노력하게 될 것이다. '성벽 쌓기' 같은 전략으로 점포 수가 증가했으며, 이를 통해 가맹점의 수익성이 개선되었다. 또 경쟁에서도 이겼다.

도미노는 가맹점에서 돈을 더 뽑아내려고 하는 대신, 가맹점이 성장하고 수익을 낼 수 있도록 지원하는 전략을 추구했다.

앞서 5장과 이번 장에서 PIE를 추정하고, 기대치 변화의 기회를 찾아내는 방법에 대해 다뤘다. 이로써 예측투자 프로세스의 마지막 과정으로 넘어갈 준비를 마친 셈이다. 이제 남은 과정은 앞에서 배운 두 과정을 이용하여 매수 및 매도 결정을 하는 것이다. 예측투자 프로세스는 'PIE'에서 출발해서 '매수(매도)'에 도착하는 여정이다. 다음 장에서 여정을 마무리하는 주제인 '매매 결정하는 법'에 대해 살펴보자.

🔍 핵심 포인트

◆ 어떤 기대치의 변화가 가장 중요한지 알면, 수익률이 높을 만한 기회를 찾을 확률도 올라간다.

◆ 기대치 변화에서 기회를 찾는 데 필요한 4가지 요소가 있다. 과거 실적과 PIE가 기본 자료가 되고, 경쟁 전략 분석과 '기대치 변화 기본틀'은 분석 도구로 사용된다.

◆ 기대치 변화에서 기회를 찾기 위해서는 3가지 단계가 필요하다.
 - 1단계 : 매출 트리거의 최고와 최저 범위를 추정하고, 이에 따른 주주가치를 계산한다.
 - 2단계 : 터보 트리거를 선택한다.
 - 3단계 : 터보 트리거의 범위를 재조정하고, 이에 따른 주주가치를 계산한다.

◆ 범위를 추정할 때, 심리적 함정에 빠지지 않도록 주의한다.

● 좀 더 알아보기 1 ●

'자본비용'과 '예측 기간'이 주주가치에 미치는 영향

　예측투자에서의 '기회'는 자본비용이나 예측 기간이 아니라, 가치 변화 트리거나 영업가치 핵심 동인에서 나온다. 아래에서 그 이유를 살펴보자.

　자본비용의 경우, 금리가 변하면 할인율이 달라지기 때문에 주가에 영향을 미친다. 이처럼 주가 변동은 실적 기대치 때문이 아니라 금리 변화 때문에 나타나는 경우도 많다.

　그러나 개별 주식을 선택할 때 금리에 의존하는 것은 실패할 가능성이 큰 게임이다. 금리 변동은 주식뿐 아니라 채권, 현금 등 모든 자산에 영향을 주며, 만약 금리가 변하는 방향을 맞출 수 있다면 주식보다 다른 자산에 투자하는 것이 더 낫기 때문이다.

　경험상 동종 업종에 속한 회사들은 예측 기간이 비슷하다. 만일 어떤 회사의 주가에 내재된 예측 기간이 동종 업종 기업들보다 유난히 길거나 짧다면, 영업가치 핵심 동인이 컨센서스를 정확히 반영했는지 다시 확인해봐야 한다.

　또 어떤 회사의 경쟁력이 산업 평균과 비슷하다고 가정했을 때, 상대적으로 짧은 예측 기간은 매수 기회를 나타내는 신호일 수 있고, 반대로 예측 기간이 길다면 매도의 신호일 수 있다.

　예측 기간이 일정하다는 것은 기대치 변화가 일정하다는 것을 뜻한다. 예를 들어 어떤 회사의 예측 기간이 오늘부터 4년이라고 가정하고, 1년 후에도 변하지 않는다고 가정해보자. 만약 기대치의 변화가 전혀 없다면, 1년 후 시장에서 측정된 예측 기간은 4년이 아니라 3년이 된다.

    반대로 시간이 지나도 예측 기간이 유지되는 경우는, 4년간의 가치 창출에 대한 기대로 주식을 매수한 투자자는 보너스로 1년을 더 얻은 셈이 된다. 기대치에 대한 이런 긍정적인 변화는, 영업가치 핵심 동인 등 다른 변수의 변화가 없다면 추가 수익을 안겨준다.

● 좀 더 알아보기 2 ●

목표주가 활용법

우리의 …… 목표주가 420달러는 주당순이익 추정치 13.75달러에 30배를 곱하고…… 현금을 더 한 것…….[6]

– 월스트리트 애널리스트

　월스트리트의 애널리스트들은 목표주가를 제시하는 것을 좋아하고, 투자자들은 이 목표주가대로 주가가 가는지 지켜보는 것을 좋아한다. 그러나 대부분의 애널리스트는 회계 기반의 이익 추정치에 배수를 가정해 목표주가를 뚝딱 만들어낸다. 따라서 기대치를 이해하는 데 전혀 도움이 되지 않는다.

　예측투자 프로세스를 이용하면 목표주가를 좀 더 잘 이해할 수 있을까? 두말할 것도 없이 당연하다. 목표주가를 활용하는 법은 다음과 같다.

　현재 주가에 담긴 시장 기대치를 이해하는 것에서 시작하고, 터보 트리거를 결정하자. 여기까지 준비되었으면 목표주가로 가자.

　목표주가를 이용해 터보 트리거가 얼마만큼 되어야 하는지를 결정하자. 이 수치를 경쟁 전략 분석 및 재무성과 분석 결과와 비교해서, 그럴 가능성이 얼마나 되는지를 평가하자.

　애널리스트도 자신이 제시한 목표주가에 담긴 의미, 즉 회사의 미래 실적 기대치를 보여주면 놀랄 것이 분명하다. 그들이 회계 중심의 세계에서 벗어나 PIE로 가지 않는 한 그들은 목표주가에 담긴 의미를 알기 힘들 것이다.

7 | 최상의 매매 시나리오

이제 예측투자 프로세스의 세 번째이자 마지막 과정인 '매수, 매도, 보유 결정하기'(〈그림 7-1〉)를 살펴본다.

이번 장은 기대치 변화에서의 기회를 투자 결정으로 옮기는 방법, 즉 시장 기대치 변화를 예측해 주식의 예상 가치를 계산하는 방법을 다룬다. 그 후 예상 가치와 현재 주가를 비교해 기대치에 괴리가 있을 때 매수나 매도 결정을 내린다. 그리고 매수 및 매도,

그림 7-1 예측투자 3단계 : 매매 결정하기

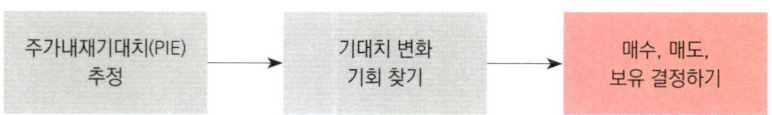

보유 등 매매 판단 시점에 대한 구체적인 지침을 제시한다.

주가와 '예상 가치' 간 차이에 주목하라

지금까지 회사의 터보 트리거를 찾고, 컨센서스와는 다른 재무 실적 기대치를 구했다. 하지만 이것만으로 확실한 매수나 매도 결정을 하기에는 부족하다. 어떤 분석도 위험을 고려하지 않고서는 끝나지 않는다. 또한 시장 기대치의 미래 방향은 불확실하다는 사실을 인정해야 한다. 다행히 예상 가치 분석expected value analysis을 하면 이런 불확실성 문제도 해결되고, 어떤 주식의 상대적 매력도를 이해할 수 있다.

특히 예상 가치 분석은 불확실한 결과를 평가할 때 유용하다. 예상 가치는 시나리오에 따라 나올 수 있는 가치 분포값들의 가중평균이다. 한 가지 시나리오에 따른 주가를 구하고, 그 시나리오가 일어날 확률을 구해서 두 개를 곱한다. 예상 가치는 그 결과값들을 합친 것이다. 예상 가치는 다양한 시나리오에 따라 나오는 결과들을 하나의 숫자로 압축해 보여준다.[1]*

---

* 이런 식으로 여러 시나리오에 대해 구한 값을 다 더하면 가치 분포의 가중평균이 된다.

그렇다면 시나리오에 따른 주가와 확률은 어떻게 구할 수 있을까? 주가를 추정하는 방법은 앞서 6장에서 다뤘다. 일반적으로 매출 성장률이기는 하지만, 우선 터보 트리거부터 찾고, 가능성 있는 결과의 범위를 구한다. 그런 다음 영업가치 핵심 동인에 대한 영향을 추정하기 위해 그 결과들이 가치 변화 요인에 미치는 영향을 분석한다. 이렇게 하면 시나리오별 주주가치를 계산할 수 있게 된다.

시나리오별로 적절한 확률을 추정하는 것은 물론 쉽지 않은 일이다. 하지만 의사결정 도구들을 활용해 분석을 시도해볼 수 있다.

우선, 노벨경제학상 수상자인 대니얼 카너먼Daniel Kahneman이 말하는 '내부 관점'과 '외부 관점'의 차이[2]부터 살펴보자.

어떤 문제에 부딪히면 사람들 대부분은 정보를 모으고, 이 정보를 각자의 경험과 지식에 결합하여 답을 추정한다. 이것이 내부 관점inside view이다. 그런데 내부 관점에는 예측의 범위를 너무 좁게 하거나 너무 낙관적인 결과만을 생각하는 실수가 발생하곤 한다. 투자업계에서 이런 실수는 흔히 일어나는 일이다.

외부 관점outside view은 좀 더 큰 범위에서 문제에 접근한다. 미래의 시나리오를 예상할 때 과거의 유사한 상황, 혹은 과거의 통계에 바탕을 두는 방식이다. 이렇게 하면 참고 범위가 확장되고, 궁극적으로 예측이 더 정확해진다.

예를 들어, 도미노 피자의 2020년 매출은 약 40억 달러였다.

순전히 도미노의 상황만으로 상향식으로 예측을 하는 대신, 외부 관점을 이용하는 것은 도미노 피자 정도의 회사 전체 성장률 범위를 살펴보는 것이다. 역사적으로 도미노 피자와 규모가 비슷한 회사 중 80%는 5년간 매출 성장률이 -5~15% 사이에 있었고, 인플레이션을 감안하면 평균은 5%가 조금 넘는 수준이었다.[3]

하지만 두 가지 이유 때문에 외부 관점이 잘 사용되지 않는다. 먼저, 애널리스트를 포함해 많은 사람들은 자신이 갖고 있는 정보와 지식을 터무니없을 정도로 고평가한다. 이것이 바로 앞서 다룬 '과신'의 문제점이다. 두 번째는, 과거 통계 정보를 쉽게 얻지 못하기 때문에 기댓값과 확률도 알기가 어렵다.

물론 과거 통계가 만병통치약은 아니다. 매출 성장률, 영업이익률의 추이, 요구 투자율을 포함한 기업 실적 분포는 시간에 따라 변한다. 하지만 과거 통계에 근거를 두면 기대치가 합당한지 아닌지를 판단하기 쉬워진다.

투자자는 주식을 사고파는 이유를 정당화시켜줄, 남다른 통찰력을 갖기 원한다. 남다른 통찰력은, 시장이 보는 것과는 다른 관점이지만 근거가 충실한 의견이다. 즉, 이것은 컨센서스가 방향은 맞지만 어떤 상황을 충분히 반영하지 못했다고 생각할 때, 혹은 컨센서스와 다른 견해를 가지고 있을 때이다. 예상 가치 분석을 하면 이 두 가지를 구분하기가 쉽다.

표 7-1 예측치 변화 폭이 클 때의 시나리오별 예상 가치

주가	확률	가중 가치
$10	15%	$1.50
$42(현재)	50%	$21.00
$90	35%	$31.50
		예상 가치 $54.00

- 가치의 변동성이 크다는 것은 기댓값의 범위가 넓다는 것인데, 이때는 설령 컨센서스가 가장 가능성이 높은 시나리오라고 할지라도 주식은 매력적일 수 있고, 그렇지 않을 수도 있다.
- 가치의 변동성이 작으면, 더 나은 수익을 얻기 위해 컨센서스와 다르게 베팅해야 한다.

변동성이 큰 상황부터 보자. 현재 주가가 42달러인 주식의 가치 범위가 10달러에서 90달러 사이라고 하자. 컨센서스 가격대로 될 확률이 50%, 10달러일 확률이 15%, 90달러일 확률이 35%라고 해보자. 주가와 확률을 곱해서 나온 숫자들의 합인 예상 가치는 54달러이다(〈표 7-1〉). 예상 가치가 현재 주가 42달러보다 30% 가까이 높다.

가치 변화폭이 충분히 크면, 설령 컨센서스가 맞을 확률이 가장 높아도 매수와 매도의 신호로 볼 수 있다. 이 사례의 경우 시장의 관점대로 상황이 흘러갈 가능성이 가장 높지만, 주가가 최대 90

표 7-2 예측치 변화폭이 작을 때의 시나리오별 예상 가치
: 컨센서스대로 될 확률이 높을 때

주가	확률	가중 가치
$35	15%	$5.25
$42(현재)	50%	$21.00
$55	35%	$19.25
		예상 가치 $45.50

표 7-3 예측치 변화폭이 작을 때의 시나리오별 예상 가치
: 컨센서스와 확률이 다를 때

주가	확률	가중 가치
$35	10%	$3.50
$42(현재)	20%	$8.40
$55	70%	$38.50
		예상 가치 $50.40

달러가 될 확률이 상대적으로 높은 35%이기 때문에 매수 기회라고 봐야 한다.

가치 변화 범위가 작은 경우도 살펴보자. 실적이 꾸준하고 사업 구조도 안정적인 회사가 있다. 시나리오별 확률은 앞의 사례와 같지만, 최대치가 90달러 대신 55달러이고, 최소치는 10달러 대신 35달러이다. 이 경우 예상 가치는 45.5달러(⟨표 7-2⟩)인데, 현재 주가 42달러보다 고작 8% 높아 결정을 내리기 애매하다. 주가가 예상 가치에 비해 할인된 비율, 즉 안전마진margin of safety이 너무 작은 셈이다.

이제, 확률이 컨센서스와 다른 경우를 따져보겠다. 〈표 7-2〉와 가치 변화 범위는 같지만, 컨센서스대로 될 확률이 가장 높지는 않다고 가정하자. 〈표 7-3〉은 최대치일 확률 70%, 최소치일 확률 10%, 컨센서스대로 될 확률 20%를 가정했을 때의 예상 가치를 보여준다. 예상 가치는 50.40달러로 앞서 계산한 45.50달러보다 높아졌는데, 이는 상승 시나리오의 발생 확률이 높기 때문이다. 가치 변화 범위가 작은 회사라도, 시장 컨센서스와 스스로 분석한 확률이 다르면 이를 토대로 매수나 매도 결정을 할 수도 있다. 이 경우 매수나 매도 결정은 시장 추정치와 반대로 하는 것이다.

시나리오별 예상 가치 구하기 : 도미노 피자 사례 분석

위 분석을 도미노 피자 사례에 적용해보자. 5장에서는 도미노 피자의 주가 418달러를 갖고 PIE를 추정해봤다. 6장에서는 터보 트리거로 매출을 선택했으며, 아래와 같이 매출 성장 범위를 추정했다.

PIE	매출 성장률		예상 가치		가치 변화율	
	저	고	저	고	저	고
7%	3%	11%	$290	$586	-30.6%	40.2%

표 7-4 '컨센서스'에 따른 시나리오 : 도미노 피자의 예상 가치

매출 성장률	주가	확률	가중 가치
3%	$290	25%	$73
7%	$418 (현재)	55%	$230
11%	$586	20%	$117
			예상 가치 $419

표 7-5 '컨센서스와 다른 저성장' 시나리오 : 도미노 피자의 예상 가치

매출 성장률	주가	확률	가중 가치
3%	$290	80%	$232
7%	$418 (현재)	15%	$63
11%	$586	5%	$29
			예상 가치 $324

표 7-6 '컨센서스와 다른 고성장' 시나리오 : 도미노 피자의 예상 가치

매출 성장률	주가	확률	가중 가치
3%	$290	5%	$15
7%	$418 (현재)	15%	$63
11%	$586	80%	$469
			예상 가치 $546

이제 '컨센서스', '컨센서스와 다른 저성장', '컨센서스와 다른 고성장' 등 3가지 시나리오별로 어떤 것이 가장 가능성이 높은지 확률을 점검해보자.

- 컨센서스에 따른 시나리오 : 이 경우 매출 성장이 컨센서스만큼 일

어날 것이라는 확률은 55%라고 가정하고, 최저치로 갈 확률은 25%, 최고치로 갈 확률은 20%로 각각 가정한다. 이때 예상 가치는 419달러로, 현재 주가와 거의 비슷하다(〈표 7-4〉). 컨센서스대로 갈 확률이 높다고 본다면, 매수나 매도 결정을 명쾌하게 내리기 힘들다.

- 저성장 시나리오 : 이 경우 최저치로 갈 확률은 80%, 컨센서스는 15%, 최고치로 갈 확률은 5%로 가정했다. 예상 가치는 주당 324달러로 떨어지는데, 이는 현재 주가에서 22% 낮은 값이다(〈표 7-5〉). 따라서 이때 도미노 주식은 분명히 매도 후보가 된다.
- 고성장 시나리오 : 이 경우 최저치 5%, 컨센서스 15%, 최고치 80%로 각각의 확률을 가정하면, 예상 가치는 주당 546달러가 나온다(〈표 7-6〉). 이때 도미노 주식은 매수 후보다.

매매 결정을 좌우하는 기준

도미노 피자 사례에서 보는 것처럼, 시나리오에 따른 가치 변화가 크지 않은 회사는 시장 컨센서스와 상황이 다르게 흘러갈 확률이 높아야 매수 및 매도 결정이 쉽다. 하지만 시나리오에 따른 가치 변화가 큰 회사는 다르다. 실적이 시장 컨센서스처럼 흘러갈 확률이 높아도 매수나 매도 신호가 명확히 나올 수 있다.

여기서 중요한 점은, 예상 가치가 고정된 값이 아니라는 점이다. 기댓값과 확률이 변하면 예상 가치도 변한다. 따라서 기대치에 괴리가 생기는 좋은 기회를 놓치지 않으려면, 새롭고 중요한 정보가 나오거나 주가가 의미 있게 변할 때마다 예상 가치를 다시 계산해야 한다.

예상 가치와 주가 간의 차이를 확인했다면, 매수 및 매도, 보유 결정을 고려하면 된다.

구체적으로 아래 3가지 질문을 살펴보자.

- 언제 주식을 매수해야 하나?
- 언제 주식을 매도해야 하나?
- 시간과 세금을 고려하면, 어떤 결정을 해야 하나?

1) 매수 결정

'매수 결정'부터 시작하자. 간단히 말하면, 주식의 예상 가치가 주가보다 큰 것으로 추정되면 초과수익의 기회가 있다고 할 수 있다.[4] 하지만 초과수익 가능성이 있다고 해서 진짜 매수 기회로만 볼 수는 없다. 우선은 초과수익의 규모가 매수해도 좋을 만큼 충분히 큰지 아닌지부터 따져볼 필요가 있다.

매수 결정은 다음의 두 가지 요인에 달려 있다.

첫 번째 요인은 주가가 예상 가치에 비해 할인된 비율, 즉 '안

표 7-7 주식을 예상 가치 이하에서 매수했을 때의 초과수익률

		주가가 예상 가치에 수렴할 때까지 걸리는 기간				
		1년	2년	3년	4년	5년
주가 / 예상 가치	60%	70.7%	30.8%	19.7%	14.4%	11.4%
	80%	26.5%	12.5%	8.2%	6.1%	4.8%
	100%	0.0%	0.0%	0.0%	0.0%	0.0%

* 자기자본비용 6% 가정

전마진'이다. 주가가 예상 가치에 비해 많이 할인될수록 기대되는 초과수익이 크다. 반대로, 주가가 예상 가치보다 더 많이 할증될수록 더 강력한 매도 기회가 된다.

두 번째 요인은 시장이 기대치를 바꿀 때까지 걸리는 시간이다. 주가가 더 높아진 예상 가치에 더 빨리 수렴될수록 초과수익도 커진다. 시간이 오래 걸릴수록 초과수익은 작아진다. 마찬가지 논리로, 예상 가치가 현재 주가보다 낮을 때에는 주가가 예상 가치에 더 빨리 수렴할수록 주식을 매도해야 할 더 긴급한 상황이 된다.

〈표 7-7〉은 예상 가치에 대한 주가의 비율과 함께 주가가 예상 가치에 수렴할 때까지 걸리는 시간을 다양하게 조합했을 때의 초과수익률을 보여준다. 어떤 주식이 예상 가치의 80%에 거래된다고 가정하자. 그리고 시장이 기대치를 바꾸는 데까지 2년이 걸린다고 하자. 이때 투자자가 기대할 수 있는 초과수익률은 자본비용보다 연 12.5%p 높다.[5] 만약 시장 기대치가 변하지 않는다면 그 주식은 초과수익을 추가로 낼 수 없다.

매수 기회는 회사의 절대적인 실적 수치나 투자자의 기대치에서 나오는 것이 아니라, 투자자 스스로 분석해서 도출한 기대치와 PIE(주가에 담긴 시장 기대치)의 차이에 달려 있다는 점을 기억하자. 시장 기대치가 큰 주식의 경우, 투자자들이 이 기대치를 바꿀 정도의 실적이 나온다면 매력적인 기회일 수 있다. 마찬가지로 기대치가 낮은데 회사 전망도 보잘것없다고 생각된다면, 그 주식은 매수 기회가 아니다.

매수 결정에 대해 마무리하기 전에, '매몰비용의 덫'에 대한 주의사항을 언급하겠다. 일반적으로 투자자들은 과거에 들인 시간이나 돈을 회수할 수 없을 때, 과거 결정을 정당화하는 선택을 하기 쉽다. 경제학자들은 이것을 매몰비용sunk costs이라고 부른다.

투자자들의 이런 행동은 어떤 주식의 가격이 떨어진 후에 오히려 더 많이 매수해서 그 주식의 보유량을 늘릴 때 나타난다. 이렇게 행동하는 이유는 손실을 인정하기 싫어서이기도 하지만, 단지 전에 샀기 때문에 더 사는 경우도 많다.

사실, 현재의 결정과 매몰비용은 서로 관련이 없다. 하지만 투자자들은 보통 이 둘을 따로 분리해서 생각하지 못한다. 과거의 투자는 과거의 결정일 뿐이다. 현재의 결정은 현재의 기대치에 근거해서 해야 한다. 과거의 실수를 눈덩이처럼 키우면 안 된다.

이런 매몰비용의 덫을 피하려면, 주가가 예상 가치보다 충분히 쌀 때 주식을 사야 한다는 조언에 충실해야 한다.

어떤 상황이나 문제가 표현되는 방식도 사람들의 결정에 영향을 준다. 똑같은 문제라도 다른 방식으로 표현하면, 선택의 결과도 달라진다. 리처드 탈러Richard H.Thaler는 이것을 심리적 회계 mental accounting로 표현한다.[6]

어떤 투자자가 주당 50달러에 주식을 샀는데 주가가 100달러로 급등했다고 가정하자. 투자자들은 이 주식의 가치를 두 부분으로 나눠서 생각한다. 하나는 초기 투자금이고, 또 하나는 수익, 혹은 '공돈house money'이다. 그런데 많은 투자자들이 초기 투자금은 신중하게 다루지만 공돈은 신중하게 다루지 않는다. 이것을 '공돈 효과'라고 부르는데, 개인투자자들에게만 한정되는 게 아니다.

재무학 교수인 허시 셰프린Hersh Shefrin은 산타클라라대학 기부금펀드운영위원회가 어떻게 공돈 효과에 넘어갔는지를 소개한다. 주식시장이 많이 상승하면서, 기부금펀드는 총장이 정한 목표액을 조기 달성했다. 그 결과 대학은 얼마간의 '공돈'이 생겼고, 포트폴리오에 벤처캐피털, 헤지펀드, 사모투자 등 더 위험한 등급의 자산들을 늘렸다.[7]

2) 매도 결정

주식을 매도하는 이유는 크게 3가지다.

1. 주가가 원래의 예상 가치에 도달했는데, 최근에 추정한 예상 가치가 주

가보다 더 낮을 때 : 여기서 주의할 것이 있다. 투자는 역동적인 과정이다. 기대치는 계속 변하기 때문에 주기적으로 재확인하고, 필요하면 변경해야 한다. 원래 설정한 목표주가에 도달했다고 기계적으로 주식을 파는 투자자들은, 큰 수익을 얻을 수도 있는 기회를 놓치는 위험을 떠안는 것이다. 주가가 예상 가치에 도달했을 때는 스스로 가치 분석을 다시 해서, 더 이상 상향 가능성이 없다는 가장 최근의 분석이 나왔을 경우에만 매도하는 것이 현명하다.

2. 더 좋은 기회가 있을 때 : 포트폴리오를 적극적으로 관리하는 투자자들은 이론적으로, 현재 가장 매력적인 주식들을 모아서 갖고 있는 것이다. 따라서 이들은 예상 가치에 비해 가장 저렴하게 거래되는 매력적인 주식들을 끝없이 찾아다닌다. 현재 포트폴리오에 있는 주식보다 위험을 감안한 수익률이 더 높은 주식이 있다면, 기존 주식을 매도할 이유가 된다. 이때의 매도 이유는 첫 번째 이유와 다른데, 주가가 매도 기준인 예상 가치에 도달하지 않았기 때문이다.

기본적으로, 포트폴리오가 충분히 분산되어 있으면 기대수익이 낮은 주식을 팔아 그 돈으로 기대수익이 더 높은 주식을 사는 것을 고려해야 한다. 다른 상황이 동일하다면, 이런 행동을 통해 포트폴리오의 수익률이 높아진다. 다만, 이런 이유의 매도 결정에는 세금에 대한 고려도 필요한데, 이것은 조금 뒤에서 따로 다루겠다.

3. 기대치를 하향했을 때 : 아주 신중하고 세세하게 분석을 했어도 틀릴 때가 있다. 때로는 예상치 못한 사건이 생겨서 기대치를 크게 변경해야 할 수도 있다. 기대치를 하향하게 되는 바람에 예상 가치가 주가와 비슷하거나 주가보다 낮아져 투자 매력이 없어질 때에는 매도를 고려해야 한다.

기관투자자들을 연구한 결과에 따르면, 기관투자자는 매도를 결정할 때보다 매수를 결정할 때가 더 현명하다. 가장 큰 이유는 기관투자자들이 매수할 때는 더 신중하지만, 매도할 때는 휴리스틱에 더 의존하기 때문이다.[8] 그러나 예측투자 방식은 매수와 매도 모두 좋은 선택을 할 수 있도록 효과적으로 작동한다.

주식을 매도할 때는 특정한 '심리적 함정'을 피할 필요도 있다. 한 가지 예가 손실 회피loss aversion다. 대니얼 카너먼Daniel Kahneman과 아모스 트버스키Amos Tversky에 따르면, 대부분의 사람들은 손실을 입으면 같은 금액의 이익을 얻는 기쁨보다 2.5배 더 큰 고통을 느낀다.[9]

손실 회피에 대해 알아둘 점들을 몇 가지 짚고 가자.

첫째, 사람마다 손실 회피 성향이 다르다는 점이다. 그리고 이 성향에 따라 포트폴리오 구성이 달라진다. 즉, 손실 회피 성향이 낮은 사람들은 손실 회피 성향이 큰 사람에 비해 좀 더 위험한 포

트폴리오에 끌리게 된다.[10]

둘째, 개인의 손실 회피 정도^{coefficient}는 손실을 경험한 시기에 따라 변할 수 있다. 실험을 해보면, 최근에 손실을 입은 사람일수록 좋은 투자 제안을 더 많이 거절한다. 최근 안 좋은 경험으로 손실 회피 정도가 커졌기 때문이다.[11]

앞 장에서 언급한 확증 편향의 함정도 잊지 말자. 확증 편향을 관리하는 데 도움 되는 방법 중 하나는, 회사나 산업에 대한 자기 자신의 가장 확고한 믿음에 도전하는 질문들을 스스로 해보는 것이다. 의심의 눈초리로 질문들을 던지다 보면, 미처 생각하지 못했던 다른 가능성에 마음을 열게 된다. 열린 마음은 더 나은 의사결정을 하는 데 효과가 있고, 결국에는 투자자의 수익률을 높여준다.

3) 세금의 영향

투자자들은 주식이 예상 가치에 도달하거나, 더 나은 기회가 있거나, 기대치가 낮아지면 주식을 판다. 하지만 어떤 경우에도 주식을 팔기 전에 세금의 영향도 고려해야 한다. 예상 가치에 도달한 주식을 팔아 예상 가치보다 주가가 낮은 다른 주식으로 교체하는 것이 항상 좋은 것은 아니다. 세금의 영향을 고려했을 때는 오히려 나쁜 결정이 되기도 한다.[12]

예컨대 예상 가치보다 주가가 낮은 주식을 발견해서 100달러에 샀다고 해보자. 1년 후, 주가가 예상 가치인 121달러에 거래되면서 시장수익률인 6%보다 15%p의 초과수익을 냈다. 이 경우 주식을 팔아야 할까?

상황에 따라 다르다. 두 가지 상황을 생각해보자. 첫 번째는 주식을 1년 더 보유하고 시장수익률 6%를 얻는 것이다. 물론 이때 주식의 기대치는 1년 동안 변하지 않고 그대로라고 가정한다. 이 경우 2년 차 말에 주가는 121달러에서 6% 오른 128.25달러가 된다.

두 번째 상황은 주식을 팔아 그 돈으로 또다른 주식에 재투자한다고 가정하자. 이렇게 했을 때 그 다음 해 수익률이 얼마나 나와야 교체매매가 정당화될까?

시장수익률 6%와 4%p의 초과수익을 합하여 약 10%는 달성해야 한다. 왜냐하면 21달러의 양도소득에 대하여 세율 20%에 해당하는 4.2달러를 세금으로 내야 하기 때문이다.[13] 세금을 내고 나면 재투자에 쓸 수 있는 돈은 약 117달러가 되고, 이 돈으로 첫 번째 상황(1년 더 기존 주식을 보유)의 2년 차 말과 같은 금액인 128.25달러가 되려면 10% 가까운 수익률을 내야 한다. 거래비용까지 고려하면 요구수익률은 더 높아질 것이 분명하다.

이처럼 세금과 거래비용을 현실적으로 고려하면, 예상 가치보다 크게 싸지 않은 새로운 주식을 사는 것보다 적정 가치의 주식을 그대로 보유하는 것이 더 나을 때도 있다.

🔍 핵심 포인트

- 예상 가치가 주가보다 클 때는, 초과수익을 얻을 기회가 있다.
- 초과수익의 크기는 주가가 예상 가치에 비해 얼마나 싸게 거래되고 있는지와 시장 기대치가 바뀌는 데 걸리는 시간이 결정한다. 주가가 더 싸게 거래될수록, 그리고 시장이 기대치를 더 빨리 반영할수록 수익은 더 커진다.
- 투자자가 주식을 파는 3가지 이유는 주가가 예상 가치에 도달할 때, 더 매력적인 주식이 있을 때, 투자자가 스스로 계산한 예상 가치가 변했을 때이다.
- 매도 결정 전에 세금과 거래비용의 영향도 고려하자.
- 매수나 매도 결정을 할 때, 심리적 함정들에 주의하자.

8 성장 기회와 '투자 선택권'의 가치

예측투자 프로세스를 적용할 때, 산업의 표준이나 기존 회사들에 비해 주가에 담긴 기대치가 훨씬 더 낙관적인 회사들을 종종 보게 된다. 이 경우 시장의 기대치가 너무 낙관적이라고 곧바로 단정 짓는다면 실수가 될 수도 있다. 불확실성으로 가득한 회사들의 경우, 주가는 현재 사업에 대하여 미래 현금흐름을 할인하여 합산한 가치에다가 실물옵션 가치real option value를 더해준다. 실물옵션은 불확실한 성장 기회에 대한 가치를 설명해준다.

이번 장에서는 예측투자의 힘을 확장시켜주는 실물옵션의 가치를 평가하는 법을 이해하기 쉽게 설명한다.[1] 또한 재귀성 reflexivity 개념을 통해 주가가 어떻게 회사의 펀더멘털에 영향을 주는지도 소개한다.

회사의 기대치를 추정할 때는 대부분 현금흐름할인 모델만으로 충분하다. 하지만 현금흐름할인법 모델에 대한 투자자들의 의구심이 점점 커지고 있다. 이 모델로는 왜 스타트업들이, 심지어 적자를 내는데도 불구하고 시가총액은 엄청나게 큰지를 쉽게 설명하지 못하기 때문이다. 이런 회사들을 분석할 때는 실물옵션 분석과 함께 현금흐름할인법 모델을 사용하는 것이 적절한 방식이라고 생각한다.

실물옵션 분석은 영업실적 자료가 부족할 수밖에 없는 초기 스타트업을 분석할 때 아주 중요하다. 대부분의 스타트업은 인프라를 구축하고, 브랜드의 정체성을 확립하고, 고객을 확보하기 위해 많은 돈을 투자해야 한다. 이 가운데 일부만 의미 있는 매출을 내며, 또 이 가운데 극소수만이 이익을 낸다.

'실물옵션' 접근법

실물옵션 접근법은 금융옵션의 이론을 공장 설립, 생산라인 확장, 연구개발 등과 같은 실제 투자에 적용하는 것이다.[2] 금융옵션의 소유자는 증권을 정해진 가격에 사거나 팔 권리는 있지만, 의무는 없다. 마찬가지로 회사가 전략적 투자를 할 때도 미래에 이 투자 기회들을 활용할 권리는 있지만, 의무는 없다.

실물옵션은 몇 가지 형태가 있는데, 다음은 그중 일부이다.

- 확대 : 어떤 사업에 초기투자를 하여 성과가 좋으면, 경영진은 그 전략에 더 투자를 확대expand할지에 대한 선택권이 생긴다. 예를 들어 어떤 회사가 신규 지역에 진출한 후 시장 수요가 뒷받침되면, 투자를 더 확대해 물류센터를 만들 수도 있다.
- 확장 : 어떤 투자는 관련된 사업으로 확장extend하는 플랫폼 역할을 할 수 있다. 예를 들어 아마존은 온라인서점으로 시작했지만, 고객 수 확대, 브랜드, 인프라 등에 상당한 투자를 했다. 그 결과, 가치 있는 다양한 실물옵션들을 갖게 되었고, 이후 수십 년간 이 실물옵션들을 활용했다.
- 포기 : 경영진은 초기에 시험적으로 적게 투자를 해보고 결과가 시원치 않으면 해당 프로젝트를 중도에 포기abandon할 수 있는 선택권을 갖는다. 연구개발비가 좋은 예다. 제품 개발을 위한 미래의 투자는 실험실에서 달성한 구체적인 성과에 달려 있다. 회사는 투자를 한 번에 모두 하는 대신 중간의 성과를 확인하고 판단해가며 단계별로 할 수 있다. 따라서 연구개발 프로젝트를 포기할 옵션도 중요하다.

확대, 확장, 포기에 관한 이런 선택권은 회사에 유연성flexibillity을 제공하기 때문에 모두 큰 가치가 있다.

'투자의 선택권'도 가치를 만들어낸다

많은 투자자와 경영자들은 어떤 프로젝트의 경우, 미래 현금흐름의 현재가치가 투자한 금액과 같거나 작아도, 해당 투자의 가치가 아주 클 수 있다는 사실을 안다. 이런 투자 건들은 당장은 가치가 없어 보이지만, 여기서 생기는 '유연성'도 가치를 만들어내는 원천이 될 수 있기 때문이다.

유연성은 두 가지 방식으로 가치를 만들어낸다. 첫째, 경영진이 투자를 보류할 수 있다. 돈에는 시간가치가 있기 때문에, 경영진은 투자를 지금 당장 하는 것보다 나중에 하는 것이 더 유리하다.

둘째, 프로젝트 투자에 대한 선택권이 사라지기 전에 프로젝트의 가치가 변할 수 있다. 가치가 올라가면 회사에게는 더 좋은 일이다. 가치가 떨어져도 회사에 더 나쁠 건 없다. 그 프로젝트에 추가 투자를 할 필요가 없기 때문이다.

현금흐름할인법을 포함한 전통적인 가치평가 방식은 이런 선택권의 가변성에 가치를 매기지 않았다. 그러나 이제는 '잘 되면 그때 가서 더 투자한다'는 아이디어에도 가치를 부여해야 한다고 생각한다.[3]

옵션의 가치를 평가하는 5가지 변수

사업을 확대하거나 확장하는 것에 대한 실물옵션은 금융에서의 콜옵션과 아주 비슷하다.[4] 특히 회사가 기존 사업 외의 영역에서 성장할 기회가 있을 때, 이런 비슷한 면이 유용하다.

투자자는 기존 사업에서의 일반적인 성장에 대해서는 현금흐름할인법을 사용하고, 기존 사업과는 성격이 다른 혁신적인 프로젝트의 가치를 고려할 때에만 한정해 실물옵션 방식을 사용해야 한다.

실물옵션과 콜옵션이 완벽히 상응하지는 않지만, 비교를 통해 많은 정보를 얻을 수 있다. 실물옵션 분석을 통해 구체적으로는 회사가 언제 옵션을 행사할지, 어떤 일이 생겨야 옵션 행사를 결정하게 되는지, 그리고 불확실성은 성장 옵션의 가치에서 어떤 역할을 하는지 등에 관한 통찰력을 얻게 된다.

〈표 8-1〉은 콜옵션과 실물옵션의 가치를 매길 때 필요한 것들의 목록이다. 금융옵션의 가치를 평가하는 방법은 블랙-숄즈 공식*이 가장 유명하지만, 어떤 방법이든 옵션의 가치를 평가할 때는 다음의 5가지 변수를 공통적으로 사용한다.[5]

---

* 주식을 기초자산으로 하는 유럽식 옵션의 가격을 구하는 식이다. 피셔 블랙과 마이런 숄즈, 로버트 머튼에 의해 개발되었다.

표 8-1 콜옵션과 실물옵션 비교

콜옵션	실물옵션	변수
주가	프로젝트 가치	S
행사가격	프로젝트 행사 비용	X
주가의 변동성	프로젝트 변동성	σ
옵션 기간	옵션 기간	T
무위험 수익률	무위험 수익률	r

1. 프로젝트 가치(S) : 해당 프로젝트에서 예상되는 잉여현금흐름의 현재가치.
2. 프로젝트 행사 비용 (X) : T라는 시점에 옵션을 행사하기 위해 필요한 일회성 추가 투자 비용(X는 미래 시점의 금액이고, S는 현재 시점의 금액이라는 점에 유의하자).
3. 프로젝트 변동성(σ) : 프로젝트의 미래 가치가 변할 수 있는 정도. 그리스 문자 시그마(σ)를 사용한다.
4. 옵션 기간 (T) : 투자 기회가 없어지기 전까지 회사가 투자 결정을 미룰 수 있는 시간. 보통 연 단위로 계산한다.
5. 무위험 수익률 (r) : 단기 국채 수익률. 옵션 가치를 평가할 때 위험 반영 할인율(자본비용)을 추정할 필요는 없는데 시그마(σ)가 프로젝트의 위험을 충분히 반영하고 있기 때문이다.

그러면 예를 통해 살펴보도록 하자. 프로젝트의 순현재가치는 0보다 작지만 실물옵션 가치가 있는 경우다. 어떤 회사가 제품 수요가 계속 늘면 2년 내로 유통 체계를 확대할 계획이다. 이 회사가 새로운 물류센터를 짓는 시점에 4,000만 달러가 필요하다고 추정하고(X=4,000만 달러), 지금 예측할 수 있는 가장 좋은 상황을 기준으로, 이 투자를 통해 추가로 얻을 수 있는 잉여현금흐름의 현재가치는 3,000만 달러(S=3,000만 달러)라고 하자.

위 숫자들이 정확하다고 하면, 물류센터 확대 프로젝트는 순현재가치 테스트를 통과하지 못한다. 기대이익(S)이 비용(X)보다 작기 때문이다. 하지만 실제로 확대를 하지 않더라도 수요가 폭발할지도 모르기 때문에 선택권은 가치가 있다. X(프로젝트의 비용)에 대한 재량권이 없거나, 미래에 일어나는 일의 상황에 따라 X를 투자하는 것이 아닌 경우는 현금흐름할인법으로 계산하는 방식이 맞다. 하지만 경영진에게 이 투자를 미루거나 포기할 재량권이 있다면, 현금흐름할인법은 프로젝트의 가치를 과소평가하게 된다.

이 사례에서 경영진은 2년 후에 S(프로젝트의 가치)를 다시 추정하여, 투자를 진행할지 말지를 결정할 수 있다. S가 X보다 크면, 프로젝트의 순현재가치가 0보다 크기 때문에 회사는 확대에 투자할 것이다. 반대로 S가 X보다 작으면, 프로젝트의 순현재가치가 0보다 작기 때문에 확대하지 않을 것이다.

우리는 결정을 내리기 2년 전인 지금 시점에서 투자를 연기하거나 포기할 유연성에 대한 가치도 계산해야 한다. 그래서 실물옵션 가치에 대한 평가가 필요하다.

이제 물류센터 확대의 예를 가지고, 실물옵션 계산을 할 때 5가지 변수를 사용하는 법을 알아보자. S는 3,000만 달러, X는 4,000만 달러, T는 2년이다. σ는 연 50%, 무위험 수익률은 연 0.15%라고 가정하자. 블랙-숄즈 공식대로 계산해주는 옵션계산기에 이 숫자들을 넣어 계산하면, 물류센터 확대에 관한 옵션의 가치는 540만 달러가 나온다.

실물옵션의 가치를 근본적으로 증가시키는 것이 무엇인지 이해하기 위해 옵션의 가치를 산정하는 모델의 복잡한 내용까지 알 필요는 없다. 실물옵션의 가치가 증가하려면 순현재가치(S-X)가 커지거나, 결정을 미룰 수 있는 시간(T)이 길어지거나, 불확실성(σ)이 증가하면 된다.

쉽고 빠르게 옵션 가치 파악하는 법

블랙-숄즈 공식을 이용하면 실물옵션 가치를 바로 계산할 수 있다. 하지만 변수들을 넣은 비교표를 사용하면 더 빠르고 직관적으로 옵션 가치를 알 수 있다. 〈표 8-2〉는 리처드 브릴리Richard A. Brealey와 스튜어트 마이어스Stewart C. Myers의 『재무관리의 이해 Principles of Corporate Finance』에 나오는 것을[6] 변형한 색인표이다.

이 표에서는 옵션의 5가지 변수를 간단하게 2개로 압축하여 보

표 8-2　옵션 가치 색인표

		A 케이스 : 만기까지 남은 기간 = 2년				
		S/X				
		0.50	0.75	1.00	1.25	1.50
연간 변동성 (σ)	0.25	0.5%	4.8%	14.2%	25.2%	35.3%
	0.50	8.4%	18.2%	27.7%	36.2%	43.3%
	0.75	21.5%	32.1%	40.5%	47.2%	52.6%
	1.00	35.5%	45.2%	52.1%	57.4%	61.6%
	1.25	48.7%	56.8%	62.4%	66.5%	69.7%
		B 케이스 : 만기까지 남은 기간 = 3년				
		S/X				
		0.50	0.75	1.00	1.25	1.50
연간 변동성 (σ)	0.25	1.4%	7.6%	17.3%	27.6%	36.8%
	0.50	14.0%	24.5%	33.6%	41.2%	47.5%
	0.75	31.0%	41.1%	48.5%	54.2%	58.8%
	1.00	47.5%	55.8%	61.4%	65.6%	68.9%
	1.25	61.7%	68.0%	72.2%	75.2%	77.5%

* 옵션 가치 결과값들은 'S의 몇 퍼센트'인지를 의미함. r=0.15%.

여준다. A 케이스는 만기 2년인 경우의 성장 옵션 가치, B 케이스는 3년인 경우의 옵션 가치를 나타낸다. 두 경우 모두 실물옵션의 가치를 프로젝트 가치 S 대비 비율(%)로 보여준다. 이 값들은 블랙-숄즈 공식을 이용하여 반복해서 계산한 것이다.[7] 그리고 대부분 산업의 변동성은 표에 나온 변동성 범위 안에 있다.

표의 각 열은 다양한 S/X 비율을 나타낸다. 주의할 점은, 옵션 행사 비용 X는 결정 시점에서의 비용이라는 사실이다. 현재 시점에서의 비용을 계산하려면 X의 현재가치를 구해야 하는데, 즉

'X/(1+r)^T'로 계산한다. X를 현재가치 기준으로 바꾸면 S 대비 비율로 표시되는 옵션 가치 결과값들이 약간씩 늘어난다. 당연히 실물옵션 가치를 정당화할 수 있는 전제 조건은, 회사가 이 옵션을 실행하는 시점에 자금 조달이 바로 가능해야 한다는 점이다.

S/X가 1.0이면, 결정 시점에 프로젝트의 순현재가치(S-X)가 0이라는 뜻이다.[8] S/X가 1.0보다 크다는 뜻은 결정 시점에서 프로젝트의 순현재가치가 0보다 크다는 말이다. 그 비율이 1.0보다 작으면 순현재가치가 0보다 작다는 말이다.

프로젝트의 잠재 가치인 S/X를 결정하는 주요 요인은 2가지다.

첫째는 회사의 경쟁 상황과 산업 전체의 수익률을 고려했을 때 해당 프로젝트의 투자 대비 수익률이다. 예상 수익률이 클수록 S/X 비율도 높다. 경쟁자의 옵션 행사 전략도 고려해야 한다.[9] 많은 산업의 경우, 경쟁이 일어나면 수익률은 자본비용 수준으로 내려간다(S/X가 1.0이다).

둘째는 실물옵션 가치를 만들어냈을 수도 있는 과거 투자의 규모이다. 과거 대규모 투자로 인해 여러 옵션이 생기면, 투자를 안 한 회사들에 비해 더 적은 추가 투자만으로 새로운 기회를 찾을 수 있다.[10]

옵션 가치에서 또 중요한 요인은 변동성인데, 이는 S의 미래 가치의 변화 폭이다. 〈표 8-2〉는 여러 σ값의 범위를 보여준다. 콜옵션은 손실액이 한정되어 있다. S의 잠재 가치가 증가하면 옵션 가치도 증가한다. 하지만 S의 가치가 낮아진다고 옵션 가치가 낮아지지는 않는다. S가 많이 낮으면 회사가 그 옵션을 행사하지 않을 것이기 때문이다. 결과적으로, 변동성이 클수록 옵션 가치는 더 올라간다.

때로는 변동성을 정확하게 측정하기는 어렵지만, 변동성은 프로젝트가 가진 미래 가치에 내재된 특성이다. 스톡옵션의 경우에는 이에 상응하는 변동성 값으로 미래 주식수익률의 변동성을 넣는데, 투자자는 이것을 과거 주가수익률에 근거해 예측하거나, 해당 스톡옵션의 거래를 통해 추론할 수 있다.[11]

단순히 현재 사업 구조를 확대하는 대규모 프로젝트를 진행하는 경우라면, 잠재 가치 범위의 추정치로 주가의 변동성을 이용해도 무방하다. 하지만 현재 회사의 사업모델과 확연히 차이가 있는 프로젝트라면 다르게 해야 한다.[12] 여기서는 변동성에 대한 추정치가 신규 사업의 가치 범위와 상응하도록 해야 한다는 점이 중요하다.

〈표 8-2〉 색인표 사용하는 방법을 좀 더 자세히 설명하기 위해, 물류센터를 확대하는 옵션의 가치를 다시 계산해보자. 원래 값들은 다음과 같다.

S = 3,000만 달러
X = 4,000만 달러

σ = 50%
T = 2년
r = 0.15%

이 경우 S/X 비율은 0.75(3,000/4,000=0.75)이다. 〈표 8-2〉 가운데 A 케이스를 보면 옵션 가치는 S의 18.2%, 즉 540만 달러이다(3,000만 달러×0.182=540만 달러).

색인표를 보면 실물옵션에 대해 몇 가지 중요한 사항을 곧바로 알 수 있다.

- 실물옵션의 가치가 올라갈 때는 X 대비 S가 높아질 때(색인표 값을 왼쪽에서 오른쪽으로 보면서 비교), 변동성이 높아질 때(위에서 아래를 보면서 비교), 옵션 기간이 늘어날 때(A 케이스와 B 케이스를 비교)이다.
- 실물옵션은 심지어 S가 X에 비해 현저히 낮을 때조차도 가치가 있다(S/X=0.5일 때와 0.75일 때 옵션의 가치를 보자). 현금흐름할인법에서는 이런 가치가 무시되고, 옵션이 내재된 자산은 과소평가된다.
- 실물옵션의 가치는 한계가 있다. 색인표에서 기초자산인 S보다 큰 옵션 값은 없다는 점을 확인하자.

〈표 8-2〉는 작고 간단하지만, 큰 범위의 변동성과 잠재적 프로젝트 가치를 담고 있다. 변동성에 대해 추정할 때 아래의 대략적인 지침을 참고하자.

- 일반적인 대기업은 주가 변동성이 연간 35~40%의 범위에 있다.
- 필수 소비재 기업은 변동성이 상대적으로 낮은 연간 30~35%이다.
- IT기업의 주식은 연간 변동성이 40~50%인 경우도 있다.
- 바이오 기업과 신생 IT기업은 변동성이 연간 50~100%까지 되기도 한다.[13]

〈표 8-2〉에서 2년짜리와 3년짜리 옵션만 설정한 것은 경쟁이 심한 시장에서 투자 결정을 미룰 수 있는 기간이 짧을 수밖에 없기 때문이다. 기간이 긴 옵션은 보통 첫 번째 단기 옵션을 성공적으로 행사했을 때에만 가능한 후속 옵션일 때가 많다. 일반적으로 이런 후속 옵션의 가치는 단기 옵션의 가치보다 훨씬 작다.

예측투자에서 실물옵션 분석을 해야 할 때

실물옵션에 대한 대부분의 자료들은 기업 경영진과 그들의 자본 배분 결정을 다룬다. 그러나 투자자가 실물옵션에 대해 관심을 가져야 할 때는 주가에 반영된 기대치가 해당 산업의 일반적인 수준보다 높고, 이 기대치에 실물옵션이 포함되어 있을 경우이다. 이때 목적은 실물옵션을 분석하여 개별 주식들의 매수, 매도, 보유 결정에 이용하는 것이다.

첫 단계는 회사와 주가를 두 가지 관점에서 평가하는 것이다. 첫째는 잠재적인 실물옵션의 가치인데, 다시 말해 이 회사에 상당한 실물옵션 가치가 있는지를 판단하는 일이다. 둘째는 주가에 반영된 실물옵션의 가치, 즉 시장이 이미 부여하고 있는 어떤 실물옵션의 가치이다.

다음과 같은 상황에서는 실물옵션의 가치가 잠재적으로 매우 크다.

- 미래의 결과에 불확실성이나 변동성이 매우 높은 수준일 때이다. 변동성이 작은 산업에서는 실물옵션 가치가 거의 없다. 예를 들어 컨설팅 회사는 변동성이 작다. 컨설팅 회사는 본질적으로 시간 단위로 서비스를 판매하기 때문에 예상을 뒤엎는 놀라운 실적을 내기 어렵다.
- 급변하는 환경에서 경영진이 기회를 만들고, 규명하고, 평가하고, 빠르게 포착할 전략적 비전을 갖고 있을 때이다. 하지만 실물옵션이 있다고 모든 회사가 그 가치를 얻는 것은 아니다. 실물

옵션의 잠재력을 현실로 만들려면 특히 속도와 유연성이 중요하다. 따라서 의사결정 속도가 느린 대기업은 실물옵션이 성공적으로 실현되기 힘들다.

- 회사가 시장을 선도하는 기업일 때이다. 시장 선도 기업은 사업을 확대하고 확장하여 잠재적 가치를 만들어낼 기회를 가장 잘 포착하는 경향이 있다. 페이스북(현재 메타)이나 아마존 같은 회사에는 경쟁적 지위 덕분에 경쟁자들은 가질 수 없는 성장 옵션이 생긴다.

  또한 시장 선도 기업은 옵션 가치를 바로 실현하기보다는 자체적으로 아껴둘 수 있는데, 이를 통해 그들이 보유한 실물옵션의 소유권으로서의 특성을 강화시킬 수 있기 때문이다.

이제 시장 가격(주가)에 내재된 실물옵션 가치를 살펴보자. 이것은 현재 주가에서, 기존 사업에 대한 컨센서스 추정치를 현금흐름할인법으로 산정한 가치를 뺀 값이다.

시장 가격에 내재된 실물옵션의 가치는 예측투자 방식을 그대로 확장한 것이다. 기본적으로 기존 사업에 대해 주가에 담긴 기대치(PIE)를 산정하되, 한 가지만 바꾼다. 즉 시장 가격에 담긴 예측 기간을 파악하는 대신 직접 기존 사업에 대한 예측 기간을 가정한다.

이렇게 해야 하는 이유는 단지 기존 사업만을 반영하는 기대치

그림 8-1 주가에 내재된 실물옵션 가치

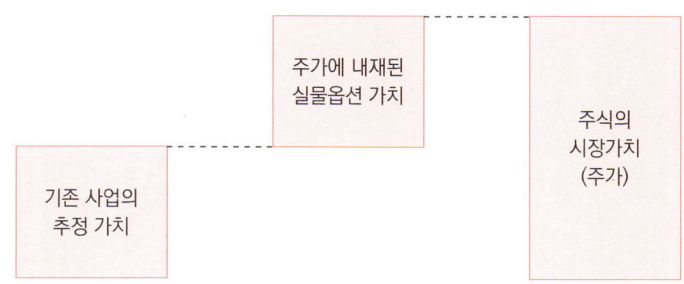

를 보려고 하면서, 이미 실물옵션 가치를 포함하고 있을 수 있는 주가를 사용하는 것은 부적절하기 때문이다. 이런 이유로 주가에 내재된 예측 기간은 많은 옵션을 가진 회사에 대해 때로는 꽤 큰 햇수 차이로 정확한 예측 기간을 항상 과장하게 된다.[14]

실물옵션의 가치는 주식의 시장가치에서 기존 사업에 대한 추정 가치를 뺀 것이다(〈그림 8-1〉). 여기서 투자자가 할 일은, 시장 가격에 내재된 실물옵션의 가치가 합리적인지를 따져보는 것이다.

기존 사업 가치와 실물옵션 가치의 구분이 다소 애매모호하다고 해서 예측투자 방식에 문제가 생기지는 않는다. 오히려 이런 상황에서 예측투자 방식의 효과가 분명해진다. 예측투자 방식은 기존 사업 가치와 실물옵션 가치를 합한 가치가 적절한지를 판단하기 때문이다. 두 가치의 합은 항상 현재의 시장 가격이 되기 때문에, 기존 사업 가치를 과대평가하거나 과소평가하면, 그에 따라

그림 8-2 실물옵션의 잠재 가치 및 주가 내재 가치

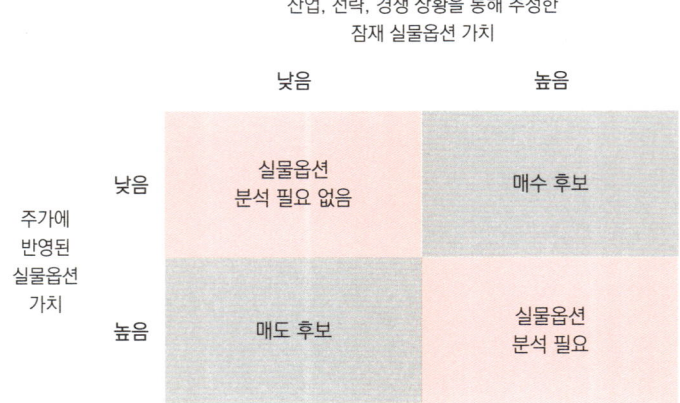

주가에 내재된 실물옵션 가치도 같은 규모로 줄어들거나 늘어나게 된다.

〈그림 8-2〉는 예측투자 프로세스에서 투자자가 언제 실물옵션 분석을 해야 할 필요가 있는지 알기 쉽도록 나타낸 것이다. 이 그림을 이용하여 실물옵션의 잠재 가치가 주가에 내재된 실제 실물옵션 가치와 일치하지 않는 경우를 판단해볼 수 있다. 여기에는 4가지 분면이 있다.

- 실물옵션 분석이 필요 없음(실물옵션의 잠재가치 및 주가에 반영된 가치 모두 작을 때) : 대부분의 성숙기업이 여기에 해당한다. 이

경우는 그냥 일반적인 예측투자 프로세스를 밟으면 된다(5~7장 참고).

- 매수 후보(실물옵션의 잠재 가치는 크고, 주가에 반영된 가치는 작을 때) : 시장의 평가보다 당신이 실물옵션의 가치를 더 크게 평가하는 경우다. 이 차이가 적당히 크다면, 그 주식은 매수 후보다.
- 매도 후보(실물옵션의 잠재 가치는 작고, 주가에 반영된 가치는 클 때) : 위와 반대의 경우다. 시장이 당신보다 실물옵션 가치를 더 크게 보고 있다. 이 차이가 꽤 크다면, 그 주식은 매도 후보다.
- 실물옵션 분석이 필요(실물옵션의 잠재 가치가 크고, 주가에 반영된 가치도 클 때) : 여기에 해당할 때는 최고의 기회를 잡을 수도 있다. 따라서 실물옵션 분석을 더 자세히 해볼 필요가 있다. 이어지는 '쇼피파이' 사례 분석을 참고하기 바란다.

투자자의 목적은 주가에 내재된 실물옵션의 가치를 정당화하는 데 필요한 총투자비와 프로젝트 가치의 타당성을 평가하는 것이다. 달리 말하면, '회사가 주가에 내재된 잠재적 가능성에 부합하게 실행할 수 있을까'라고 질문하는 것이다. 이 질문에 답하려면 회사의 '기회와 투자'에 대해 주가에 내재된 '규모'가 시장 규모, 자본 조달, 경영진, 경쟁 상황 등과 부합하는지를 결정해야 한다.

실물옵션 가치 구하기 : 쇼피파이 사례 분석

쇼피파이Shopify Inc.는 상점들이 옴니채널omni-channel 방식의 소매 판매를 시작해서 성장시키고 마케팅과 관리를 할 수 있도록 다양한 서비스를 제공하는 플랫폼이다. 2020년 9월 기준, 쇼피파이는 성장 잠재력이 큰 회사이면서 주식은 실물옵션 가치를 반영하고 있었다. 한마디로 실물옵션 가치를 살펴보기에 좋은 사례다.

분석을 할 당시 주가는 900달러, 시가총액은 1,000억 달러 정도였다. 여기서 궁금한 것은, 기존 사업 가치와 실물옵션 가치를 더한 것으로 주가가 정당화되는가이다.

그렇다면 쇼피파이 사례를 통해 실물옵션 가치 구하는 법을 구체적으로 살펴보자. 예측투자 프로세스는 실물옵션의 가치를 다음의 네 단계로 분석한다.

1단계 : 잠재적 실물옵션 가치 추정하기

쇼피파이는 다음과 같은 점에서 잠재적 실물옵션의 가치가 아주 큰 회사의 사례로 안성맞춤이다.

- 쇼피파이는 역동적인 이커머스 시장에서 경쟁하고 있다. 시장 성장, 경쟁 위협, 확장 기회, 사업모델 변화 등 모든 것들이 불확실

성이 큰 상황이다.
- 창업자이자 CEO인 토비아스 룻케Tobias Lutke가 이끄는 경영진은 과거에 실물옵션을 창출하고 찾아내고 행사하는 데 있어 능력을 증명했다. 풀필먼트 사업Fulfillment Service*에 성공적으로 진출한 것도 하나의 예로 들 수 있다.
- 쇼피파이는 규모의 경제와 범위의 경제를 실현할 잠재력이 높은 시장 선도 기업이다. 경영진은 시장 선도 기업이라는 장점을 잘 활용하여 다른 산업계의 공룡들인 페이스북, 월마트, 아마존닷컴 같은 회사들과 유리한 제휴 관계를 맺었다.

2단계 : 주가에 내재된 실물옵션 가치 추정하기

과거 정보, 밸류라인의 예상치, 애널리스트들의 리서치 보고서, 그리고 쇼피파이 기존 사업에 대한 저자들의 전망 등을 이용하여 향후 5년간의 매출 성장, 영업이익률, 재투자 금액을 추정했다. 그리고 예측 기간을 10년으로 가정하기 위해, 이 추정치들을 5년 더 확장했다. 가치를 결정하는 터보 트리거는 두 말 할 것 없이 '매출 성장'으로 선택했다.

---

* 물류전문업체가 판매자 대신 고객의 주문에 맞게 제품을 선택하고 포장한 뒤 배송까지 마치는 물류 일괄 대행 서비스를 말한다.

표 8-3 쇼피파이의 주가에 내재된 실물옵션의 가치

주가 (2020. 9. 21.)	900달러
주당 기존 사업 가치	800달러
주가 내재 실물옵션 가치	100달러
실물옵션의 전체 가치	110억 달러(100달러×1억 1,300만 주)

쇼피파이의 연간 매출 성장률은 첫 5년간 38%, 그 후 5년간은 35%로 예상했다. 쇼피파이가 이 성장률을 달성하려면 상당한 시장점유율을 차지해야 한다. 또한 현금흐름할인법을 통해 10%대 초반의 영업이익률을 달성할 것으로 가정했다.

이런 예상치를 기준으로 했을 때, 쇼피파이의 기존 사업 가치는 주당 800달러였다. 즉, 쇼피파이 주가 900달러에 내재된 실물옵션 가치는 100달러라고 할 수 있다(〈표 8-3〉). 주당 100달러는 시가총액으로 환산하면 110억 달러가 조금 넘는다.

3단계 : 프로젝트 가치(S)와 투자 비용(X) 추정하기

우리는 쇼피파이의 적정 S/X값이 0.75라고 가정했는데, 이는 쇼피파이의 전략적 선택권을 행사할 때 드는 비용이 그로 인해 추가적으로 얻는 잉여현금흐름의 현재가치보다 더 크다고 봤다. 실물옵션은 쇼피파이의 현재 사업을 확장하는 것을 가정하기 때문에, 이 주식의 과거 변동성인 약 50%를 사용했다. 그리고 옵션의

만기는 3년으로 가정했다.

따라서 〈표 8-2〉 색인표의 B 케이스를 보면, 실물옵션 가치는 S의 약 25%(표에서는 24.5%)라는 사실을 알 수 있다.

이 자료들을 이용하여, 두 가지 중요한 질문과 그에 대한 답을 찾을 수 있다.

첫째, 주가에 내재된 실물옵션의 가치인 110억 달러를 정당화하려면 프로젝트의 잠재 가치인 S는 얼마나 되어야 할까? 둘째, 마찬가지로 110억 달러의 주가에 내재된 실물옵션의 가치가 정당화되려면 잠재 옵션의 행사 비용(사업비용) X는 얼마가 되어야 할까?

S는 다음과 같이 구했다. 주가에 내재된 실물옵션 가치는 110억 달러다. 실물옵션의 잠재 가치는 S의 약 25%이다. 만약, 내재 가치와 잠재 가치가 같다면, S는 약 450억 달러(=110억 달러÷0.245)가 된다. 즉, 시장에서 평가하는 투자 기회의 가치가 약 450억 달러라는 것이다.

그리고 X는 다음과 같이 구했다. 주가에 내재된 실물옵션 가치는 110억 달러다. 실물옵션의 잠재 가치도 동일한 110억 달러가 되려면, 앞서 S/X값을 0.75로 가정했고, S는 약 450억 달러라고 구했기 때문에, X는 600억 달러(=450억 달러÷0.75)가 되어야 한다.

즉, 앞선 가정들이 정확하다면 쇼피파이의 주가에는 향후 3년간 회사가 실물옵션을 행사하는데 600억 달러를 투자할 수 있다는 기대치가 반영되어 있는 것이다.

이러한 결과값들에 대한 민감도 분석sensitivity analysis을 하기 위해 S/X값을 바꿔보자(쇼피파이의 변동성은 회사 고유의 특성이기 때문에, 변동성은 바꾸지 않는다는 점에 유의하자). 예를 들어 S/X값을 1.0으로 가정하면, S와 X는 둘 다 약 340억 달러가 된다.

4단계 : S값과 X값이 적절한지 평가하기

S가 적절한지부터 생각해보자. 쇼피파이의 현재 주가 내재 실물옵션 가치인 110억 달러가 정당화되려면, 450억 달러를 벌 수 있는 기회가 있어야 한다(연간 변동성 50% 가정 시). 이 정도의 시장 기회가 있다고 봐도 과연 타당할까?

이제 X도 적절한지 살펴보자. 투자액 600억 달러는 꽤 큰 돈이다. 대충 살펴봐도, 쇼피파이의 과거 3년간의 투자액은 20억 달러보다 적었다.

S와 X의 적절성을 따져볼 때, 몇 가지 중요한 질문은 다음과 같다.

- 쇼피파이가 추가적으로 할 수 있는 수익성 있는 이커머스 사업은 무엇이 있을까?
- 전 세계로 확장할 기회는 얼마나 많이 남았을까?

- 회사가 상점에 대해 축적한 많은 정보를 활용하여 추가로 소프트웨어나 서비스를 제공할 수 있을까?
- 더 작은 투자액으로 낼 수 있는 수익률과 동일한 수익률을 얻는다면, 과연 어떤 회사가 이 정도 규모의 돈을 쓸까? 아니면, 투자 규모가 커져서 수익률이 줄어드는 걸까?

이 책 초판*에서는 실물옵션 사례로 아마존닷컴을 소개했다.

실제로 시간이 가며 아마존닷컴은 수많은 실물옵션을 만들어 행사했고, 이 중에는 '아마존 웹 서비스' 같은 신규 사업도 있다.[15] 하지만 2000년 닷컴버블 이후 3년간의 하락장에서 아마존의 주가는 떨어졌고, 이 때문에 아마존은 실물옵션을 행사하기 위해 필요한 투자 자금 조달이 사실상 불가능했다. 다시 말해, 주가가 하락해서 아마존의 투자 기회를 뒷받침해줄 자금줄이 막힌 것이다.

이 같은 사실은 회사의 주가와 그 회사의 펀더멘털 사이에 아주 중요한 순환관계가 있다는 점을 잘 보여준다. 이제 이 점에 대해 자세히 살펴보자.

---

* 이 책의 원서 초판은 2001년에 출간되었으며, 20년 후인 2021년에 이번 개정판이 나왔다.

주가와 펀더멘털의 순환관계, '재귀성'

투자자와 경영진은 주가가 그 회사의 미래 재무적 성과에 대한 기대치를 반영한다는 견해에 대체로 동의한다. 그러나 투자자들은 주가 자체가 회사의 재무 성과에 영향을 줄 수도 있다는 점에 대해서는 큰 관심이 없다.

하지만 예측투자에서는 회사의 주가와 회사의 펀더멘털이 서로 영향을 주고받는다는 사실이 중요한 고려사항 중 하나이다. 특히 이런 영향 관계는 높은 주가에 크게 의존하는 신생 기업들에게 중요하다.[16]

저명한 투자자인 조지 소로스George Soros는 이런 순환관계를 재귀성reflexivity이라고 부른다. 소로스는 재귀성을 이렇게 설명한다. "주가는 기업 상황을 수동적으로만 반영하지 않는다. 주가는, 주가와 상장회사의 명운 둘 다에 큰 영향을 주는 중요한 재료다."[17] *

그렇다면 이제 재귀성이 성장을 위한 자금 조달 능력 및 핵심 인력을 유치하고 유지할 수 있는 능력에 미치는 영향에 대해 살펴보자.

---

* '재귀성'은 회사의 펀더멘털이 주가에 연동되고, 주가가 다시 펀더멘털에 연동되는 동적 순환고리(feedback loop)다. 따라서 이런 관계는, 주가가 '다시' 주가에 영향을 끼치고, 마침내는 회사의 명운으로까지 이어진다는 말이다.

1) 성장을 위한 자금 조달

신생 회사는 일반적으로 주식을 통한 자본 조달에 의존한다. 이들 회사는 실적이 계속해서 기대치에 미달하면 사업 모델의 생존 능력에 의구심이 생긴다. 이에 따라 주가가 부진해지면 신주의 발행 비용이 너무 커지거나 발행 자체가 불가능해진다. 이런 상황이 생기면 회사의 가치 창출을 위해 필요한 성장 전략 실행이 힘들어지거나, 아예 실행하지 못하게 된다. 투자자가 이런 문제를 인식하게 되면 주가는 계속 내리막길을 걷게 된다.

이렇게 주가가 떨어지면 성장 여력에 제한이 생기며, 어떤 때는 파산을 하거나 아주 헐값에 인수되기도 한다. 한 예로 2008년 금융위기 때의 베어스턴스The Bear Stearns Companies Inc.와 리먼 브라더스Lehman Brothers Holdings Inc. 같은 투자은행이 있다. 이 회사들은 생존을 위해 대규모 자금이 필요했지만, 주가 하락으로 주식을 통한 자본 조달이 사실상 불가능했다. 결국 베어스턴스는 아주 헐값에 JP모건JPMorgan Chase & Co.에 매각되었고, 리먼 브라더스는 파산 신청을 했다.

많은 스타트업들은 사업을 키우기 위해 다른 회사들을 인수한다. 그리고 이 과정에서 대부분은 단지 자금 조달의 확대를 위한 또 하나의 방법으로 주식을 통한 거래를 한다.[18]

주가가 형편없는 실적을 보이면 주식을 통한 인수에 비용이 아주 많이 들거나 아예 인수가 불가능해진다. 주가가 높은 기업이라해도, 주식을 통한 인수에 위험이 없다고 착각하면 안 된다. 만약 시장이 인수기업의 주가를 하락시키는 것으로 현재 추진 중인 인수 건에 대해 부정적인 반응을 보인다면, 미래의 인수 건에 대해서도 마찬가지일 것이다. 오히려 더 깐깐해질 것이다.

2) 핵심 인력 유치와 유지

일반적으로 스타트업은 인력 유치 경쟁이 매우 치열하다. 현재 혹은 미래의 구성원에게 큰돈이 될 확률이 높은 주식 기반 보상 SBC을 제대로 제시하지 못하면 인력 관리가 힘들어진다. 주가가 부진하면 주식 기반 보상의 가치도 빠르게 줄어든다. 보상을 해줄 자원이 확 줄어들면 회사의 현재 실적과 전망도 위협받는다. 또 투자자들이 이런 상황을 인식하기 시작하면 하락의 소용돌이가 지속될 가능성이 높다.

주식 기반 보상은 주가와 회사의 펀더멘털이 상호작용하면서 영향을 받는다.[19] 회사는 주식을 팔아 자금을 조달하고, 이를 임직원에 대한 보상용으로 사용한다. 따라서 주가는 회사의 재무 상태와 인재 관리 능력, 이 둘 모두에 영향을 준다.

또한 주가가 약하면 고객, 공급사, 잠재적·전략적 제휴사 등을 포함한 사업 관련 핵심 주체들의 신뢰도 악화될 수 있다. 이렇게 되면 회사는 설상가상의 상황에 처하게 될 수도 있다.

3) 재귀성 효과

재귀성은 예측투자에서도 몇 가지 함의가 있다.

우선, 투자자는 회사에 대한 기대치를 평가하면서 재귀성을 고려했는지 검토해봐야 한다. 주가가 부진할 때 생길 수 있는 자금 조달의 위험을 고려하지 않고, 회사의 성장 전략을 그대로 받아들이면 낭패를 볼 수 있기 때문이다.

그리고 주식의 예상 가치를 분석할 때, 이런 최악의 상황도 가정할 것을 추천한다.

물론 이런 일이 일어날 확률은 경영진의 비전과 실행력, 회사의 사업구조가 우수하다는 확신을 주는 소통 능력의 차이에 따라 달라진다. 한마디로 경영진은 시장을 잘 설득해 믿음을 줄 수 있어야 한다. 설령 회사가 지속적으로 영업손실을 내더라도, '현재의 높은 주가가 정당한 이유'에 대해 설명할 수 있어야 한다.

특히 고속 성장 중이지만 자본의 제약이 있는 스타트업에 투자할 때는, 분석의 마지막 단계에서 일반적인 회사들이 갖는 영업 위험뿐만 아니라 주가 하락으로 인해 성장 전략을 실행하는 것이 어려워질 수 있는 위험도 반드시 함께 고려해야 한다.

🔍 핵심 포인트

- ◆ 현금흐름할인법은 '유연성'의 가치를 저평가할 수 있다. 그렇게 되면 불확실성이 큰 회사의 P/E를 잘못 읽게 된다.
- ◆ '실물옵션'은 불확실한 미래의 기회가 가진 잠재적인 가치를 알려준다.
- ◆ 실물옵션 분석이 필요한지 결정하기 위해, '회사의 잠재적인 실물옵션 가치'와 '주가에 내재된 실물옵션 가치', 둘 모두를 따져봐야 한다.
- ◆ 예측투자 프로세스를 밟을 때, '재귀성'도 함께 고려해야 한다. 재귀성은 회사의 펀더멘털이 주가에 연동되고, 주가가 다시 펀더멘털에 연동되는 동적 순환고리다.

9 | 사업 유형과 예측투자 활용법

대형 IT 주식인 애플, 아마존, 마이크로소프트, 알파벳Alphabet (구글의 모회사)들의 가치가 크게 부상하는 등 주식시장은 거대한 변화를 겪고 있다. 이로 인해 일부 투자자들은 회사의 가치를 이해하려면 새로운 규칙이 필요하다고 생각하기 시작했다. 하지만 우리는 이런 생각에는 결코 동의할 수 없다. 본질적인 경제의 원칙들은 변하지 않으며, 회사의 유형이나 사업 구조를 가리지 않고 가치의 창출에 대해 여전히 잘 설명해준다고 우리는 생각한다. 가치 창출과 관련된 원칙은 모든 회사에 예외 없이 적용되며, 그래서 예측투자 프로세스에서도 이런 원칙들이 아주 중요하다.

'새로운 규칙에 대한 이야기'가 등장하는 몇 가지 배경을 짚어 보겠다.

첫째, EPS(주당순이익)나 PER(주가수익배수) 같은 전통적인 척도가 예전보다 잘 들어맞지 않는다.[1] 가장 큰 이유는 회사들이 무형자산 투자를 크게 늘렸기 때문이다. 1970년대에는 무형자산 투자가 유형자산 투자액의 절반 정도였지만, 이제는 무형자산 투자가 유형자산 투자보다 두 배 이상 더 많다.

앞서 시장이 주식 가치를 평가하는 방법에 대해 설명하면서 지적했듯, 무형자산 투자는 손익계산서에 비용으로 처리되는 반면 유형자산 투자는 재무상태표에 자산으로 기록된다. 그 결과, 무형자산에 투자가 많은 회사의 이익과 장부가치가 유형자산에 주로 투자하는 회사보다 작아 보이는 현상이 생긴다.

하지만 회사의 가치는 회계상으로 투자를 기록하는 방식과 무관하다. 100만 달러를, 비용으로 처리되는 연구개발에 투자했든 감가상각이 되는 유형자산에 투자했든 상관없이 잉여현금흐름은 동일하다.

둘째, 무형자산의 특성은 유형자산과는 다르다. 경제학자들은 오랫동안 이 사실을 이해하고 있었다. 그러나 사업의 특성이 달라진다고 해서 시장이 가치를 평가하는 방식이 달라지지 않는다.

이것을 좀 더 분명하게 설명하기 위해 사업의 유형을 크게 3가지로 나눠보겠다. 즉, 제조업Physical, 서비스업Service, 지식산업Knowledge이 그것이다. 그리고 각 유형의 특징을 구분하여 설명하고, 기대치를 가장 의미 있게 변화시키는 요소를 찾는 데 도움이 되는 가치 변화 요인을 분석해 보겠다.

이를 통해 예측투자가 어떤 경제 상황economic landscape에 있는 회사라도 잘 적용될 수 있다는 사실을 알 수 있을 것이다.

3가지 사업 유형

이제 각각의 사업 유형에 대해 알아보자. 대부분의 기업 활동들이 한 가지 유형에 한정되지 않고 2~3가지에 걸쳐 있다. 하지만 여기서 사업 유형을 이렇게 구분하는 이유는 현금흐름과 기대치의 변화를 만드는 결정적인 요인들을 규정하기가 쉬워지기 때문이다.

- 제조업 : 제품을 만들어 판매하는 회사는 가치를 창출하는 데 있어 제조시설, 판매시설, 장비, 창고, 재고자산 같은 유형자산이 아주 중요하다. 대표적인 예로는 철강, 자동차, 제지, 화학 등의 산업은 물론 소매, 음식점, 숙박 같은 소비재 섹터도 있다.
- 서비스업 : 서비스 회사는 경쟁우위의 주요한 원천이 사람이며, 일반적으로 일대일로 서비스를 제공한다. 광고회사, 컨설팅 회사, 금융서비스 회사 등이 이 유형에 속한다. 매출이 성장하려면 인원이 증가하고 생산성이 좋아져야 한다. 따라서 이런 유형에

서는 전체 비용 중 인건비가 상당 부분을 차지한다.
- 지식산업 : 역시 사람이 경쟁우위의 핵심 원천이다. 하지만 지식산업은 고객 개인에 맞춰 서비스를 제공하는 대신, 초기 제품을 개발하기 위해 지적 자원을 이용하며, 이후에는 이것을 반복적으로 재생산한다. 소프트웨어, 음악, 제약 관련 회사가 대표적인 예다. 고객의 취향이 바뀌고 혁신이 계속 일어나기 때문에, 지식산업은 지속적으로 기존 제품을 개선하는 한편 신제품을 개발해야 한다.

예측투자의 관점에서 본 기업의 유형별 특성

기본적인 경제 원칙이 모든 유형의 회사들에 적용된다. 하지만 유형별로 서로 다른 특성이 있고, 따라서 기대치가 변화하는 과정도 다를 수 있다.

1. 투자에 대한 트리거와 확장성

제조업이 성장하려면 유형자산이 늘어야 하고, 서비스업이 성장하려면 사람이 늘어야 한다. 다시 말해, 추가 증설에 대한 수요가 재투자의 트리거가 된다. 이런 유형의 사업들은 주기적으로 증설이 필요하기 때문에 비용 증가보다 더 빠른 속도로 매출의 성장을 유지할 수 있는 능력, 즉 확장성scalability이 제한된다. 지식산업은 확장성이 좋은데, 한 번 개발하고 나면 이것을 복제하고 유통하는 비용이 상대적으로 저렴하기 때문이다.

한 가지 예로 나스닥이 있다. 나스닥은 증권거래소를 소유하고 운영한다. 나스닥은 2020년대 중 자체 데이터센터에 있는 증권거래소를 주문형 클라우드로 이전할 계획이다.

2020년 3월 주식 거래량 폭증 기간 중, 데이터 처리 용량 증설을 하기 위해서는 나스닥의 기술 인력이 직접 작업을 해야 했다. 반면 클라우드로 이미 전환한 곳들은 트래픽이 증가해도 어려움이나 혼란이 없었다.

아마존의 웹서비스나 마이크로소프트의 애저Azure 같은 공용 클라우드 제공업체들은 컴퓨터 프로세싱과 웹 저장공간을 기업에 제공하고 있다.

클라우드로의 전환을 논의하면서, 나스닥의 최고정보기술책임자인 브래드 피터슨Brad Peterson은 "클라우드의 진짜 장점은 확장을 하고 새로운 기능을 내놓기 쉽다는 것"이라고 소개했다. 또한 2020년 3월의 상황에 대해, "기존 인프라에 의존하면 증설이 얼마나 어려운지를 보여줬다"[2]고 지적했다.

시장에서 선택되는 지식 기반 제품은 매우 적기 때문에 지식기업이라고 해도 모두 확장이 쉽지만은 않다. 또한 시장이 선택한 제품도 빠르게 구형이 된다. 이처럼 제품의 노후화에 대한 지속적인 위협이 신규 재투자의 트리거가 된다.

1990년대 후반부터 선도적인 인터넷 회사였던 AOL과 야후Yahoo!는 노후화의 대표적인 예이다. 야후의 시가총액은 정점에서 1,200억 달러를 상회했다. 마이크로소프트가 2008년에 450억 달러에 인수 제안을 했을 때 야후는 이를 거절했다. AOL의 시가총액은 2,000억 달러를 상회했다. 2000년에 타임워너Time Warner와의 합병을 발표했을 때 시가총액은 1,650억 달러였다. 이 합병은 기업 역사상 최악의 거래로 평가된다. 통신 공룡 버라이즌Verizon은 2015년에 AOL을, 2017년에는 야후를 각각 50억 달러도 안 되는 돈에 인수했다.

2. 산업 내 경쟁과 배타성

물품과 서비스를 판매하는 사업은 보통 매출이 증가하면서 평균 단가가 내려간다. 하지만 단가가 무한정 낮아지지는 않는다. 게다가 기존 원자재가 희소해지면서 가격이 올라가거나, 규모 즉 관료화로 인한 비효율에 빠지면 단가가 다시 올라간다. 여기에 경쟁까지 더해지면 수익률이 아주 나빠진다.

반면, 지식기업은 원자재의 희소성으로 생기는 한계가 거의 없는데, 이는 생산하는 품목의 성격이 다르기 때문이다. 이 차이는 경합재rival goods와 비경합재nonrival goods의 차이다.[3]

경합재의 경우 누군가 이것을 쓰면 다른 사람은 그것을 쓰지 못하게 된다. 자동차, 펜, 셔츠 등이 그렇다. 지식기업의 품목인 비경합재의 경우 동시에 많은 사람이 사용할 수 있다. 지식기업은 초기 제품개발에는 막대한 비용을 지출하지만, 그 다음에 이것을 복제하고 유통할 때는 비용이 적게 든다. 소프트웨어가 전형적인 예에 속하지만, 레시피recipe 같은 것도 이런 예에 속한다. 생산량은 느는데 이것을 늘리는 비용이 적게 들면 수익률이 높아지는데, 이런 제품들은 더 많이 사용해도 원자재의 희소성에 영향을 받지 않기 때문이다.

배타성excludability은 사용권을 보호할 수 있는 능력인데, 경합재와 비경합재의 또다른 차이점이다.

개인이 소유하는 유형자산은 보통 배타적인데, 소유자가 혜택을 볼 재산권을 가지고 있기 때문이다. 하지만 지식 기반 제품은 전송이나 전파가 쉽기 때문에 보통 배타성이 없다. 따라서 지식 기반 제품은 허가 없이 사용되는 일이 많고, 이를 개발한 회사는 투자에 대한 정당한 보상을 받지 못할 위험이 있다. 예를 들어, 중국의 인터넷 기업가 왕싱Wang Xing은 별명이 '복사기cloner'인데, 소셜네트워크 샤오네이닷컴Xiaonei.com을 만들면서 페이스북을 완전히 따라했다. 그 뒤 그는 트위터Twitter와 그루폰Groupon도 그대로 베꼈다.[4]

지식자산의 배타성은 기술 수준이나 특허와 저작권 등 법률시스템에 의해 결정된다. 노벨경제학상을 받은 경제학자 폴 로머Paul

Romer는 지식자산이 '부분적 배타성partially excludable'을 가질 수 있고, 그래서 회사들이 지식자산에 투자하여 돈을 벌 수 있다고 했다.

3. 공급 측면과 수요 측면에서 본 규모의 경제

공급 측면에서의 규모의 경제는, 제조업체나 서비스 회사의 판매량이 늘면서 기업 활동에 들어가는 비용 단가가 더 낮아질 때 일어난다. 중요한 것은, 일반적으로 공급 측면에서의 규모의 경제는 회사가 시장을 장악하기 훨씬 전에 한계에 도달한다는 점이다. 회사가 성장하면서 조직 규모가 커지고 관료화가 일어나고, 이에 따른 비효율이 생기기 때문이다. 따라서 물품이나 서비스를 판매하는 유형의 회사는 지배적인 시장점유율을 장악하기 힘들다.[5]

지식기업의 경우 규모의 경제는 선순환에 달려 있는데, 강한 회사가 더 강해지고, 약한 회사는 더 약해진다. 규모의 경제는 수요와 공급 양쪽에서 일어나기는 하지만, 주로 공급이 아니라 수요 측면에서 결정된다.

수요 측면에서의 규모의 경제는 더 많은 사람들이 서비스나 제품을 사용하여 그 가치가 커질 때 생긴다. 우버Uber의 승차공유 사업, 왓츠앱What'sApp의 메시지 시스템, 옐프Yelp의 식당 리뷰 등이 좋은 사례다. 지식기업의 선순환은 보통 새로운 회원이 가입하면서 생기는 경우가 많은데, 새로운 가입자에게 서비스를 제공하는 데 드는 비용이 아주 낮기 때문이다. 이런 효과 때문에 승자독식

표 9-1 회사 유형별 주요 특성

	제조업	서비스업	지식산업
경쟁우위 원천	자산	인력	인력
투자 트리거	생산 능력	생산 능력	제품 노후화
확장성	낮음	낮음	높음
제품	경합재	복합적	비경합재
자산 보호	쉬움	어려움	어려움
규모의 경제	공급 측면	공급 측면	수요 측면

의 결과가 생길 수 있다.

〈표 9-1〉은 다양한 사업 유형의 특징들에 대해 요약하여 보여준다. 그러나 같은 유형과 산업에 속해도 회사마다 사업 구조나 주주가치 창출 방법에 대한 청사진이 매우 다를 수 있다. 그 차이는 품질, 기술, 비용우위, 서비스, 가격 정책, 브랜드 인지도, 제휴 관계, 유통 채널 등의 부문에서 어떤 전략적 선택을 하는지에 따라 나타난다. 그리고 이러한 선택들과 사업 유형의 특성들에 따라 '기대치 변화 기본틀'(〈그림 9-1〉)에서 매출, 영업비용, 투자 같은 반응이 일어난다.

기대치 변화를 일으키는 주요 영역

이제 가치 변화 요인의 관점에서 사업 유형들을 다시 살펴보

그림 9-1 기대치 변화 기본틀

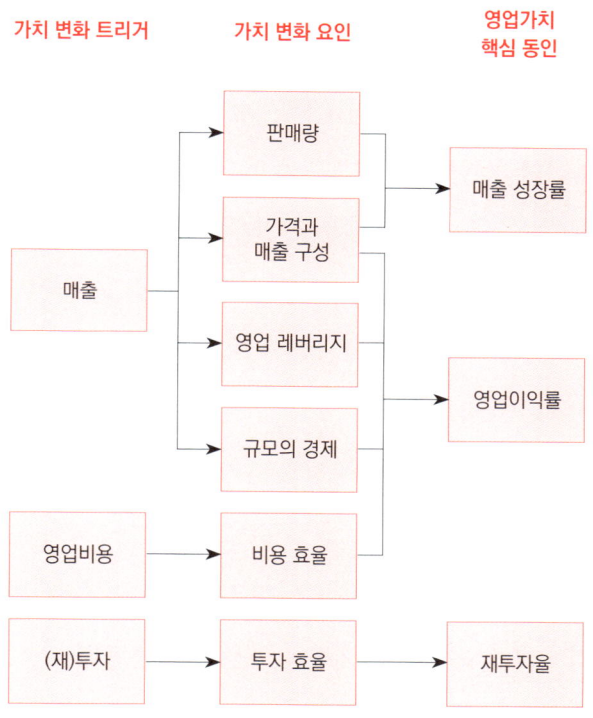

자. 설명을 단순하게 하기 위해 첫째 요인인 '판매량'과 둘째 요인인 '가격과 매출 구성'을 연계해서 살펴보겠다. 여기서 목표는 '기대치 변화 기본틀'이 어떤 사업 유형이든 그 원리를 잘 보여주고, 따라서 이를 통해 투자자가 기대치 변화가 일어날 만한 영역을 좀더 쉽게 찾을 수 있게 되는 것이다.

1. '판매량' 및 '가격과 매출 구성'

물품을 파는 회사는 판매량이 증가하려면 유형자산과 자산 가동 효율이 증가해야 한다. 전통적인 소매체인점을 생각해보자. 신규 점포를 더 열거나 기존 점포를 개선하면, 매출 성장에 대한 기대치도 늘어난다. 판매량 증가와 유형자산은 어느 정도 정비례 관계를 보인다. 일부 소매기업은 사업 구조와 경영 능력이 더 좋아서 경쟁자보다 더 큰 성장을 한다. 하지만 매출 성장을 위해서는 결국 자산 증가가 필요하다.

서비스업종도 비슷하다. 직원 수의 증가와 생산성 증가가 매출 증가를 이끈다. 예를 들어, 증권사는 새로운 인력을 늘려서 이들이 더 많이 매출에 기여하게 함으로써 성장한다. 직원 수의 증가와 매출액은 밀접한 관련이 있다. 제조업종이나 서비스업종의 경우 자산과 인력의 증가 및 생산성 향상이 매출 성장에 대한 기대치의 변화를 불러온다.

그러나 지식산업은 다르다. 지식산업에서는 특히 두 가지 상황이 조성되면 예상치 못한 엄청난 매출 성장이 일어난다.

첫째, 제품이 마이크로소프트 윈도 운영체계처럼 사실상 표준이 되는 것이다. 하나의 표준이 생기면 사용자 간 시스템 호환이 되고, 개발자들은 여기에 맞는 응용 소프트웨어를 개발하게 된다. 따라서 표준이 되려는 전쟁이 종종 벌어지는데, 일단 한 회사가 앞서가기 시작하면 선순환이 일어나면서 결국 시장을 지배한다.

둘째, 제품이나 서비스에 대한 사용자 수가 일정 수준을 넘어 네트워크가 형성되면, 그 때부터는 이 네트워크의 힘으로 성장이 촉진된다.[6] 이런 성장은 네트워크 효과의 직접적인 결과인데, 이는 새로운 회원들이 가입하면서 제품이나 서비스의 가치가 증가할 때 나타난다.[7]

대표적인 예로, 세계 최대의 소셜네트워크 회사인 페이스북이 있다. 페이스북은 사업 초창기에 마이스페이스Myspace, 프렌스터Friendster 등 경쟁자가 많았다. 페이스북은 대표적인 네트워크가 되기 위해 필요한 규모에 도달하려면 사용자 수가 아주 많아야 했다. 그리고 일단 그 정도의 규모에 도달한 순간, 페이스북은 광고주들에게 매력적인 플랫폼이 되었다. 모든 사람들이 페이스북에 있기 때문에 회원과 광고주가 모여들었다. 게다가 신규 회원이 늘어나면 기존 회원은 물론 잠재 회원에게도 더욱 매력적인 곳이 된다.

표준이 되는 지식 제품이나 서비스에 대한 신규 사용자 증가와 매출 증가는 S자 곡선 형태를 보인다. 초기에는 성장이 더디지만, 속도가 점점 빨라지며, 나중에 다시 증가 속도가 둔화된다. 이런 성장 형태는 수요 측면에서의 규모의 경제가 이끌며, 과거는 물론 미래에도 기대치의 변화가 가장 많이 일어날 영역이다. 승자는 시장을 독식하고, 패자는 잠재 고객이 경쟁자에게 몰려가는 것을 지켜보게 된다.[8]

그렇다고 지식기업에 너무 열광할 일은 아니다. 승자독식 시장에서는 승자 하나에 패자가 다수 나온다. 패자들도 승자와 비슷한 투자 비용을 들이지만, 비용을 상쇄할 만큼 충분한 매출을 내지 못한다. 승자와 패자를 구분하는 일은 기회이자 도전이기도 하다.

매출 성장의 요인은 판매량뿐만 아니라, 가격과 매출 구성도 있다. 일부 제조업체 및 서비스 회사들은 가격을 올리거나, 매출 구성을 개선하거나, 또 이 둘 다를 통해 매출과 영업이익률을 올린다. 애플이나 구찌Gucci처럼 소비자가 느끼기에 경쟁자보다 더 가치 있는 것을 판다고 인식되는 회사들은 훨씬 더 비싸게 물건을 팔 수 있다. 이렇게 해서 비용보다 매출을 더 빠르게 늘릴 기회가 생긴다. 나아가 어떤 회사들은 매출 구성을 개선하여 이익률을 높인다. 물론 단순히 가격을 올리거나 매출 구성을 개선해 장기적으로 주주가치를 창출한 회사는 거의 없다. 그렇지만 이러한 가치 변화 요인들이 기대치 변화의 단기적인 요인이 될 수는 있다.

2. 영업 레버리지

어떤 회사라도 제품이나 서비스의 매출이 발생하기 전에 써야 하는 사전 개발 비용이 발생한다. 비용을 처음 투입하고 매출이 발생하기까지의 시간 만큼이나, 사전 개발 비용의 중요성은 업종이나 회사마다 다르다. 사전 개발 비용은 기본적으로 매몰비용이고, 매출이 실제로 발생하고 나서야 이 비용에 대한 레버리지 효과가 생긴다.

특정 제조업은 단기적으로는 전체 생산 능력 중에서 아직 가동되지 않은 부분으로 수요를 따라갈 수 있지만, 본격적으로 수요가 발생해 매출이 일어날 것으로 예상된다면 충분한 설비투자가 선행되어야 한다. 매출액이 증가하고 가동률이 전체 생산 능력에 가까워지면 초기 시설투자 비용이 더 많은 생산 단위로 분산되면서 영업 레버리지 효과가 나타난다. 영업 레버리지 효과로 인해 단위당 평균 생산비용은 낮아지고, 영업이익률이 높아진다.

영업 레버리지의 좋은 예로, 태양광패널 생산이 있다. 태양광패널 생산 비용은 최근 수십 년간 생산 능력이 증가하면서 급감했다. 과학자들은 이런 변화의 원인을 연구하면서, 영업 레버리지의 역할을 다음과 같이 설명했다. "대형 공장에서는 기존 인프라를 활용한 생산량이 종전 대비 크게 증가하면서 개별 제품 한 단위당 생산비용이 크게 하락했다."[9]

대부분의 지식 제품들은 생산 전 연구개발비용이 높지만, 복제와 유통 비용은 상대적으로 낮다. 소프트웨어가 대표적인 예다. 마이크로소프트는 소프트웨어 개발에 매년 수십억 달러를 사용한다. 하지만 개발이 일단 완료되면, 회사가 이것을 업데이트하여 배포하는 데 들어가는 비용은 적다. 이용자가 늘어나면 비용 단가도 낮아지는데, 대부분이 고정비용이기 때문이다.

의약품 개발도 사전 개발 비용이 높은 지식산업의 사례다.[10] 의학 연구자들의 연구에 따르면 의약품 개발부터 미국 식품의약국

(FDA)의 최종 승인까지 들어가는 비용은 14억 달러에서 26억 달러 사이다. 하지만 허가된 의약품에 대한 수요가 늘수록 영업 레버리지도 아주 크다. 첫 번째 알약을 제조하기 위한 비용은 매우 많지만, 20억 번째 알약을 만들기 위해 추가로 필요한 비용은 매우 적다. 이미 초기 시설투자 비용이 많은 생산량에 충분히 나누어졌기 때문이다.

그러나 영업 레버리지가 있다고 해서 영업이익률이 무한정 올라가지는 않는다. 영업 레버리지로 인한 영업이익률 상승은 일시적인 현상이다. 제조업종이나 서비스업종은 수요가 늘면 생산 능력을 늘려야 하고, 지식산업은 노후화를 피하기 위해 신제품을 개발해야 하기 때문이다. 그렇다 해도 영업 레버리지는 여전히 기대치의 변화를 일으키는 주요 영역이 될 수 있다.

3. '규모의 경제'와 '학습곡선'

제조업, 서비스업, 지식산업 모두 매출이 늘면서 비용 단가가 낮아지는 '규모의 경제' 효과가 생길 수 있다. 규모의 경제를 이루는 데 성공한 회사는 영업이익률이 증가하는 효과를 누린다.

대량 구매가 대표적인 예다. 큰 회사들은 원자재나 공급품은 물론 마케팅이나 광고 같은 무형의 서비스 비용까지 대량 구매를 통해 모두 작은 회사보다 더 적게 드는 때가 많다.

오릴리 오토모티브 O'Reilly Automotive는 자동차부품 소매업체로,

2008년 회사 역사상 최대 규모인 CSK 오토$^{CSK\ Auto}$ 인수 후 규모의 경제 효과를 유감없이 보여줬다. 매출이 추가로 40억 달러가 증가하면서 매출총이익률은 2012년 50.1%에서 2019년 53.1%로 늘어났다. 회사는 매출총이익이 증가한 것에 대해 "인수와 함께 주문량이 증가한 점"과 "전 세계에서 경제적으로 가장 유리한 지역에서 부품을 생산하기 위하여 공급업체와 함께 최적의 비용 구조를 찾아 조달한 것"[11]을 꼽았다. 즉, 오릴리 오토모티브는 규모의 경제를 이용해 공급자로부터 최대한 저렴한 가격에 공급을 받았다. 인수 후 약 10년간 오릴리 오토모티브는 동종업계 1위 기업인 오토존^{AutoZone}과의 매출총이익률 격차를 1.4%p에서 0.6%p로 줄였다.

규모의 경제는 회사 운영의 규모가 클수록 여러 활동의 비용을 더 낮출 수 있는 능력을 보여준다. 반면, 학습곡선$^{learning\ curve}$이라는 용어는 경험이 누적되면서 생산 단가를 낮추는 능력을 말한다.

연구자들이 수천 개 제품에 대한 학습곡선을 살펴본 결과, 보통의 기업은 누적 생산량이 2배가 되면 단가를 20% 정도 줄이는 것으로 나타났다.[12] 따라서 학습곡선의 효과로도 영업이익률이 높아진다.

회사는 학습곡선의 효과가 없이도 규모의 경제를 누리기도 하고, 규모의 경제는 없지만 학습곡선의 효과를 통해 비용을 낮출 때도 있다. 하지만 대개의 경우 규모의 경제와 학습곡선은 함께 움직인다.

이 둘의 차이점을 구분하여 이해하면, 과거 실적을 더 잘 파악하고 기대치의 변화를 예상하기도 쉽다. 예를 들어 큰 회사에서 규모의 경제를 통해 비용을 낮췄다면, 나중에 매출이 줄어들 경우에는 비용의 평균 단가는 올라갈 것이다. 그러나 회사가 학습곡선 효과로 비용을 낮췄다면, 매출이 줄어도 비용 단가가 오르지 않을 수 있다.

규모의 경제와 관련해서 범위의 경제economies of scope라는 개념이 지식산업에서 특히 유용하다. '범위의 경제'는 회사가 기업 활동의 종류를 늘리면서 단가가 내려갈 때 나타난다.

대표적인 예로는 연구개발의 파급효과로, 한 프로젝트에서 나온 아이디어가 다른 프로젝트로 이전되어 쓰이는 것이다. 화이자Pfizer는 원래는 고혈압 치료를 위해 실데나필Sildenafil을 개발했지만, 이것이 발기부전에 효과가 있다는 것을 발견하여 블록버스터 약물인 비아그라Viagra가 탄생했다. 보통 연구개발 관련 포트폴리오를 다양하게 증가시키는 회사는 포트폴리오가 커지면서 과거보다 아이디어를 적용할 방법을 더 쉽게 찾을 수 있다.[13]

규모의 경제는 기대치 변화의 중요한 영역이지만, 규모의 경제 효과는 제조업이나 서비스업의 선두 업체를 제외하고는 경쟁으로 인해 사라진다. 게다가 일부 선두 업체들은 규모의 경제 효과가 생기면 가격을 낮춰 매출과 시장점유율을 높인다.

승자독식 시장인 지식산업에서는 '규모'가 아주 중요하다. 최초로 규모의 경제를 누리게 된 회사는 매우 유리한 지위를 차지하게 되는데, 보통은 이때 의미 있는 기대치의 변화가 일어난다.

4. 비용 효율

앞서 살펴본 두 가지 가치 변화 요인, 즉 '영업 레버리지'와 '규모의 경제'는 매출 성장에 달려 있다. 반면, 비용 효율cost efficiencies은 매출과 상관없이 낮출 수 있는 비용에 관한 내용이다.

회사들은 기본적으로 두 가지 방법으로 비용 효율화를 한다. 첫째, 다양한 영업활동에서 비용을 절감하는 방식이다. 즉 똑같은 일을 더 효율적으로 하는 것이다.

예를 들어 다국적 개인용품 기업 킴벌리 클락Kimberly-Clark은 비용 절감을 위해 인력 및 제조 공급망을 조정하는 글로벌 구조조정 프로그램을 실시했다.

킴벌리 클락은 이 구조조정 효과로 연간 세전 5억 달러에서 5억 5,000만 달러를 절감할 수 있을 것이라고 전망한다. 구체적으로는 5,000명에서 5,500명 수준의 감원 및 제조시설 10개소 폐쇄 등이 포함되어 있다. 구조조정을 위한 비용은 세전 17억 달러에서 19억 달러 정도로 예상하며, 이 가운데 퇴직 관련 프로그램에 들어가는 현금 지출이 15억 달러에서 17억 달러를 차지한다.[14]

서비스업종의 회사는 비용 절감을 위해 사람을 기계 같은 인프라로 대체하는 경우가 많다. 한 가지 예는 소매은행으로, 고객이 은행 창구 직원과 업무를 처리하는 시간이 줄어들고, ATM이나 모바일뱅킹 서비스 등 저비용 수단을 이용하는 시간이 늘어나면서 거래당 평균 비용이 확 낮아졌다. 이런 비용 절감은 바로 서비스 가격 인하로 나타나는데, 대부분의 대형 금융기관이 비슷한 움직임을 보이기 때문이다.

그래도 이런 활동을 먼저 하는 회사와 뒤늦게 하는 회사가 있기 때문에 기대치 변화를 예측할 기회가 생긴다. 맨 먼저 움직인 회사는 기술곡선technology curve*에서 앞설 수 있고, 경쟁사보다 더 낮은 비용을 지출하며, 수익성은 더 높다.

지식기업은 주로 인원수를 줄여서 비용을 절감한다. 미디어기술기업 넷플릭스Netflix를 예로 들어보자. 닷컴버블이 터지면서 회사는 재무 상황에 대한 우려가 있었고, 현금을 아끼기 위해 2001년 초 인력의 약 3분의 1을 해고했다. 하지만 이후에도 매출은 계속해서 증가했다. 회사는 비록 인원은 줄었지만 유능한 인력의 비율, 즉 '인재밀도talent density'가 높은 상태가 되었고, 그 덕분에 2002년에는 인당 매출액이 2001년에 비해 1.5배 가까이 증가했

---

* 기술 변화로 인한 우위 곡선.

다.[15]

비용 효율을 달성하는 두 번째 방법은 활동 자체를 재조직하는 것이다. 대표적인 예는 반도체기업인 AMD의 '변화'다.

AMD는 변화를 시도한 2008년 전까지는 마이크로프로세서의 설계와 생산을 모두 자체적으로 했다. 하지만 시간이 지나면서 제조시설을 건설하는 비용이 급격히 증가했고, 수직계열화는 갈수록 부담스러워졌다. AMD는 업계 1위 기업인 인텔Intel에 비해 작았기 때문에 문제가 더 심각했다. 한마디로 '비용과의 싸움'에서 고전 중이었다.

2008년 착수한 프로그램에 따라 AMD는 칩 설계 사업을 생산 사업에서 과감히 분리했다. 수직계열에서 분리된 생산시설은 현재 글로벌 파운드리즈Global Foundries라는 독립 사업체가 되었다. 당시 AMD의 CEO 더크 마이어Dirk Meyer는 "이렇게 하면 우리 회사는 재무적으로 더 탄탄해질 것입니다……여태까지 감당해야 했던 설비투자 부담에서 벗어나기 때문입니다"[16]라고 했다.

자본적지출은 2006년 약 19억 달러에서 2011년 2억 5,000만 달러로 85%나 급격히 감소했다. AMD의 목표는 매출과 관계없는 활동을 재조직해 재무 성과를 개선하는 것이었다.

기대치 변화의 기회는 회사가 기존 활동에서 발생하는 비용을 줄이거나, 활동 자체를 재조직하여 비용을 절감할 때 발생한다. 이런 기회를 찾으려면 가치사슬 분석을 하여 업계와 다른 비용구조를 가진 회사를 찾거나, 가치 창출에 영향을 주지 않으면서도 비용 절감을 정말 잘 하는 회사를 찾아봐야 한다.

비용 효율은 3가지 사업 유형 모두에서 주가에 담긴 기대치(PIE)의 변화가 일어나는 중요한 영역이다. 하지만 비용 효율도 규모의 경제와 마찬가지로 가격 인하나 고객 혜택 같은 경쟁 전략 때문에 그 효과가 줄어든다.

5. 투자 효율

자산을 더욱 효율적으로 배분하는 제조업종의 회사들은 더 높은 주주가치를 얻는다.[17] 어떤 회사가 같은 세후순영업이익을 올리더라도 이를 위한 투자를 더 작게 했을 때 그 회사의 투자 효율이 높다고 한다. 결과적으로 매출이 같더라도 잉여현금흐름이 더 많아진다. 투자 효율이라는 가치 변화 요인은 자본집약적인 사업에서 아주 중요하다.

약국 체인인 월그린스 부츠 얼라이언스Walgreens Boots Alliance는 물류와 재고 보충 체계를 바꾸면서 운전자본의 효율을 개선한 사례다. 재고가 현금흐름으로 전환되는 기간인 현금전환주기Cash Conversion Cycle가 2011년 34일에서 2019년에 3일로 눈에 띄게 짧아졌다. 또한 재고 보유기간은 53일에서 32일로 줄었다. 이처럼 전체적인 운전자본 투자 규모는 줄었지만, 회사의 매출이나 영업이익에는 영향을 주지 않았다.

표 9-2 맥도날드의 점포당 평균 투자비

(단위 : 1,000달러)

	1990년	1991년	1992년	1993년	1994년
토지	433	433	361	328	317
건물	720	608	515	482	483
장비	403	362	361	317	295
합계	1,556	1,403	1,237	1,127	1,095

자료 : 맥도날드

* 미국 내 평균 점포 개설 비용

   매출액 기준으로 세계 최대의 패스트푸드 체인인 맥도날드McDonald's는 고정자본에 대한 투자 효율을 개선하여 가치를 증가시킨 전형적인 사례를 보여준다. 1990년대 초반에 맥도날드는 표준화, 전 세계 차원의 조달, 구매력을 통해 미국 내 점포당 평균 개설 비용을 대폭 줄였다(〈표 9-2〉). 이 역시 점포당 매출이나 영업이익은 줄지 않았다. 이처럼 투자 효율을 개선시키는 것은 현금흐름과 주주가치의 증가로 직결된다.

   제조업종에서는 투자 지출의 형태도 중요한 고려사항이다. 경기민감 산업에 속하면서 매출 성장이 더딘 회사들은 경기 정점에서는 과잉 투자를, 저점에서는 과소 투자를 하는 경향이 있다. 이런 회사들을 분석할 때는 투자 지출을 유심히 봐야 한다. 중대형 트럭 제조사인 파카Paccar는 트럭 시장의 특성상 경기 순환 주기에 맞춰 매우 철저하게 투자를 집행한다. 이 회사는 2007년에서 2009년의 불황기를 포함하여 80년 이상 손실을 낸 적이 없다.

기대치 변화의 기회는 자산 배분 원칙을 바꾸는 회사에 있을 가능성이 높다. 37개 소매기업의 주주가치의 수익률을 이끄는 핵심 동인을 연구한 결과를 보자. 이에 따르면 성장을 가져오기는 하지만 경제적으로 가치에는 도움이 되지 않는 투자를 피하기 위해 점포의 확대를 제한한 회사들이 성장을 고집한 회사들보다 더 높은 수익률을 냈다. 이 연구는 '성장 중독을 치료하는 것'이 주주가치 창출의 핵심이라고 주장한다.[18]

🔍 핵심 포인트

◆ 경제 형태가 달라도 가치 창출의 원천을 이해하는 규칙은 똑같다. 예측투자의 기본 사항만 알면 어떤 회사라도 이해할 수 있다.

◆ 가치 창출의 기본 원리는 똑같지만, 제품을 만들어 파는지, 서비스를 제공하는지, 지식산업인지에 따라 각각의 특성이 있다.

◆ 사업 유형을 '가치 변화 요인'의 관점에서 이해하면 기대치의 변화를 예상하는 것이 쉬워진다.

Reading Stock Prices for Better Returns

insight

Most investors recognize that the stock valuation for ju...
their buy and sell decisions are based on expectations for a c...
pany's future financial performance. Likewise, corporate ex...
tives consistently look for ways to operating profit,
the capital needs of their firms for the next three or more ye...
investors look for the executives who expect is inv...
ing will be a systematic and best way to gauge market ex...
ations to the of the market.

This book brings the power of expectations investing to p...
olio managers, security analysts, investment advisors, indivi...
investors, and business students. Expectations investing has
generated substantial interest in the corporate community.
As investors embrace expectations investing, in...
ment decisions, corporate executives can employ approac...
elect appropriate options to make advantage of matches
expectations...

Chapter the for expectations investing explo...
why traditional analysis with its focus on short-term earnings

3부

• 10장 • 11장 • 12장 •

기업이 보내는 투자 신호와 기회 포착

Reading Corporate Signals and Sources of Opportunities

10 '인수합병의 파급력' 읽는 법

인수합병(M&A)은 기업 지형에서 아주 중요한 부분이다. 경영진은 경쟁 지위를 높일 수 있다는 기대감에 시가총액의 상당한 부분을 차지하는 금액을 거는 위험을 감수하곤 한다. 일반적인 자본 투자와 달리 인수합병은 순식간에 일어나며, 회사의 경영 전략 및 재무 상황을 하루아침에 뒤바꿔놓기도 한다.

인수합병은 다음과 같은 몇 가지 이유에서 투자자에게 중요하다.

첫째, 인수합병 활동은 파급력이 아주 크기 때문에 조만간 대부분의 주식 포트폴리오에 상당한 영향을 끼친다. 2020년 기준으로 과거 25년간을 봤을 때 전 세계의 연간 인수합병 규모는 전체 시가총액의 평균 6%였다.

둘째, 인수합병만큼 빠르고 크게 주가에 영향을 미치는 기업 공시는 거의 없다.

셋째, 인수합병은 인수기업이나 피인수기업의 주주들은 물론이고, 다른 투자자에게도 매수 또는 매도의 기회를 준다.

이번 장에서는 인수합병이 투자자에게 주는 기회와 위험에 대해 살펴본다. 우선 인수회사가 인수를 통해 어떻게 가치를 창출하는지와 시너지 효과에 대한 평가를 통해 핵심적인 주제들을 다룰 것이다. 다음으로는 예측투자자가 인수합병 발표 후에 수행해야 할 적절한 분석 과정을 소개한다. 그 분석 과정에는 인수합병의 잠재 가치 평가하기, 경영진이 주는 신호 읽기, 주식시장의 초기 반응 예상하기, 초기 반응 이후 분석을 갱신하기 등이 포함된다.

인수회사가 가치를 늘리는 방법

투자자, 투자은행 담당자, 기업, 경제매체 등이 인수합병을 평가할 때 가장 많이 사용하는 방식은 주당순이익(EPS)에 당장 미치는 영향이다.[1] 즉, 주당순이익이 늘면 긍정적으로, 줄면 부정적으로 보는 것이다.

하지만 이것은 허구일 뿐, 실상은 다르다. 〈그림 10-1〉은 2015년과 2016년 완료된 95건의 인수합병을 분석한 결과다. 그림의 각 열은 경영진이 발표 당시 예상한, 인수합병 후 주당순이익 증

그림 10-1 인수합병 관련 주당순이익 영향과 주가 변화

예상 주당순이익(EPS) 영향

		감소	중립	증가
투자자 반응	주가 하락	4	2	**45**
	중립	3	0	15
	주가 상승	3	1	22

자료 : 「To Buy or Not to Buy」, 마이클 모부신, 댄 칼라한, 다리우스 마즈드, 2017.

가 혹은 감소 여부에 따른 분류다. 오른쪽 열, 즉 경영진이 주당순이익 증가를 예상한 경우는 전체의 86%(=82건÷95건)에 달한다.

그림에서 행은 누적 비정상수익률 abnormal return 인데, 이는 인수합병이 발표된 날 투자자가 매수한 주식의 총주주수익률과 기대수익률과의 차이이다. '중립' 반응은 주가가 1%p 이내의 변동을 보였다는 의미이다.

맨 윗줄과 중간줄을 보면, 인수합병 건의 약 4분의 3은 주주가치가 하락하거나 변화가 없었다는 것을 알 수 있다. 맨 아랫줄에서 보듯이, 인수합병 건의 4분의 1 정도만 주주가치 상승이 예상

되어 주가가 상승했다. 또한 인수합병 건의 거의 절반 정도(45건)는 주당순이익을 늘릴 것으로 기대되었지만, 주가는 오히려 하락했다.

인수합병이 주당순이익에 미치는 영향에 집중하는 일은 시야가 좁은 접근인 데다, 단순하지만 그만큼 위험하기도 하다. 앞서 1장에서 순이익에 관한 여러 문제점들을 살펴봤는데, 인수합병의 경우는 상황이 더 심각하기 때문이다. 인수합병 이후 두 회사의 경영은 전혀 개선되지 않는 상태에서 주당순이익만 증가할 수도 있다. 심지어 인수합병의 '셈법'으로는 합병회사의 이익 총합이 인수합병 전보다 감소해도, 인수회사의 주당순이익은 더 증가하는 일도 생긴다.

이렇게 명백한 모순이 일어날 때는, 인수회사의 PER이 피인수회사보다 높은 상태에서 주식을 통한 자금 조달 방식으로 피인수회사를 살 때다. 이런 경우 주당순이익은 올라가지만, 가치 창출과는 아무 관련이 없다.

어떻게 이런 일이 일어날 수 있는지에 대해 알아보기 위해 가상의 회사들인 '인수(주)'와 '피인수(주)'의 인수합병 거래가 있다고 하자. 합병 전 피인수(주)는 주식 수가 4,000만 주, 주가는 70달러, 시가총액은 28억 달러이다. 인수(주)는 주식 수 5,000만 주, 주가는 100달러, 시가총액은 50억 달러이다. 인수(주)는 피인수(주)의 주식 한 주당 자사의 신규 발행주식 한 주와 교환하자고 제안했다. 피인수(주)의 주가 70달러와 인수(주)의 주가 100달러를 고려하면 주당 30달러의 프리미엄을 얹어주기로 한 셈이다. 합병 후, 총 상장주식은 기존 인수(주)의 5,000만 주에 새로 발행해 피인수(주)의 주주에게 줄 4,000만 주를 합쳐서 총 9,000만 주가 된다. 만약 합병 시너지가 전혀 없다고 가정하면, 합병회사의 총 순이익은 단순히 합병 전 두 회사의 순이익을 합친 것에 불과할 것이다.

	인수(주)	피인수(주)	합병회사
주당 가격 (달러)	100	100*	
주당순이익 (달러)	4.00	10.00	6.67
PER (배)	25	10	
주식 수 (100만 주)	50	40	90
총 순이익 (100만 달러)	200	400	600

* 제시 가격

인수(주)는 현재 주당순이익이 4달러이다. 하지만 새로 발행하는 주식은 주당순이익이 10달러이기 때문에, 합병 후 주당순이익은 4달러에서 6.67달러로 증가한다(총 순이익 6억 달러를 총 주식 9,000만 주로 나눈 값). 이는 단지 인수(주)의 PER이 피인수(주)의 PER보다 꽤 높기 때문이다. 상황을 바꿔 만약 피인수(주)가 인수(주)를 인수했다면, PER이 낮기 때문에 주당순이익이 감소하게 된다.

그러니까 어떤 경우든 주당순이익의 변화는 인수합병이 가치를 증가시킬지 아닐지를 결코 알려주지 않는다.

인수회사가 인수합병에서 가치를 창출하는 경우는 자본비용보다 투자 수익률이 더 높을 때이다.

인수회사가 창출하게 될 주주가치를 계산하려면, 인수를 통한 시너지의 현재가치를 추정하고, 거기서 인수에 드는 프리미엄을 빼면 된다. 프리미엄은 피인수회사가 단독으로 존재할 때의 가치를 초과하는 금액으로, 인수회사가 지불하겠다고 제안한 금액이다. 시너지는 두 회사가 합쳐졌을 때 추가로 나오는 현금흐름을 통해 창출되는 가치이다.

아래처럼 공식은 간단하지만, 실제로 시너지를 내도록 만드는 일은 간단치 않다.[2]

[공식 10-1]

　　인수합병을 통한 가치의 변동 = 시너지의 현재가치 − 인수 프리미엄

인수회사가 피인수회사의 가치에 프리미엄을 얹어주는 이유는, 인수합병을 통해 프리미엄을 초과하는 시너지를 낼 수 있다고 생각하기 때문이다. 인수합병 거래가 발표되면 프리미엄 액수도 알 수 있기 때문에, 가치를 증가시킬 만큼 시너지가 충분한지 검토할 필요가 있다.[3] 그리고 예측투자 프로세스를 통해 시너지 효과도 평가할 수 있다.

거의 모든 회사들이 인수합병을 발표할 때는 어디서 얼마만큼의 시너지가 발생할 것으로 예상되는지를 구체적으로 제시한다. 인수합병 건이 가치를 증가시킬 수 있을지를 평가하려면 경영진이 제시한 세후 시너지 수치를 자본비용으로 자산화해서 나온 금액을 프리미엄과 비교하면 된다.

예를 들어, 세전 1억 달러 절감이 예상되고, 세율이 20%, 그리고 자본비용이 8%라면, 세후 시너지를 자산화한 금액은 10억 달러[={1억 달러×(1-20%)}÷8%]이다. 만약, 지불하는 프리미엄이 10억 달러를 넘지 않으면 인수회사가 주주가치를 증가시킬 것으로 기대할 수 있다는 뜻이다. 그러나 프리미엄이 10억 달러를 넘으면 인수합병으로 주주가치가 훼손될 수 있다는 뜻이다.

시너지 효과 평가하기

어떤 시너지가 예상대로 실현 가능하다고 판단할 방법은 몇 가지가 있다.

첫째, 경영진부터 살펴보자. 경영진의 추정치를 얼마나 믿어야 할지는 대개 경영진의 신뢰도에 달려 있다. 보통은 경영진이 제시하는 시너지에 대한 추정치가 프리미엄을 상쇄할 만큼 충분하지 않은 경우가 많다. 예를 들어, 2008년 7월 다우 케미컬Dow

Chemical(현재 다우Dow, Inc.)은 롬 앤 하스Rohm and Haas를 74%의 높은 프리미엄에 인수하기로 합의했다. 회사가 제시한 수치를 기준으로, 시너지를 자산화한 금액이 프리미엄보다 작았다. 경영진의 발표가 나오자마자 주가는 4% 급락했는데, 이러한 결과는 쉽게 예상할 수 있었다.[4]

둘째, 연구 결과에 따르면 경영진이 매출 시너지보다 비용 시너지를 달성하는 것이 훨씬 더 믿을 만한 것으로 나타났다. 한 연구에 따르면, 3분의 1 이상의 기업이 예상했던 대로 비용 시너지를 달성하는 반면, 계획했던 매출 시너지를 달성하는 기업의 수는 6분의 1도 되지 않았다. 이 결과에서 알 수 있듯이 매출 시너지에 대해서는 회의적으로 접근해야 한다.[5]

셋째, 시너지를 평가하는 방법으로 이 책 3장의 '기대치 변화 기본틀'과 4장의 경쟁 전략 분석틀을 사용하는 것이다. '기대치 변화 기본틀'은 시너지를 평가하기에 이상적인 도구다. 가치 변화 트리거에서 가치 핵심 동인으로 넘어가는 과정에서 다음과 같은 논리적인 질문이 생기게 될 것이다.

매출
- 인수합병을 통해 제품군, 유통망, 혹은 영업지역이 확장되는가?
- 합병회사가 기존에 완료된 투자로부터 더 큰 영업 레버리지를 달성할 수 있는가?

- 합병회사가 원자재 조달이나 마케팅 같은 부문에서 규모의 경제를 달성할 기회가 있는가?

비용
- 경영진은 판매, 회계, 법률 준수, 행정 등의 부문에서 불필요한 활동을 줄일 수 있는가?

투자
- 인수합병을 통해 자산을 재배분할 기회가 생기거나, 자산 관리 측면에서 장기적으로 투자를 더 줄일 만한 명확한 요인이 생기는가?

인수합병으로 이처럼 잠재적인 경영 시너지가 날 수도 있고, 이 외에도 세금과 자금 조달 비용이 더 많이 감소할 수도 있다. 그러나 인수회사는 모두 가장 좋은 전망을 하면서 인수합병을 추진하지만, 실제로 시너지를 내는 일은 결코 쉽지 않은 일이다(뒤에 나오는 〈좀 더 알아보기 : 인수합병에 시장이 회의적인 이유〉 참고).

인수합병 발표 후 할 일 5가지

인수합병 계획이 발표되면 다음과 같은 질문에 답해봐야 한다.

1. 인수합병이 인수회사와 피인수회사의 주주들에게 경제적으로 중요한 영향을 주는가?
2. 인수합병의 이유가 새로운 기회 때문인가, 경영상의 이유인가, 일시적인 상황 때문인가, 큰 변화를 위해서인가?
3. 인수회사가 현금 대신 주식을 통한 인수 방식을 선택해서 모종의 신호를 주는가?
4. 주식시장의 초기 반응은 어떨 것 같은가?
5. 시장의 초기 반응 이후부터 인수합병 완료 전까지 어떤 방식으로 분석을 갱신해야 할까?

이 질문들에 답할 수 있으면, 인수합병 발표로 인해 생기는 기대치 변화의 기회를 포착하는 데 도움이 될 것이다.

이제 그 답들을 차례대로 찾아보자.

인수합병의 가치 평가하기

일단 회사가 주요한 인수합병을 발표하면 양사의 주주와 다른 관심 있는 투자자들 모두 이 인수합병의 가치가 얼마인지를 평가해야 한다.[6] 투자자들이 시너지를 확실하게 평가할 만큼 정보가 충분치 않더라도, 프리미엄에 반영된 시너지 기대치가 나타나지 않았을 때 양사의 주주들에게 미칠 영향(위험)은 살펴볼 수 있다.

알프레드 래퍼포트Alfred Rappaport와 마크 서로워Mark L. Sirower는 이런 위험을 측정할 두 가지의 단순한 도구를 제시한다. 하나는 인수회사 주주에게 해당되고, 나머지 하나는 피인수회사 주주에게 해당된다.[7]

첫 번째 도구는 주주가치 최대손실Shareholder Value at Risk, SVAR이다. 이것은 인수자가 목표로 하는 시너지를 실현하지 못했을 때의 '위험'을 평가하는 데 있어 유용하다. 이 방식은 인수합병 후에 시너지가 없을 때, 인수회사의 가치 중 몇 퍼센트가 위험에 처해지는지를 직관적으로 보여준다.

현금 인수 시의 SVAR은 프리미엄을 합병 발표 전 인수회사의 시장가치로 나누면 된다. 간단하게 생각해보자. 시너지가 없다면, 인수자가 내는 프리미엄은 인수회사 주주에게서 피인수회사 주주로의 직접적인 부의 이전이 된다. 지불하기로 한 프리미엄이 클수록, 인수회사는 자사의 주주들에게 더 큰 위험을 안겨준다.

또한 '인수회사의 시장가치 대비 피인수회사의 시장가치'와 '프리미엄'을 곱해서 SVAR을 계산할 수도 있다(〈표 10-1〉). 인수회사가 피인수회사에 주는 프리미엄의 비율이 클수록, 그리고 피인수회사의 시장가치가 인수회사의 시장가치에 근접할수록 SVAR이 크다. 물론 인수회사는 프리미엄보다 더 큰 손실을 볼 수도 있다. 이 경우 SVAR은 위험을 과소평가한 것이다.

표 10-1 전액 현금 인수 시 주주가치 최대손실(SVAR)

		인수회사 대비 피인수회사의 시장가치 비율			
		0.25	0.50	0.75	1.00
프리미엄	20%	5.0%	10.0%	15.0%	20.0%
	30%	7.5%	15.0%	22.5%	30.0%
	40%	10.0%	20.0%	30.0%	40.0%
	50%	12.5%	25.0%	37.5%	50.0%
	60%	15.0%	30.0%	45.0%	60.0%

자료 : 『주주가치 창출(Creating Shareholder Value)』, 알프레드 레퍼포트, 1998.

앞에서 살펴본 가상의 인수합병 건에 SVAR을 적용해보자. 인수(주)는 40억 달러(=주당 100달러×4,000만 주)를 피인수(주)에 지불하는 제안을 했다. 프리미엄은 12억 달러(=40억 달러-28억 달러)이다. 인수(주)의 시가총액은 50억 달러(=주당 100달러×5,000만 주)이다. 모두 현금을 지급하는 인수합병이라면 인수(주)의 SVAR은 12억 달러를 50억 달러로 나눈, 24%이다. 따라서 시너지가 실현되지 않는다면 인수(주)의 주식은 24% 하락할 위험이 있다.

하지만 인수(주)가 현금 대신에 주식으로 인수대금을 지급한다면 인수(주)의 SVAR은 낮아진다. 위험의 일부를 피인수회사의 주주에게 전가시키기 때문이다.

주식으로 대금 지급 시 인수(주)의 SVAR을 계산하려면, 분자의 프리미엄은 그대로 두되, 분모를 합병한 회사의 시가총액으로 변경해서 나눈다. 이 경우 프리미엄 12억 달러를 90억 달러(=50

억 달러+40억 달러)로 나누면 주식을 통한 인수합병 시의 SVAR은 13.3%가 나온다.

다른 방식으로는 인수(주)의 주주들이 합병회사의 몇 퍼센트를 소유하게 될지를 구하고, 여기에 전액 현금 인수 시의 SVAR인 24%를 곱해도 결과는 같다. 즉, 55.6%[=50억 달러÷(50억 달러+40억 달러)] 곱하기 24%이며, 결과는 13.3%가 동일하게 나온다.

SVAR의 크기가 항상 명확하지는 않은데 이는 거래 구조가 다양한데다, 일반적으로 인수합병 발표 시 프리미엄의 규모나 양 주체의 시장가치보다는 단지 주가만을 기준으로 제시되기 때문이다.

하지만 SVAR이 상대적으로 작은 편이면 인수회사에 큰 영향이 없다는 것을 알 수 있다. 반대로, SVAR이 크다면 인수합병의 영향에 대해서 꼼꼼하게 분석해야 한다.

두 번째 도구는 SVAR의 변형으로, 프리미엄 최대손실premium at risk이다. 이것은 시너지 효과가 없을 때 피인수회사의 주주가 입을 수 있는 위험을 계산하는 데 사용된다.

인수회사가 정해진 수량만큼의 주식을 발행하여 매각대금을 지급할 경우, 피인수회사에는 프리미엄 중 몇 퍼센트를 잃을 위험이 있는지를 알면 된다. 답은 피인수회사가 갖게 될 합병회사의 지분율이다. 앞선 예에서 피인수(주) 주주의 프리미엄 최대손실은 44.4%[=40억 달러÷(50억 달러+40억 달러)]이다.

표 10-2 주주가치 최대손실과 프리미엄 최대손실

인수회사	매각회사	프리미엄 (%)	인수회사 대비 매각회사 시가총액	현금 SVAR (%)	인수회사의 지분율 (%)	주식 SVAR (%)	매각회사의 프리미엄 최대손실 (%)
BB&T	선트러스트	6	0.71	4	57	3	43
S&P 글로벌	IHS 마킷	5	0.45	2	68	1	32
세일즈포스닷컴	태블로 소프트웨어	42	0.08	4	89	3	11
애널로그 디바이시스	맥심 인터그레이티드	22	0.37	8	69	6	31
AMD	자일링스	35	0.39	10	71	7	28

* 2019년과 2020년의 주식을 통한 인수합병 기준.

시너지 효과가 없을 경우, 피인수(주) 주주는 매각대금 40억 달러에서 프리미엄 최대손실인 5.33억 달러(12억 달러의 44.4%)를 뺀 34.67억 달러를 받는 것과 같다. 시너지가 없는 시나리오에서, 피인수(주)는 인수합병 발표 시의 주당 100달러가 아닌 주당 86.67달러(=34.67억 달러÷4,000만 주)를 받는 셈이 된다.

이런 방식의 프리미엄 최대손실 계산은 다소 보수적인데, 독자적인 회사의 가치는 안전하고, 단지 인수 프리미엄만 위험하다고 가정하기 때문이다. 〈표 10-2〉는 2019년과 2020년에 발생한 일부 인수합병 건 가운데 SVAR과 프리미엄 최대손실을 보여준다.

프리미엄 최대손실을 계산해보면, 피인수회사의 주주 입장에서 왜 고정 가치 지급fixed-value offer이 고정 주식 지급fixed-share offer보다 매력적인지를 알게 된다. 고정 가치 지급 방식의 경우, 설령

인수합병 전에 인수(주)의 주가가 전체 프리미엄 액수만큼 하락하더라도, 피인수(주) 주주는 단순히 주식을 추가로 더 받으면 그만이다. 인수(주)가 피인수(주)의 프리미엄 최대손실을 모두 떠안기 때문에, 거래 완료 시 피인수(주)의 가격에는 시너지 기대가 전혀 반영되지 않는다. 피인수(주) 주주는 위험이 더 줄어든 주식을 더 많이 받게 되는 것이다.

이와 달리 고정 주식 지급 방식의 경우, 피인수(주)의 주주들은 발표일 이후 인수(주)의 주가 하락 시 배정받을 주식에 비례해서 손실을 그대로 입게 된다.

인수합병의 유형별 성공 확률

인수합병 관련 재무학 전문가 피터 클락Peter Clark과 로저 밀스Roger Mills는 그들이 찾아낸 인수합병의 4가지 유형에 따라 성공 확률이 다르다는 사실을 발견했다.

첫째, 우발적인 인수합병opportunistic deals은 약한 경쟁자가 강한 경쟁자에게 매각되는 경우로, 90% 정도 성공한다.

둘째, 경영상의 인수합병operational deals은 인수회사와 피인수회사의 경영 방식이 비슷한 경우로, 역시 평균 이상의 성공 확률을 보인다.

셋째, 과도기적인 인수합병transitional deals은 시장점유율을 늘리기 위한 경우로, 성공 확률이 아주 크게 차이가 난다. 이는 일반적으로 인수회사가 프리미엄을 상당히 많이 지불해야 하기 때문이다.

넷째, 변신을 위한 인수합병transformational deals은 인수회사가 갑자기 전혀 다른 산업으로 진출하려는 것인데, 성공 확률이 매우 낮다.[8]

경영진이 보내는 신호 읽기

인수회사가 현금이나 주식 중 어떤 방식으로 지불해서 인수하는지는 투자자에게 강력한 신호가 된다.

SVAR 분석에서 봤듯, 현금 인수의 경우 인수회사 주주들은 위험과 보상을 모두 짊어진다. 따라서 시너지가 실현되지 않으면 인수회사 주주들만 손해를 본다. 반대로 시너지 효과가 프리미엄보다 크면, 여기서 생기는 이익은 모두 인수회사의 주주 몫이다.

이에 반해 주식으로 인수할 경우 인수회사와 피인수회사가 위험과 보상을 공유하게 된다.

현금으로 인수할지 주식으로 인수할지에 대한 결정은 인수회사가 시너지를 내지 못할 위험에 대해 생각하는 바를 보여주는 신호다. 시너지 효과를 낼 자신 있는 인수회사는 현금으로 인수를 해서 합병으로 인한 이익을 피인수회사 주주들과 나누지 않으려고 할 것이다. 하지만 인수회사의 경영진이 충분한 시너지 효과를 내는 데 의구심을 갖는다면 주식으로 인수를 해서 위험을 분산할 것이다. 주식을 통해 인수하면 지분이 희석되기 때문에 인수회사 주주의 손실이 줄어든다.

그러나 경영진이 회사가 저평가되어 있다고 믿는다면, 인수를 할 때 주식을 새로 발행하면 안 된다. 기존 주주들에게 불리하기 때문이다. 연구에 따르면, 회사가 주식을 발행하여 인수하는 일은 회사의 장기적인 전망에 대해 알고 있는 경영진이 주가가 고평가되어 있다고 생각한다는 신호이다. 가령 자기 회사 주식이 너무 저평가되어 있다고 공개적으로 말하고 다니는 CEO가 있다면, 현금을 사용해서 인수합병의 대금을 지불하는 것이 맞다. 그런데도 오히려 그 낮은 주가에 주식을 대량으로 발행해서 대금을 지불하는 황당한 경우도 있다. 아무튼 결론은, 시장은 주식 거래보다 현금 거래에 더 긍정적인 반응을 보인다는 것이다.[9]

주식을 통한 인수는 예측투자와 관련하여 두 가지 신호를 준다. 즉, 인수회사의 경영진이 인수에 대한 확신이 부족하다는 점과 주식은 고평가되어 있다라는 점이다.[10] 원칙상, 회사가 인수 후 성과를 낼 자신이 있고 주식이 저평가되어 있다고 생각한다면 항상 현금으로 인수를 해야 마땅하다. 현금으로 인수를 하면 인수회사는 자기 회사가 싸게 거래되고 있다고 생각하는 저평가 문제뿐만 아니라, 피인수회사가 인수회사의 실제 가치에 대해 갖는 의구심까지 말끔하게 해결된다.

하지만 무엇으로 인수할지 결정하는 것이 언제나 간단한 일만은 아니다. 예를 들어, 현금 거래를 위해 필요한 현금이나 부채 조달 능력이 부족할 경우가 있다. 이 경우, 경영진은 저평가된 주식을 더 발행하는 추가 비용에도 불구하고 인수를 통해 가치를 창출할 수 있다고 믿을 수 있다. 그렇지 않으면 피인수회사가 세금 문제 때문에 현금 대신 주식을 선호할 수도 있다. 따라서 인수 형태만 보고 인수회사의 전망을 보여주는 분명한 신호라고 판단해서는 안 된다.

주식을 통해 인수합병된 회사의 주식을 갖고 있다면, 합병회사의 공동운명체가 된다. 따라서 인수회사의 주주와 마찬가지로 시너지를 실현하는 것에 큰 관심을 갖게 된다. 만약 기대한 시너지가 실현되지 않거나 인수 후 다른 좋지 않은 상황들이 생기면, 인수회사가 준 프리미엄의 상당 부분을 잃을 수도 있다.

피인수회사의 주주들은 주식교환 당시 발표된 가치가 합병을 전후하여 실현할 수 있는 가치라고 가정하면 안 된다. 일찍 팔면 위험에 노출되는 것을 막아준다. 하지만 여기에도 비용이 따르는데, 인수합병이 완료되지 않을 가능성을 반영해서 일반적으로 피인수회사의 주가는 보통 제안 가격보다 낮게 거래되기 때문이다.[11] 물론, 합병 완료일까지 기다렸다가 합병회사의 주식을 팔려고 하는 주주들도, 미래에 주식 가격이 얼마가 될지 지금 당장 알수는 없다. 지금 팔면 제값을 못 받을 위험이 있고, 나중에 팔면 중간에 돈을 잃을 위험이 있는 셈이다.

시장의 초기 반응 예상하기

인수합병에 따른 가치의 변화를 계산해주는 기본 공식([공식 10-1])과 인수 자금 조달 방식이 인수회사와 피인수회사에 주는 영향을 알면 인수합병 발표에 대한 주식시장의 초기 반응을 예상할 수 있다.[12]

시작은 인수합병에 따른 가치 창출 공식([공식 10-1])으로부터 하자. 시너지의 현재가치를 추정하고 인수 프리미엄을 계산한다. 시너지를 평가할 때는 경영진이 제시한 수치를 참고하자.

일단 합병 발표 이후 주식이 거래되면, 인수회사의 시장가치 변동 금액과 프리미엄을 간단히 더해서 나온 값을 통해 시장이 기대하는 시너지를 유추해볼 수 있다([공식 10-1] 변형. 시너지의 현재가치=가치의 변동 금액+프리미엄). 그런 다음, 시장이 기대하는 시너지가 타당한지 판단할 수 있게 된다. 만약 투자자 입장에서 시장이 시너지를 과대평가하거나 과소평가하고 있다고 생각된다면 투자 기회를 잡을 수 있다.

인수 거래 방식별 분석

인수합병 평가의 마지막 과정은, 인수합병 발표 이후 시장의 초기 반응이 확인된 다음에 분석을 갱신하는 일이다. 이렇게 분석을 새롭게 다시 하면, 주식 거래 방식과 현금 거래 방식에 따른 인수회사와 피인수회사 주식에 대한 발표 이후의 매력도를 판단할 수 있다.

현금 인수cash offer : 현금을 지급하는 인수 시 인수회사의 주가가 변하는 것의 의미부터 살펴보자. 인수합병 발표 직후 인수(주)의 주가가 10%(주당 100달러에서 90달러로) 하락했다고 가정해보자. 인수(주)의 주주들은 이 하락으로 인해 SVAR의 일부를 떠안았다. 이것은 매몰비용이다. 주주와 다른 투자자들이 중요하게 고려해야 할 일은 이제 어떻게 대처할 것인지이다. 발표 전의 SVAR을 업데이트한 공식을 사용하여, 현재의 SVAR을 계산할 수 있다.

[공식 10-2]
 현재 SVAR = (프리미엄 + 발표 후 시가총액 변화) ÷ 발표 후 시가총액

위 공식에 숫자를 넣어보면,

(12억 달러－5억 달러)÷45억 달러=15.6%

분자는 원래의 프리미엄과 인수(주)의 시가총액 변동 금액을 더한 값으로 발표 후 주가에 내재된 시너지의 가치이다. 이 경우 분자는 프리미엄 12억 달러에서 시가총액 감소분 5억 달러(=주가 하락 10달러×5,000만 주)를 뺀 7억 달러가 되며, 이는 인수(주)의 기존 주주 및 현재 가격에 인수(주) 주식을 사는 투자자들이 안고 있는 시너지 위험이다.

또한 인수(주)의 시가총액은 5억 달러가 감소하여, 분모인 발표 후 시가총액은 45억 달러가 된다. 현재 SVAR 15.6%는 발표 당시의 SVAR 24%보다 낮다. 이는 인수(주)의 주주들이 이미 5억 달러의 하락 위험을 떠안았기 때문이다. 결과적으로, 현재 SVAR은 기존 주주와 현재 주가에 주식을 산 투자자에게 존재하는 시너지 위험이 얼마인지를 보여준다. 마찬가지로, 인수합병 발표 시 반응이 좋다면 SVAR이 올라가는데, 기존 및 신규 주주들에게는 위험이 더 커진다는 의미이다.

한편, 현금을 통한 인수 시 매도자는 시너지 위험이 없다고 가정한다. 인수회사의 주주가 모든 위험을 진다고 가정하기 때문이다. 물론 매도자는 자금 조달이나 규제 당국의 개입 등 다양한 이유로 인수가 무산될 위험을 부담한다.

고정 주식 인수fixed-share offer : 앞서 주식으로 인수할 때의 SVAR은 현금으로 인수할 때의 SVAR 24%에 인수 후 인수(주)의 지분율인 55.6%를 곱한 13.3%라는 점을 확인하였다. 발표 당시 인수(주)의 주가가 100달러에서 90달러로 떨어졌다고 다시 한 번 가정하자. 현금 인수 때와 마찬가지로, 인수(주)의 주주들은 주가 하락으로 인해 이미 시너지 위험의 일부를 떠안았다. 따라서 발표 후 SVAR은 8.6%로 떨어지는데, 이는 현금 인수 시의 발표 후 SVAR 15.6%에 합병 후 인수(주) 주주의 지분율 55.6%를 곱한 값이다.

합병회사의 44.4%를 소유하게 될 피인수회사의 주주는 인수(주)의 주가 하락분 중 동일한 비율인 44.4%만큼을 떠안는다. 인수(주)의 현재 주가 기준, 12억 달러의 프리미엄 중 7억 달러, 즉 58.3%만이 위험으로 남게 된다. 이 58.3%에 합병회사 지분 중 피인수(주) 주주 몫 44.4%를 곱하면 프리미엄의 최대 위험은 약 26%가 된다. 피인수회사 주주는 이미 손해를 본 프리미엄 손실 외에 이 26%의 프리미엄 위험을 감수할 것인지 결정해야 한다.

고정 가치 인수fixed-value offer : 같은 조건으로 고정 가치 인수의 경우도 생각해보자. 만약 인수(주)의 현재 주가인 90달러가 합병 종료 시 주가라면, 회사는 피인수회사에 고정 가치 40억 달러를 제공하기 위해 4,000만 주가 아니라 4,440만 주를 발행해야 한다. 따라서 인수(주)의 주주들은 합병회사의 지분을 53%만 갖게 된다. 인수(주)의 주주들이 인수합병 발표 후 주가 10% 하락 위험을 모두 떠안기 때문에, 발표 후의 SVAR는 약 8.2%로 내려가는데, 이는 현금 인수 발표 후 SVAR 15.6%에 합병회사 지분율 53%를 곱해서 구한 것이다.

고정 가치 인수의 경우, 피인수회사 주주들은 인수 완료 전까지 주가 변화로 인한 위험을 떠안지 않는다. 사실, 인수(주) 주가가 더 많이 내려갈수록, 피인수회사 주주들에게는 인수 종료 후 시너지 위험이 더 줄어든다. 인수(주)의 주가가 100달러에서 90달러로 10% 내려가면 프리미엄의 단지 58.3%(원래 프리미엄 12억 달러 중 7억 달러)가 남은 위험이다. 이것을 피인수회사의 예상 지분율 47%와 곱하면 프리미엄의 최대 위험은 약 27.4%가 된다. 이제, 피인수회사 주주는 프리미엄의 4분의 1이 넘는 위험을 감수하고서라도 또다시 시너지의 성공에 돈을 걸고 싶은지 판단해야 한다.

지금까지 살펴본 것처럼 경영진의 신호를 읽을 줄 알고, 인수합병의 경제적 효과를 평가할 수 있는 투자자들에게 인수합병은 시장 기대치 변화의 기회를 포착하는 데 아주 좋은 재료다. 비록 화제를 모았던 인수합병 발표조차 곧 투자자의 관심에서 사라지지만, 이번 장에서 소개한 방법을 이용하면 인수합병 발표 당시 및 이후 시기에 해당 거래가 투자에 미치는 영향을 분석할 수 있을 것이다.

핵심 포인트

- 주당순이익의 변화는 인수합병의 성공을 예측하는 데 별로 유용하지 않다.
- 인수회사의 주주가치 증가분은 시너지의 현재가치에서 프리미엄 금액을 빼서 구한다.
- 주주가치 최대손실(SVAR)은, 인수합병 후 시너지 효과가 없을 때 인수회사의 가치 중 몇 퍼센트가 위험에 처해지는지를 보여준다.
- 프리미엄 최대손실은, 시너지 효과가 없을 때 피인수회사의 주주가 입을 수 있는 위험을 계산하는 데 사용된다.
- 현금 인수 시, 인수회사 주주가 시너지 효과 창출이 실패할 때의 위험을 전부 떠안고, 주식으로 인수 시에는 피인수회사 주주가 이 위험을 분담한다.
- 주식으로 인수를 할 경우, 투자자에게는 두 가지 신호를 보여주는 것이다. 즉, 경영진이 인수 효과에 자신감이 부족하다는 점과 인수회사의 주가가 고평가되어 있다는 점이다.
- 인수합병 발표 후 인수회사의 주가가 변하면, SVAR을 다시 계산해서 매수와 매도의 기회인지 확인해야 한다.

● 좀 더 알아보기 ●

인수합병에 시장이 회의적인 이유[13]

1980년대부터 인수합병이 발표되고 나면 인수회사의 주가는 대부분 하락했다.[14] 이 중 어떤 경우는 인수합병 발표 시의 하락이 그저 시작에 불과했다. 시장이 인수합병에 대해 이처럼 부정적인 반응을 보이는 현상은, '인수회사가 기존의 가치를 유지하면서 프리미엄을 뛰어넘는 시너지 효과를 낼 수 있을까?'라는 의구심이 반영된 것이다. 또한 통계를 보면 프리미엄이 클수록 인수회사의 주가수익률이 더 좋지 않았다. 시장은 왜 그렇게 회의적일까? 인수합병을 통해 회사가 주주가치를 창출하기는 왜 이렇게 어려웠을까?

많은 인수가 실패하는 이유는 인수합병의 효과에 대한 기대치가 너무 높기 때문이다. 설사 프리미엄이 없는 인수합병 건이라도, 인수회사와 피인수회사의 주가에는 이미 실적 개선 기대치가 반영되어 있다. 예를 들어, S&P 500에 속해 있는 비금융 기업의 경우, 현재 상황에서 실적 개선이 하나도 없다고 가정하고 계산을 하면, 주가는 현재의 약 60%가 적당하다. 고속 성장 중인 IT기업이라면 이 수치가 60%보다 훨씬 낮다. 주가의 나머지 40%는 이 회사들이 현재 실적이 개선되고, 가치를 창출하는 투자를 할 것이라는 기대를 깔고 있다. 이런 관점에서 보면, 인수합병 시의 30~40%에 달하는 프리미엄은 단지 인수합병으로 인해 상당한 실적 개선을 기대한다는 뜻이 된다.

게다가 경영진이 인수합병 후 통합 과정에서 기존의 중요한 사업 자원을 제대로 활용하지 못하면, 가치를 창출하던 사업마저 쇠퇴해 인수합병 시 기대했던 효과를 손쉽게 깎아먹는다.

인수 결과가 실망스러운 이유 중 또 하나는, 경쟁사도 인수합병으로 인한 효과를 지켜보고 따라할 수 있기 때문이다. 인수회사가 비용을 써서 시너지를 창출하려고 하는 동안 경쟁사도 가만히 있지 않는다. 따라서 인수로 인해 지속적인 경쟁 우위가 생기지 않는다면 프리미엄을 지불해서는 안 된다. 실제로 인수 때문에 경쟁사의 공격에 더 취약해지기도 한다. 통합 작업 때문에 경영진의 관심이 분산되기 때문이다. 또한 인수 과정에서 조직에 대한 불확실성이 커질 때가 경쟁사가 우수 인력을 빼내갈 기회가 되기도 한다.

인수는 성장의 지름길일지도 모르지만, 향후 오랜 기간 동안 생길 이득을 위해 미리 전체 비용을 지불해야 한다. 연구개발, 설비 확대, 마케팅 캠페인 등에 대한 투자는 대개 단계별로 할 수 있다. 그러나 인수합병의 경우에는 투자 전체에 대한 재무 부담이라는 타이머가 시작과 함께 작동한다. 그리고 투자자들은 당연히 인수의 효과가 제때제때 나타나기를 기대한다. 효과가 바로 보이지 않으면 통합이 이뤄지기도 전에 주가가 내려간다.

경영진은 언제, 어디서, 어떻게 인수의 실질적인 성과를 달성할 수 있을지 충분히 평가하기보다는 비슷한 다른 사례들을 보고 인수 가격을 결정하는 경우가 매우 많다. 그래서 인수 가격은 실제 인수합병으로 얻을 수 있는 가치와 관련이 거의 없을 수 있다.

잘못된 합병을 취소하는 일은 어렵고 비용도 아주 많이 든다. 오히려 경영진은 인수합병 결정이 옳았다는 것을 증명하기 위해, 그리고 시간과 돈을 더 많이 쓰면 효과가 날 것이라는 희망으로 헛돈만 쓰면서 문제를 더 악화시킬 수 있다.

11 | '자사주 매입'이 보내는 신호

2000년 이래 미국 회사들의 경우, 주주에게 현금을 환원하는 가장 인기 있는 방식인 배당보다 자사주 매입이 많아지고 있다(〈표 11-1〉).[1] 자사주 매입은 전 세계적으로도 늘어나고 있다. 전 세계의 수많은 자사주 매입 사례를 조사해보면, 자사주 매입과 장기적인 초과수익률이 관련이 있는 것으로 나타난다.[2] 그러나 이런 상황에도 불구하고 자사주 매입에 대한 적잖은 논란과 혼란이 계속되고 있다.[3]

일반적으로 예측투자자에게 자사주 매입은 회사의 전망에 대한 기대치를 변경할 신호가 될 수 있다. 실제로 자사주 매입은 경영진이 시장의 예상보다 회사의 전망을 훨씬 더 긍정적으로 바라볼 때, 주가를 올리는 매우 효과적인 수단이 된다. 하지만 자사주

표 11-1 S&P 500의 배당, 자사주 매입 및 주주환원율

(단위: 10억 달러)

	배당	자사주 매입	배당 + 자사주 매입	S&P 500 시가총액 평균	총주주환원율 (%)
1982	47	8	55	939	5.8
1983	50	8	58	1,118	5.1
1984	53	27	80	1,219	6.6
1985	55	40	95	1,359	7.0
1986	63	37	100	1,605	6.2
1987	65	45	110	1,723	6.4
1988	83	46	129	1,817	7.1
1989	73	42	115	2,132	5.4
1990	81	39	120	2,281	5.3
1991	82	22	104	2,510	4.1
1992	85	27	112	2,920	3.8
1993	87	34	121	3,161	3.8
1994	88	40	128	3,326	3.8
1995	103	67	170	3,967	4.3
1996	101	82	183	5,107	3.6
1997	108	119	227	6,591	3.4
1998	116	146	262	8,749	3.0
1999	138	141	279	11,129	2.5
2000	141	151	292	12,015	2.4
2001	142	132	274	11,089	2.5
2002	148	127	275	9,285	3.0
2003	161	131	292	9,197	3.2
2004	181	197	378	10,788	3.5
2005	202	349	551	11,272	4.9
2006	224	432	656	11,992	5.5
2007	246	589	836	12,799	6.5
2008	247	340	587	10,360	5.7
2009	196	138	333	8,890	3.7
2010	206	299	505	10,679	4.7

(* 다음 페이지로 이어집니다.)

	배당	자사주 매입	배당 + 자사주 매입	S&P 500 시가총액 평균	총주주환원율 (%)
2011	240	405	645	11,408	5.7
2012	281	399	680	12,064	5.6
2013	312	476	787	14,619	5.4
2014	350	553	904	17,370	5.2
2015	382	572	955	18,072	5.3
2016	397	536	934	18,584	5.0
2017	420	519	939	21,045	4.5
2018	456	806	1,263	21,924	5.8
2019	485	729	1,214	23,893	5.1
2020	480	520	1,000	29,209	3.4
				평균	4.7

자료 : 스탠더드 앤드 푸어스[#]

매입이 항상 신호를 분명히 주지는 않는데, 이는 자사주 매입이 계속 주주에게 가치를 증가시키지 못하는 경우를 포함해서 이해관계가 서로 다르기 때문이다.

이번 장에서는 자사주 매입을 평가하기 위한 지침을 제시한다. 여기서 가장 주요한 관심사는 자사주 매입 발표가 기대치를 변화시킬 수 있을 정도로 신뢰할 수 있는 신호가 될 때가 언제인지이다. 이에 대해 논의한 후에는 자사주 매입에 대한 일반적인 사유들을 평가하는 데 사용할 수 있는 황금률 또한 제시해보겠다.

회사가 자사주 매입 계획을 발표하면, 투자자가 가장 먼저 할 일은 경영진이 시장에 기대치를 변경해야만 할 만큼 신뢰할 만한 신호를 보내고 있는지를 판단하는 것이다. 예측투자자가 자신의 기대치를 바꿔야 할 근거를 찾듯이, 경영진도 역시 그렇게 한다.

이를 위해서는 (5~7장까지의) 예측투자 프로세스로 다시 돌아가서, 경영진의 신호와 관련해서 가치 핵심 동인에 대한 시장 기대치가 얼마나 낮다고 보는 것인지를 평가해야 한다. 경영진이 기존 주주들에게 가치를 창출할 가장 확실한 방법 중 하나는 경영진의 낙관적인 전망을 믿지 않는 주주들로부터 주식을 되사는 것이다.[4]

주가가 저평가되었다는 신호를 경영진이 보낼 때, 가치 핵심 동인 중 어떤 것에 대한 시장 기대치가 너무 낮은 것인지를 확인해야 한다. 기대치가 변화할 만한 영역을 체계적으로 찾아내기 위해 '기대치 변화 기본틀'을 다시 살펴보자. 특히 아래 항목들을 고려해보자.

- 매출 : 판매량, 가격과 매출 구성, 영업 레버리지, 규모의 경제
- 비용 : 비용 효율
- 투자 : 운전자본 지출 및 고정자본 지출의 효율성
- 자본 구조 : 부채 및 자기자본의 구성

기존 '기대치 변화 기본틀' 외에 자본 구조를 추가했다는 점에 유의하자. 회사들은 재무 레버리지를 늘리기 위해 자사주 매입을 이용할 때가 있다. 투자자들은 보통 이것을 긍정적으로 해석하

는데, 미래의 현금흐름에 대한 회사의 자신감을 보여주기 때문이다.[5] 계약상 반드시 지불해야 하는 이자비용이 늘어나면 회사가 자본비용 이하로 초과현금을 재투자할 여력도 줄어든다.* 그러나 자사주 매입으로 재무 레버리지를 늘리면 대리인 비용, 즉 경영진과 주주간의 이해관계가 불일치하는 문제를 감소시킬 수 있다.[6]

하지만 자사주 매입이 항상 좋은 일만은 아니다. 적어도 다음 두 가지 경우에서는 자사주 매입이 부정적인 신호다.

첫째, 회사가 더 이상 가치 창출을 할 만한 사업이 없다는 점을 시사할 때이다. 주가는 가치를 만들어내는 투자에 대한 시장의 기대치를 반영하는데 회사가 사업에 투자하기보다는 주주에게 현금을 돌려주기로 결정하면, 투자자는 회사의 성장 기회에 대한 시장의 기대치가 너무 높다고 유추할 수 있다.[7]

둘째, 회사의 가치와는 별 상관이 없는 주당순이익이나 자기자본이익률(ROE) 등 이전에 발표한 재무 목표를 달성하기 위해서 자사주를 매입하는 경우다. 이런 회사들 대부분은 경영 성과에 문제가 있기 때문에 재무적 기법에 의지해 목표를 달성하려고 한다.[8]

---

* 초과현금(excess cash)으로 자사주를 매입하면 재투자할 수 있는 자원이 줄어드는 것처럼, 이자비용으로 더 많은 금액을 지불해도 재투자 가용 자원이 줄어든다. 그래서 가능하면 대리인 비용을 줄일 수 있는 자사주 매입을 하는 것이 낫다는 취지다.

자사주 매입의 황금률

여기서 소개하는 자사주 매입의 황금률은 자사주 매입이 경제적 관점에서 매력이 있는지를 투자자가 평가할 때 일반적인 기준으로 사용할 수 있다. 황금률은 다음과 같다.

> "회사는 주가가 예상 가치보다 낮고, 더 나은 투자 기회가 없을 때에만 자사주를 매입해야 한다."

이 규칙을 분해해서 살펴보자. 첫 번째 부분인, '회사는 주가가 예상 가치보다 낮을 때만 자사주를 매입해야 한다'는 내용은 예측투자 프로세스와 일치한다. 사실, 주식의 가치보다 주가가 낮을 때 경영자가 주식을 사는 것은 훌륭한 투자자의 태도와 다르지 않다. 이때 회사의 예상 가치에 대한 경영진의 평가가 정확한 것이라면, 주식을 팔고 나가는 주주에게서 주식을 계속해서 보유하는 주주에게로 부의 이전이 일어나는 셈이다. 결과적으로 주식을 계속 보유하는 주주의 주당 예상 가치가 높아진다. 이 점은 경영자의 목표는 주식을 계속해서 보유하는 주주의 주주가치를 최대화해야 한다는 개념과 일치한다.

두 번째 부분인 "더 나은 투자 기회가 없을 때 자사주를 매입해야 한다"는 부분은 우선순위에 대한 내용이다. 자사주 매입은 매력적으로 보일 수 있지만, 사업에 재투자하는 것이 더 나을 수도 있다. 회사가 가치를 최대화하려면 가장 높은 수익률을 내는 투자에 자본을 맨 먼저 투입해야 한다.

그렇다면 자사주 매입의 황금률을 통해 다음과 같은 두 가지 중요한 사실을 추론할 수 있다.

- 자사주 매입의 수익률은 시장이 주식을 얼마나 저평가하는지에 따라 달라진다 : 만약 어떤 주식이 예상 가치에 비해 낮게 거래되고 매도하는 주주들이 낮은 가격에 팔 의사가 있다면, 남은 주주들은 자기자본비용보다 높은 수익률을 낼 것이다. 저평가가 심할수록 주식을 계속 보유하는 주주들의 수익률은 높아진다.[9] 남은 주주들이 기대할 수 있는 수익률은 자기자본비용을 예상 가치 대비 주가의 비율로 나누면 알 수 있다.[10]

  예를 들어, 회사의 자기자본비용은 8%이고 주가가 예상 가치의 80%라고 하면, 남은 주주들은 10%(=8%÷80%)의 수익률을 기대할 수 있다. 경영자와 투자자는 다른 투자 기회와 이 수익률을 비교해서 자사주 매입의 매력도 순위를 매겨볼 수 있다. 또한 이 공식을 통해, 주가가 예상 가치보다 더 비쌀 때 자사주 매입을 하면 수익률이 자기자본비용보다 낮아지는 사실도 알 수 있다.

- 사업에 재투자하는 것보다 자사주 매입이 더 나을 수도 있다 : 장기적으로 가치를 창출하려는 경영진은 모든 매력적인 투자 기회에 돈

을 써야 한다는 사실을 안다. 문제는, 회사에 초과현금이나 대출 여력이 없어서, 자사주 매입에 돈을 쓰기 위해서는 투자 기회를 일부라도 포기해야 할 때 생긴다.

회사는 사업에 투자할 때의 기대수익률보다 자사주 매입의 기대수익률이 높을 때에만 자사주 매입을 고려해야 한다.[11]

이제 경영진의 자사주 매입 결정을 평가할 수 있는 방법이 생겼다. 하지만 경영자가 최선을 다해 좋은 뜻으로 결정을 했더라도, 시장의 기대치를 제대로 이해한 상태에서 이런 결정이 이뤄졌는지를 판단해야 한다.

또한 경영진의 과도한 자신감도 주의해야 한다. 경영진은 거의 항상 자기 회사의 주식이 저평가되어 있다고 생각하지만, 주가에 담긴 기대치를 충분히 이해하는 경우가 드물다. 과거 사례들을 보면, 주가가 저평가되어 있다고 생각해서 자사주를 매입한 회사들이 결국 사업은 쇠퇴하고 주가도 내리막길을 걷는 경우가 허다하다.

주주에게 현금을 환원하는 다양한 시나리오와 이것의 효과를 요약해보자(〈표 11-2〉). 예를 들어, 회사의 가치는 10만 달러이고, 주식 수는 1,000주라고 가정하자. 그렇다면 주식의 적정가치는 주당 100달러(=100,000달러÷1,000주)가 된다. 회사는 주주에게 2만 달러를 환원하기로 결정했다. 따라서 돈이 지출된 후의 회

표 11-2 매도하는 주주와 남는 주주의 시나리오별 득실

가정	기본	시나리오 A : 200달러에 자사주 매입	시나리오 B : 50달러에 자사주 매입	가정	시나리오 C : 배당 20달러
자사주 매입 금액		$20,000	$20,000	배당 금액	$20,000
회사 가치	$100,000	$80,000	$80,000	회사 가치	$80,000
총 주식 수	1,000	1,000	1,000	총 주식 수	1,000
현재 주가	$100	$200	$50	현재 주가	$100
자사주 매입 후 주식 수		900	600		
주당 가치	$100	$88.89	$133.33	주당 가치	$80.00
				주당 배당금	$20.00
매도 주식 수		100	400		
주당 매입가		$200	$50		
매도 주주가 얻는 가치		$20,000	$20,000		
남는 주주의 주식 수		900	600	남는 주주의 가치	$80,000
주당 가치		$88.89	$133.33	배당금	$20,000
회사 가치		$80,000	$80,000		
총 가치		$100,000	$100,000	총 가치	$100,000
매도 주주가 얻는 주당 손익		$100.00	($50.00)		
남는 주주가 얻는 주당 손익		($11.11)	$33.33		

사 가치는 8만 달러가 된다. 회사가 적정가치보다 자사주를 비싸게 매입하건, 싸게 매입하건, 아니면 배당을 하건 주주환원 후 회

사의 가치는 동일하다. 자사주 매입에 따라 변하는 것은 이때 매도하는 주주와 남는 주주에게 얼마가 돌아가는지이다.

시나리오 A를 살펴보면, 회사 주식은 200달러에, 즉 적정가치의 2배에 거래되고 있다. 이 경우 매도하는 주주는 적정가치보다 주당 100달러를 더 얻고, 남는 주주가 갖는 가치는 주당 100달러에서 약 89달러(=80,000달러÷900주)로 줄어든다. 남는 주주에게서 매도하고 나가는 주주에게로 부가 이전되는 셈이다.

시나리오 B에서는 주가가 50달러로 적정가치의 절반에 거래되고 있다. 이 경우 매도 주주는 적정가치의 절반만 받고 주식을 파는 셈이고, 남는 주주가 얻는 가치는 주당 100달러에서 약 133달러(=80,000달러÷600주)로 올라간다. 따라서 매도 주주에게서 남는 주주에게로 부가 이전된다.

시나리오 C는 회사가 배당을 하는 것이어서, 각자가 부담하게 될 세금 상황을 제외하면 모든 주주가 동일한 대우를 받는다.

위의 간단한 사례를 보면 또다른 중요한 점도 알 수 있다. 만약 투자자가 자사주를 매입하려는 회사의 주식을 갖고 있다면, 해야 할 일은 하나다. 바로 그 회사에 대한 지분율을 늘리는 것이다.

이렇게 하면, 투자자는 더 늘어난 지분만큼을 자사주 매입 시 팔아 현금을 손에 쥘 수도 있다. 자신의 지분율은 여전히 일정하게 유지하면서 말이다.

자사주를 매입하는 대표적 이유 4가지

이제 회사가 자사주를 매입할 때 밝히는 4가지 주요 이유를 살펴보자. 이 이유들 가운데 자사주 매입 후에도 남아 있는 주주에게 실질적으로 이득이 되는 결정과 해가 되는 결정을 구분하였다. 이 4가지 이유를 살펴보면서 앞서 제시한 황금률에 따라 투자 신호를 찾으려고 한다. 또한 경영진이 자사주 매입의 황금률을 지키지 않는 이유가 무엇인지도 설명한다.

1. 시장에 주식이 저평가되었다는 신호 보내기

주식이 저평가되어 있다는 신호를 주기 위해서라는 것이 자사주를 매입하면서 회사들이 가장 많이 언급하는 이유이다.[12] 경영진의 말을 액면 그대로 받아들이기 전에 몇 가지 생각해볼 점들이 있다.

우선, 회사는 자사주 매입을 발표해 놓고 이행하지 않을 수도 있다. 일반적으로 미국의 자사주 매입 완료율은 75%가 넘지만, 미국 외에서는 훨씬 낮다.[13] 회사가 자사주 매입 발표 이후에 매력적인 투자 기회를 발견했다면, 자사주 매입을 이행하지 않아도 이해가 된다. 하지만 어떤 회사들은 얄팍하게 신호만 주려는 의도로 발표만 하고 이행하지 않을 수도 있다. 투자자들은 자사주 매입에 관한 발표가 완료를 의미하는 것은 아니라는 점을 기억해야 한다.

회사가 어떤 자사주 매입 방식을 선택하느냐에 따라 신호의 강도가 달리 전달될 수 있다.

장내 매수open-market purchase가 가장 널리 쓰이는 방식인데, 이는 다른 투자자들과 마찬가지로 장내에서 자기 회사의 주식을 사는 것이다. 일일 매입량 제한 등 법적 규제가 있기는 하지만, 가장 유연성 있는 방식이다.[14]

한편으로는 장내 매수가 경영진의 확신이 가장 약하다는 신호이기도 하다. 특히 매입 목적이 단지 주식 기반 보상으로 인한 희석을 상쇄하려는 것일 때는 더욱 그렇다.

더치 옥션Dutch auction(공개매수) 방식으로 자사주 매입을 할 때는, 경영진이 매입 수량, 만기일, 매수 가격대(보통 시장가에 비해 높음)를 정한다. 주주들은 그 가격대 안에서 원하는 가격을 제시할 수 있다. 회사는 가격대의 하단부터 시작하여 회사가 매입할 수 있는 주식 수를 합산한다. 최종 매입 가격이나 그 아래로 희망 가격을 제시한 주주들은 모두 최종 매입가로 주식을 매도할 수 있다.

일례로 마이크로소프트는 2006년 7월 200억 달러의 자사주 공개 매수(더치 옥션)를 발표했다.[15] 주식은 22.85달러에 거래 중이었으며, 매수 가격대는 22.50달러에서 24.75달러였다. 일반적으로 공개 매수는 보통 회사 주식이 저평가되었다는 강력한 신호이다. 마이크로소프트는 자사주 매입 발표 다음날 주가가 4.5%

상승했다.

고정 가격 공개매수fixed price tender offer는 경영진이 지정된 가격에 정해진 수량만큼 주식을 만기일까지 매입하는 제안이다. 제시 가격은 보통 시장 가격보다 훨씬 높으며, 회사는 보통 상당한 규모의 매입을 제안한다. 주주들은 이 제안에 응할지 선택할 수 있다. 지금은 고정 가격 공개매수가 거의 없어졌지만, 과거에는 주가에 강력하고 긍정적인 신호였다. 특히 회사가 부채로 자금을 조달한 경우는 더 그렇다.[16]

또한 자사주 매입을 둘러싼 상황에 따라 신호의 해석도 달라진다. 특히, 경영진이 얼마나 주가가 저평가되었다고 확신하는지의 강도를 알 수 있는 몇 가지 신호가 있다.[17] 첫째, 자사주 매입의 규모이다. 다른 상황이 모두 같다면, 매입하는 주식 비율이 높을수록 경영진의 확신이 높다. 둘째, 시장 가격 대비 프리미엄 크기다. 프리미엄이 클수록 시장 기대치가 너무 낮다는 판단과 매입 의지가 강하다는 표시로 볼 수 있다.

그리고 내부자 지분율이 상대적으로 높을수록 경영진과 주주의 이해관계가 일치한다. 그 결과 경영진의 지분율이 높으면, 이들은 단순히 회사의 규모를 키우는 대신 가치를 만들기 위한 자본 배분 방식을 선택할 가능성이 높다. 같은 맥락에서 자사주 매입이 진행되는데도 경영진이 주식을 매도하지 않는다면 경영진 개인적으로도 회사의 성공 가능성에 더 강한 확신을 하는 것이다. 이는 시장에 긍정적인 신호를 준다.

경영진이 주식 저평가에 대한 신뢰할 만한 신호를 보내고 있는지를 알려면, 경영진이 의사결정 과정에서 주가에 담긴 기대치(PIE)를 고려하는지를 판단해야 한다. 그러나 실제로 이렇게 의사결정을 하는 경영진은 거의 없다. 이후에 살펴보겠지만, 주주가치와 관계없는 요인들 때문에 자사주를 매입하는 경우도 종종 있다.

2. 주당순이익 관리

경영진이 주당순이익을 관리하려는 목적으로 자사주 매입을 발표하는 경우, 경영진의 행동과 자사주 매입의 황금률은 정면으로 충돌한다.

주당순이익은 자본비용을 고려하지 않는데다 회계적인 변용이 가능하기 때문에 가치를 제대로 설명하지 못한다(1장 참조). 실제로 자사주 매입을 통해 주당순이익이 늘어나는 경우 주주들을 위한 가치는 늘어나지 않는다는 연구결과가 있다.[18]

그럼에도 경영진은 때때로 주주가치의 극대화라는 목표를 희생하면서까지 단기적으로 주당순이익을 극대화하는 데 끊임없이 집착한다.[19] 왜 그럴까? 첫째, 투자세계에서는 기계적이고 무비판적으로 현재 순이익에 멀티플을 적용하여 주식의 가치를 평가한다는 경영진의 믿음 때문이다. 그러나 시장은 장기적인 현금흐름에 대한 기대치를 반영한다는 설득력 있는 증거들을 볼 때 이런 믿음에는 문제가 있다. 둘째, 경영진에 대한 보상 체계가 이익 목표와 부분적으로 연동된 경우가 많기 때문이다. 경영진에 대한 성과 보상은 대부분 주식 기반 보상이지만, 가끔은 경영진도 단기 순이익 게임에서 이기기 위해 장기적인 가치 창출을 망각하곤 한다.

따라서 자사주 매입은 두 가지 측면에서 유의해야 한다.

첫째, 자사주 매입을 해서 주식 기반 보상으로 인한 주당순이익 희석을 상쇄하려는 경우가 있다. 이 경우, 회사들은 발행주식 수를 일정 수준으로 똑같이 유지하는 데 필요한 만큼 자사주를 매입한다. 연구 결과를 보면, 최근 수년간의 자사주 매입 건 3분의 1 이상의 매입 주식 수가 주식 기반 보상으로 인한 희석 효과를 상쇄할 만큼의 규모였다.[20]

이런 이유에서의 자사주 매입은 경제적 효과가 전혀 없다. 회사 주가가 예상 가치보다 비싸거나 사업상 더 나은 투자 기회가 존재한다면, 자사주 매입의 황금률을 명백히 어긴 것이 된다.

결과적으로 주식 기반 보상으로 인한 희석을 상쇄하기 위해 자사주를 매입하는 회사는 의도치 않게 남은 주주들의 주식 가치를 감소시킬 수도 있다.

둘째, 회사들이 주당순이익을 늘리기 위해 자사주 매입을 하는 경우다.

〈월스트리트저널〉 같은 경제지들은 회사들이 상당한 규모의 자사주 매입을 할 때마다 거의 기계적으로 이런 주장을 반복한다.

"자사주 매입으로 회사의 발행주식 수가 줄어들고, 이익은 더 적어진 주식 수에 배분된다. 따라서 이익이 보여줄 수 있는 결과보다 더 큰 주당순이익 증가율을 발표할 수 있다."[21] 보통은 이런 식인데, 경제적으로 말이 안 되기도 하지만 심지어 산술적으로도 정확하지 않다.

자사주 매입으로 주당순이익이 늘지 줄지는 두 가지 변수에 따라 달라진다. 첫 번째는 P/E멀티플(PER)이고, 두 번째는 세후 이자수익 혹은 자사주 매입에 필요한 자금 조달을 위한 신규 부채의 세후 비용이다.* 더 자세히 설명하면, 자사주 매입으로 인해 주당순이익이 늘어나려면 P/E멀티플의 역수인 주식수익률(E/P)이 세후 이자율보다 높아야 한다. 주식수익률이 세후 이자율보다 낮으면 자사주 매입으로 주당순이익이 줄어든다.

따라서 당장 주당순이익에 끼치는 변화를 가지고 어떤 투자의 효과를 판단하는 것은 옳지 않다.

예를 들어보자. A, B, C 세 회사가 있고 모두 보유현금이 100달러이며 영업이익, 세율, 주식 수, 주당순이익도 모두 같다고 가정하자. 유일하게 주가만 다르다(〈표 11-3〉).

각 회사가 보유현금 100달러로 자사주를 매입한다고 해보자.[22]

---

* 보유 현금으로 자사주를 매입하면 이자수익에 대한 기회비용이 발생한다. 따라서 이자수익이나 이자비용은 둘 다 자사주 매입의 비용으로 생각해야 한다.

A, B, C사는 각각 자사주를 10주, 4주, 2주 매입할 수 있다. A사는 주식수익률(E/P)이 세후 이자율보다 높고, B사는 동일하며, C사는 낮다. 이에 따라 A사는 주당순이익이 늘지만, B사는 동일하고, C사는 오히려 줄어든다(⟨표 11-4⟩).

주당순이익 변화는 주가와 예상 가치의 관계와는 전혀 상관없다는 점을 기억하자. 고평가된 주식의 자사주 매입은 주당순이익을 증가시킬 수 있지만 남은 주주에게 돌아가는 가치는 줄어든다. 반면에 저평가된 주식의 자사주 매입은 주당순이익을 감소시킬 수 있지만 남아 있는 주주들에게 돌아가는 가치가 늘어난다.

주당순이익의 증가나 감소는 자사주 매입이 경제적으로 타당한지의 여부와 관련이 없다. 왜냐하면 주당순이익의 증가나 감소는 PER과 이자수익(혹은 비용)의 관계에 따라 영향을 받는 반면 자사주 매입의 경제적 효과는 주가와 예상 가치의 관계에 따라 정해지기 때문이다.

주당순이익에 끼치는 영향 때문에 고평가된 주식을 매입하는 일도, 저평가된 주식을 매입하지 않는 일도 모두 주주가치에 반하는 재무적 결정이다. 비슷한 맥락에서, PER이 높은 주식에 대한 자사주 매입이 절대적으로 나쁜 결정이라거나 PER이 낮은 주식에 대한 자사주 매입이 전적으로 좋은 일이라고 단정하는 것도 주주가치와는 무관하다.

예측투자자는 언제나 가격과 예상 가치의 차이에 집중해야 한

표 11-3 사례별 주당순이익 : 자사주 매입 전

	A사	B사	C사
영업이익	$95	$95	$95
이자 수익 (100달러의 5%)	$5	$5	$5
세전 이익	$100	$100	$100
세율 (20%)	$20	$20	$20
순이익	$80	$80	$80
주식 수	80	80	80
주당순이익	**$1.00**	**$1.00**	**$1.00**
주가	$10.00	$25.00	$50.00
P/E	10배	25배	50배
E/P	10.0%	4.0%	2.0%
세후 이자율	4.0%	4.0%	4.0%

표 11-4 사례별 주당순이익 : 자사주 매입 후

	A사	B사	C사
영업이익	$95	$95	$95
이자 수익	$0	$0	$0
세전 이익	$95	$95	$95
세율 (20%)	$19	$19	$19
순이익	$76	$76	$76
주식 수	70	76	78
주당순이익	**$1.09**	**$1.00**	**$0.97**

다. 또 자사주 매입의 주요한 혹은 유일한 목적이 주당순이익을 끌어올리는 데 있는 회사는 경계해야 한다.

3. 효율적인 주주환원

회사가 주주에게 환원하는 방법은 배당금 지급과 자사주 매입이 있다. 어느 방식이 더 나은지는 주가와 예상 가치의 관계나, 세금 문제에 따라 달라진다.

미국에서 배당을 지급하는 회사의 비율은 롤러코스터를 타는 것만큼이나 등락이 심하다. 1970년대 후반에는 상장회사의 70% 이상이 배당금을 지급했다. 2000년경에는 이 수치가 약 23%로 급감했다가, 2018년에 36% 정도로 약간 반등했을 뿐이다.[23]

이런 현상이 일어나는 요인에는 회사의 특성과 주주환원 성향의 변화, 배당 대신 자사주 매입을 선택하는 회사의 증가 등이 있다.

2000년 닷컴버블 정점 이전까지 20년간 상장회사는 늘어났는데, 이 중 상당수가 돈을 못 벌고 주주환원 여력이 제한적인 신생회사였다. 2000년부터는 상장회사가 줄었고, 현재 상장회사들의 평균 업력은 과거에 비해 더 길어졌다. 이렇게 오래된 회사들은 보통 주주환원 경향이 강하지만, 배당금 지급 대신 자사주 매입이 증가하는 추세는 더 뚜렷해졌다. 이에 따라 배당을 하는 회사의 비중이 1970년대 수준으로 다시 올라가지는 않게 되었다.

예측투자자는 세금의 영향과 남은 주주에게 미치는 효과 때문에 회사의 주주환원 방식에 관심을 가져야 한다.

세금 문제부터 살펴보자. 세금을 내야 하는 투자자에게 자사주 매입은 세금이연 효과 때문에 배당보다 더 효율적인 주주환원 수단이 된다. 주주들은 매도하기 전까지 주식을 계속 보유하면서 세금 납부를 미룰 수 있다. 더욱이 주주는 단지 자본 차익에 대해서만 세금을 낸다. 이처럼 납세 시기 조정이 가능하고 세액 감소 효과가 있기 때문에 자사주 매입이 배당에 비해 더 유리하다.[24]

자사주 매입이 상대적으로 절세 효과가 더 좋기는 하지만, 예측투자자라면 이것보다는 자사주 매입의 황금률부터 기억해야 한다. 주가가 예상 가치를 초과하면, 자사주 매입의 경우 남는 주주들이 매도하는 주주에게 가치를 넘겨주는 셈이 되기 때문이다. 그리고 설령 자사주 매입이 배당보다 세금 측면에서 유리하더라도, 더 나은 대안이 있는지를 항상 체크해야 한다.

4. 재무 레버리지 높이기

자사주 매입은 부채비율이 낮은 회사들이 부채비율을 높이는 데 효과적인 방법이다.* 예측투자자는 이런 상황을 주시해야 하

---

* 부채비율은 부채를 자기자본으로 나누어 구한다. 그런데 자사주는 부(-)의 자기자본으로 자본에서 차감하여 표시한다. 따라서 자사주 매입은 분모의 자기자본을 감소시켜 부채비율을 높이는 효과를 가져온다.

는데, 회사의 자본 구조가 크게 변하면 주주가치에도 영향을 주기 때문이다. 적절한 재무 레버리지가 있으면 이자비용으로 인한 세금감면 효과를 누리면서도 재무위기 상황에서 살아남을 수 있다.

현재 이익을 내는 회사들은 이자비용을 내면 세금감면 효과가 있으며, 따라서 좋은 절세 수단이 된다. 자사주 매입으로 자본 구조가 근본적으로 변화한다고 가정할 만한 충분한 근거가 있는 경우, 이자비용으로 인한 절세 금액을 자산화^{capitalize}하여 그 가치를 추정할 수 있다. 방법은 간단하다. 절세 금액(이자비용과 한계세율을 곱한다)을 세전부채비용으로 나누면 된다.[25]

하지만 부채비율이 일정 수준을 넘게 되면 재무위기로 인한 위험이 절세 효과보다 더 커지게 된다. 부채가 너무 많은 회사는 계약조건을 지키지 못할 수도 있다. 법률비용이나 파산비용 등 막대한 직접비용은 물론 고객이나 공급사의 이탈 같은 간접비용을 포함해서 재무적 위기는 상당한 부담이 된다.

재무 레버리지를 높이기 위한 자사주 매입은 보통 일회성이기는 하지만 주주가치를 증가시킬 수 있다. 하지만 예상 가치와 주가의 관계를 잊으면 안 된다. 예상 가치보다 높은 가격에 거래되는 회사의 경우 재무 레버리지를 높이는 방법으로 자사주 매입보다 비용이 더 적게 드는 다른 방식이 있을 수 있다.

예측투자자는 기대치 변화의 잠재적 신호를 항상 재빨리 알아챌 수 있다. 자사주 매입은 대표적인 신호이다. 하지만 많은 회사들이 경제적인 검증을 통해 자사주를 매입하는 것만은 아니기 때문에 자사주 매입은 객관적으로 평가해야 한다. 자사주 매입의 효과를 평가할 때 가장 믿을 만한 지침은 역시 자사주 매입의 황금률이다.

🔍 핵심 포인트

- ◆ 2000년 이후, 미국에서 가장 대중적인 주주환원 방식이었던 배당보다 자사주 매입을 더 많은 회사들이 채택하고 있다.
- ◆ 자사주 매입은 투자자들이 회사의 가치 핵심 동인에 대한 기대치를 수정해야 한다는 주요 신호일 수 있다.
- ◆ 자사주 매입 발표를 평가할 때는 다음의 황금률을 따르자.
  '회사는 주가가 예상 가치보다 낮고, 더 나은 투자 기회가 없을 때에만 자사주를 매입해야 한다.'
- ◆ 회사가 자사주 매입을 하는 이유는 보통 다음의 4가지다.
  1. 주가가 저평가되었다는 신호를 시장에 주기 위해
  2. 주당순이익을 관리하기 위해
  3. 효율적인 주주환원을 위해
  4. 재무 레버리지를 높이기 위해
- ◆ 투자자들은 경영진이 자사주를 매입하는 이유를 냉정하게 따져봐야 한다. 주주 이익 증대가 목적이 아닌 경우도 가끔은 있기 때문이다.

12 | 돈이 되는 8가지 투자 아이디어

지금까지 예측투자에 필요한 도구와 예측투자 프로세스를 함께 제시하고, 경영진의 주요한 자산 배분 결정을 평가할 프레임워크 또한 소개했다. 이제 시장의 기대치가 변해서 초과수익을 낼 만한 영역을 찾아볼 수 있는 기반은 모두 마련된 셈이다.

지난 수십 년간 경영진, 투자자, 학생들을 대상으로 예측투자에 관한 강의를 진행하면서 저자들은 예측투자의 기회 영역에 대해 더 잘 알게 되었다. 이제 이 책을 마무리하면서, 예측투자 프로세스를 이용하면 돈이 되는 통찰력을 얻을 가능성이 높은 8가지 이슈를 소개하겠다.

'확률'을 제대로 활용하는 방법

예측투자는 가격과 예상 가치의 차이를 찾도록 이끌어주는 과정이다. 예상 가치 분석을 제대로 하려면 매출 성장 같은 가치 변화 트리거와, '기대치 변화 기본틀'을 이용해서 계산할 수 있는 결과에 따른 다양한 시나리오별로 적절한 확률을 대입하는 것이 필요하다.

기대치 변화에 따른 기회는 시장이 어떤 결과에 대해 인지하지 못하거나, 특정 시나리오에 대한 확률을 너무 높거나 낮게 잡았다고 투자자가 판단할 때 발생할 수 있다. 그리고 어떤 결과와 확률을 파악하는 것은 적절한 도구와 피드백을 통해 충분히 좋아질 수 있는 기술이다.

'정확도 과신'은 6장에서 다뤘듯이 미래를 예측하는 데 자신감이 과도한 것으로, 시나리오와 그것이 실현될 확률을 추정할 때 저지르는 흔한 실수이다. 시장도 역시 때때로 특정 결과가 나타날 확률을 제대로 반영하지 못하곤 한다. 이 때문에 투자자는 조정된 시나리오에 맞춰 확률을 수정해 나가야 한다. 이렇게 하면 피드백을 통해 배울 기회가 생기고, 자연스럽게 시장 기대치를 재점검하게 된다.

심리학자 개리 클라인Gary Klein은 사전 부검premortem[1]이라는 개념을 제시했다. 사후 부검postmortem이라는 용어를 자주 들어봤을 것인데, 이는 지금 더 나은 결정을 하기 위해 과거의 실수에서 배우는 것을 말한다. 반면에 사전 부검은, 미래로 미리 넘어가서 지금 결정이 잘못되었다고 가정하고, 그 이유가 무엇일지 생각해보는 것이다.

기업 인수를 검토하고 있는 한 회사의 고위임원회의 풍경을 한번 상상해 보자. 회의에서 임원들은 다각도의 검토를 거친 후 특별한 보고서를 작성해보는 시간도 갖는다. 이 보고서의 제목은 '지금부터 1년 후의 미래가 되었다고 가정하고, 만약 이 기업 인수가 실패했다면 그 이유가 무엇일까?'이다.

'사전 부검'이 가지는 힘은, 이렇게 다양하게 발생할 수 있는 미래 결과에 대해 다각도로 검토해 정밀하게 대응할 수 있다는 점이다.

다양한 시나리오가 일어날 가능성을 고려할 때 말로 하는 것보다는 숫자로 확률을 붙여보는 것이 중요하다. 예를 들어, "내년 매출 성장률이 10%를 넘을 가능성이 아주 높다"고 하는 것보다는 "내년 매출 성장률이 10%를 넘을 확률이 70%이다"라고 하는 것이 좋다.

말 대신 숫자로 확률을 쓰면 몇 가지 장점이 있다.

우선 사람들은 똑같은 말이라도 서로 다른 확률을 부여하기 때문이다.[2] 실제로 수천 명에게 '가능성이 있다 real possibility'라는 말에 확률을 붙여보라고 하니 25~85%까지 아주 제각각의 응답이 나왔다.

모호한 언어표현 때문에 다른 사람들과 의사소통에서 문제가 생길 수가 있으며, 무슨 일이 일어나든 심리적으로 피해갈 수 있는 빌미가 된다. 만약 내년에 매출 성장률이 10%를 넘으면, "내가 가능성 있다고 했잖아"라고 할 수 있고, 10%를 넘지 않으면 "내가 가능성이 있는 정도라고 했잖아"라고 해버리면 그만이다.

또한 확률 예측과 실제 결과를 기록해서 추적하면 정확한 피드백을 얻을 수 있다. 액티브 투자자로 성공한다는 것은 결국 이런 과정을 통해 초과수익을 낸다는 말이다.

주가는 정말 정신없이 움직이지만, 이런 상황에서도 투자 사례를 확률과 결과별로 분해하면, 자신의 평가를 지속적으로 점검할 수 있게 된다.

여기서 목표는 오차 보정$_{callibration}$을 최대한 잘하는 것이다. 오차 보정은 투자자 자신이 부여한 확률과 실제 결과가 얼마나 차이가 나는지를 측정하는 것이다. 오차 보정이 완벽히 된 사람이 어떤 일이 일어날 확률이 70%라고 한다면, 실제로 10번 중 7번 그런 일이 일어난다. 연구에 따르면 확률과 실제 결과를 기록하고 추적하는 과정을 통해 소중한 피드백을 받기 때문에 시간이 갈수록 오차 보정 능력이 더 좋아진다.[3]

기대치의 불일치, 즉 가격과 예상 가치의 차이는 주식 매수와 매도 결정의 근간이 된다. 기대치가 일치하지 않고 차이가 난다는 것은 투자자 자신이 분석을 통해 확신하게 된 회사의 미래 전망이 주가에 반영되지 않았다는 뜻이다. 이렇게 차이가 나는 이유는 투자자가 스스로 도출한 결과와 그 결과에 부여한 확률 때문이다.

만약 투자자가 예상한 대로 상황이 전개된다면, 진짜 제대로 되고 있는지 중간중간 나타나는 사인포스트$^{signpost,\ 징후}$를 통해 확인할 수 있어야 한다. 어떤 투자자가 한 해 매출 성장률이 10%를 넘을 확률이 70%라고 믿는다면, 10번에 7번은 성장률이 그렇게 나와야 한다. 그래야 예측이 제대로 되고 있다고 볼 수 있다.

또한 사인포스트는 예상과 다른 결과가 나왔을 때 자신의 생각을 재점검할 확실한 계기가 된다.

진행 중인 투자를 그만둬야 하는 이유 중 하나가 분석이 틀렸을 때라는 것을 다시 떠올려보자. 이런 일은 일어나게 마련이다. 그때 중요한 것은 상황을 솔직하게 받아들이고 더 나은 투자 기회에 시간을 할애하는 일이다.

'거시경제 충격' 평가하기

펜실베이니아대학 교수인 필립 테틀록$^{Philip\ Tetlock}$은 정치, 사회, 경제 등의 분야에서 수천 건의 전문가 예측을 추적하여 『전문가의 정치적 판단$^{Expert\ Political\ Judgment}$』[4)]이라는 자신의 저서에 관련 내용을 썼다. 테틀록은 전문가의 예측력이란 게 일반인이 우연히 맞힐 확률보다 훨씬 더 좋지 않았고, 어설프게 아는 비전문가보다 겨우 조금 더 낫다는 사실을 발견했다. 또한 전문가들이 자신의 능력보다 과한 자신감을 가지고 있다는 사실도 밝혀냈다.

예측투자 방식을 활용하는 투자자들은 전문가들보다 예측을 잘할 것 같지는 않다고 생각한다. 따라서 그들은 거시경제 충격이 일어날 때 발생할 수 있는 다양한 결과들을 기꺼이 고려한다. 이처럼 거시경제에 충격을 주는 요인에는 석유 같은 주요 원자재의 가격 급변, 태풍이나 지진 같은 자연재해, 인플레이션, 지정학적 충돌, 중앙은행의 정책 변화 등이 있다.

앞서 4장에서 소개한 '산업지도'는 예측투자자가 산업의 역학 관계를 이해하고, 현재와 미래의 수익성을 평가할 수 있도록 해준다. 따라서 투자자는 산업지도를 이용하여 분석하고 있는 경제, 산업, 개별 기업에 미치는 경제적 충격이 어느 정도인지 가늠할 수 있다. 그리고 투자자는 이런 잠재적인 예측들을 시나리오 분석에 적용할 수 있다. 다양한 결과값을 적용해볼 수 있는 몬테카를로 시뮬레이션Monte Carlo methods*은 경제적 충격의 영향을 살펴보

---

* 몬테카를로 시뮬레이션 : 반복적인 샘플링 실험으로 확률적 해석 결과를 도출하는 계산 알고리즘. 여기서는 거시경제 충격이 경제→산업→기업에 미치는 영향을 여러 번의 시뮬레이션으로 추론해볼 수 있다는 의미이다.

는 데 유용한 방법이다.

3장에서 설명한 '기대치 변화 기본틀'을 사용해서, 거시경제 변화가 매출, 영업비용, 투자 등 3가지 가치 변화 트리거에 줄 영향을 평가할 수 있다. 그 다음에 이 트리거로 인해 판매량, 가격과 매출 구성, 영업 레버리지, 규모의 경제, 비용 효율, 투자 효율 등 6가지 가치 변화 요인이 어떻게 변할지도 주의 깊게 살펴보자. 가치 변화 요인은 최종적으로 매출 성장률, 영업이익률, 재투자율 등 영업가치 핵심 동인으로 이어진다. 이를 통해 기대치를 평가할 수 있게 된다.

2020년에 전 세계를 휩쓴 코로나19 바이러스 팬데믹은 거시경제 충격을 고려하는 방법을 보여주는 대표적인 사례이다. 연구자들은 초기 3개 기간의 코로나 팬데믹에 대한 시장의 반응을 조사했다. 첫째는 태동기로, 2020년 시작부터 1월 17일까지다. 다음은 발발기로 1월 20일부터 2월 21일까지다. 마지막은 절정기로, 2월 24일부터 3월 20일까지이며, 이때 주가 지수는 연중 최저치를 기록했다.[5]

식품 제조 및 식품·의약품 소매업 관련 주식은 태동기와 발발기에 수익률이 나빴지만, 시장이 위기의 심각성을 받아들이고 기대치를 수정하면서 절정기에는 주가가 급등했다. 호텔, 식당, 레저 관련 주식은 초기에는 시장수익률과 비슷했지만, 시장이 팬데믹의 심각성을 반영하면서 급락했다. 모든 수익은 위험을 반영해

조정되기 마련이다.

또한 연구자들은 절정기에 부채가 많은 회사들의 주식이 부채가 적은 회사보다 더 수익률이 나빴다는 사실도 밝혀냈다. 호텔과 항공사 같은 고정비용이 많은 회사들 역시 재무 레버리지 수준이 평균보다 높은데, 이런 회사들 대부분은 존폐 위기를 맞았다. 반면, 현금이 많은 회사들은 어려운 시기를 견딜 여력이 있었기 때문에 주식의 수익률이 좋았다.

미래에 어떤 일이 벌어질지는 누구도 모르지만, 예측투자 방식은 다양한 거시경제의 충격이 미치는 영향을 살펴볼 때 필요한 수단을 제공한다.

'경영진 교체'에 주목해야 하는 이유

경영진의 교체, 특히 주가가 하락한 후 이런 일이 일어날 경우는 기대치를 다시 검토하기 좋은 때다.[6] 당연한 말이지만, 경영진의 교체는 좋은 일일수도, 나쁜 일일 수도, 그리고 아무 일이 아닐 수도 있다. 하지만 기대치의 변화 가능성을 찾는 차원에서 경영진의 교체는 회사의 경영실적, 전략적 지위, 자산배분 정책 등을 재평가해볼 기회가 된다.

사모투자 회사의 설립자인 윌리엄 손다이크가 쓴 『아웃사이더』

는 재임 기간에 주주에게 큰 수익률을 안겨준 8명의 CEO에 관한 이야기를 들려준다.[7] '큰 수익률을 안겨줬다'는 말을 다르게 표현하면, 이 CEO들이 취임할 때 시장의 기대치가 매우 낮았다고 할 수 있다. 이 CEO들은 자산배분 강조, 독립적인 사고, 장기 가치 창출에 집중 등에서 동일한 성향을 보였다. 또한 이들은 분석적인 면이 있었고, 상대적으로 매체 노출을 멀리했다. 여기서 교훈은 시장의 기대치를 바꿀 만한 잠재적인 변화 가능성이 있는지 찾기 위해 새로운 경영진을 평가한다는 점이다.

사업 실적이 나쁘거나 좋은 뒤 이어지는 과도기에서 일어나는 경영진 교체는 특히 주목해야 한다. 예를 들어, 데이비드 코트David Cote는 2002년 2월 거대기업이던 허니웰Honeywell의 CEO가 되었다. 앞서 허니웰은 2000년 후반 더 큰 제조기업인 GE와 주당 55달러에 피인수되는 합의를 했지만, 이 인수는 2001년 7월에 규제 문제로 무산되었다. 인수 실패와 2001년의 경기침체로 코트가 취임했을 때 주가는 35달러까지 내려갔다. 그러나 코트가 주도한 경영, 전략, 재무 결정에 따라 영업이익률은 7%p 올랐고, 재임 기간 15년 동안 주식은 S&P 500의 수익률을 가뿐히 제쳤다.[8]

또한 정점에서 경영진이 바뀔 때도 기대치를 재점검할 기회가 된다.[9] 잭 웰치Jack Welch가 1981년 GE의 CEO로 취임했을 때, 주가는 그 전 10년간 25% 하락한 상황이었다. 웰치는 즉시 사업 분야에 대한 구조조정을 하고 비용을 절감하기 위한 조치들을 취했다. GE는 (때로는 회계적 눈속임을 쓰기도 했지만) 월스트리트의 분기별 수익 추정치를 충족하거나 상회하는 회사로 알려지게 되었다. 웰치가 선발한 후계자 제프 이멜트Jeff Immelt는 2001년 9월에 CEO에 취임했다. GE의 주식수익률은 웰치 재임 기간 동안 S&P 500 수익률의 4배에 달했고, 기대치가 높았다.

그러나 GE 주가에 담긴 높은 기대치와 잘못된 자산 배분으로 인해, 이멜트가 CEO로 재임한 동안 GE의 총주주수익률은 8%에 그쳤다. 같은 기간 S&P 500의 총주주수익률은 214%에 달했다.

새로운 역할을 맡은 경영진의 실적을 예측하는 데 그의 과거 성과를 활용하는 것은 별로 도움이 되지 않을 수 있다. 하버드대학 경영대학원 교수인 보리스 그로이스버그Boris Groysberg는 유명한 경영자가 새로운 조직에 들어간 후의 실적을 연구했다. 여기에 보면, GE를 떠난 경영진의 사례들이 눈에 띈다.[10] GE는 뉴욕주 크로튼빌에 자체 임원 교육센터가 있고, 이 센터는 가장 전도유망한 경영진에게 훌륭한 교육을 제공하는 것으로 유명했다.

그로이스버그와 공동연구자들은 GE 임원 출신으로 다른 회사의 CEO나 회장이 된 20명이 1989년부터 2001년까지 12년간 어떤 성과를 냈는지 살펴보았다. 20명 중 절반은 GE와 비슷한 업종의 회사로 갔다. 이들의 경험과 능력은 해당 회사들로 잘 이전되어, 이 회사들은 성과가 좋았다. 나머지 10명은 GE와 업종이 다른 회사로 갔다. 이 회사들은 고전을 면치 못했다. 임원 육성에서

GE의 탁월한 명성에도 불구하고, 업종에 따라 요구되는 역량이 근본적으로 달라서 성공할 수 없었던 셈이다.

주식분할, 배당, 자사주 매입, 주식발행 판단하기

2020년 여름, 두 유명 회사가 주식분할을 발표했다. 하나는 애플(4대1 분할)이고, 또 하나는 테슬라(5대1 분할)다. 두 회사 모두 곧바로 주가가 급등했다.

주식분할은 주주가치는 똑같은데 단순히 주식 수를 늘리는 것이기 때문에, 만약 시장이 산수를 할 줄 안다면 주가가 급등하는 것은 말이 되지 않는다. 피자 한 판을 8조각으로 자른다고 4조각으로 잘랐을 때보다 먹을 양이 더 늘어나지는 않는 것처럼 말이다.

하지만 최근 연구들을 보면, 주식분할은 비록 효과를 내는 기간이 짧기는 하지만 실제로 초과수익을 낸다.[11] 여기에는 두 가지 가설이 있다.

첫 번째 가설은 이번 장에서 소개하는 개념들과도 관련이 있는데, 주식분할은 이사회의 자신감을 보여주는 신호라는 점이다. 두 번째 가설은, 주식분할로 주식의 유동성이 커진다는 점이다. 주식 유동성이 부족하면 주주들에게 보상해야 하는 기대수익에 프리미엄이 붙기 때문에, 주식분할을 통해 유동성이 커지면 프리미엄이 줄어들고 이에 따라 가치가 올라간다.[12] 하지만 기대치에 차이가 생기는 중요한 기회로 생각하고 주식분할에 초점을 맞추는 것은 추천하고 싶지 않다.

배당과 자사주 매입의 경우는 세금, 시점, 주주의 재투자, 주가 등 모든 상황이 같다고 가정하면 차이가 없다. 이 둘의 유일한 차이는 경영진들이 이 둘을 대하는 태도뿐이다. 경영진은 배당을 유지하는 것에 대해 자본적지출만큼이나 중요하다고 생각하지만, 자사주 매입에 대해서는 필요한 투자를 모두 한 후 남는 현금을 사용하는 한 가지 수단 정도로 생각하곤 한다.[13] 실제로 자료에서도 확인할 수 있는데 배당금 지급은 상대적으로 일정하고 변동성이 적지만, 자사주 매입은 불규칙한 형태를 보인다.

또한 배당은 예측투자에서 몇 가지 신호가 되기도 한다.

먼저, 배당의 증가와 미래의 수익성은 양의 상관관계가 있다는 점이다.[14] 이사회가 배당을 일종의 유사계약quasi-contract처럼 생각하는 경우 이것이 더 잘 들어맞는데, 이는 오로지 경영진이 미래의 현금흐름에 대해 자신이 있을 때만 배당을 할 것이기 때문이다. 하지만 배당 증가가 미래 현금흐름으로 이어지지 않는 사례 또한 많이 있다.

배당이 미래 현금흐름의 변동성을 보여주는 신호일 수도 있다.[15] 배당금을 지급하기 시작하거나 증가시키면, 현금흐름의 변동성이 감소하는 경향이 있다. 보통은 배당금이 감소하면 변동성이 커진다. 현금흐름의 변동성에 따라 자본비용이 달라지고, 자본비용이 달라지면 주가가 변할 수 있다.

학계에서는 배당이 주는 신호에 대한 연구를 많이 했지만, 대체로 배당은 시장 기대치 변화를 적극적으로 살펴봐야할 만큼 강력한 신호가 되지 못한다.

자사주 매입이나 주식발행의 경우는 기대치를 재점검할 이유가 된다. 앞서 11장에서 저평가된 자사주를 매입하면, 주식을 계속해서 보유하는 주주들에게 가치가 창출된다는 내용을 설명했다. 인수합병을 다룬 10장에서는 주식발행을 통해 회사를 인수할 경우, 현금 인수 방식보다 평균적으로는 주가수익률이 더 낮은 것을 살펴봤다.

학술연구를 통해 도출한 일반론에 따르면, 주식발행 시에는 주주수익률이 낮고, 자사주 매입 시에는 초과수익이 나는 경향이 있다.[16] 비록 이런 연구 결과가 특정 상황과 특정 회사에 그대로 적용되지는 않지만, 예측투자자가 이런 일반적 패턴을 이해하면 도움이 될 것이다.

실제로 자산배분에 관한 연구들에서 도출한 결론을 폭넓게 적용하면 높은 자산 성장률은 미래의 낮은 비정상적인 수익률에 대한 강력한 예언자가 되고, 그 반대도 마찬가지다.[17] 회사가 대규모로 돈을 써서 자산 성장도 하면서 자본비용을 훨씬 웃도는 수익률을 내는 것은 어렵기 때문이다. 마치 펀드매니저의 운용자산 규모가 커지면 매력적인 주식을 찾기 어려워지듯, 경영진도 대규모 자산의 배분은 쉽지 않다.

'소송의 영향' 추정하기

기업이 영업활동을 하다 보면 때때로 소송에 휘말릴 수도 있다. 영국의 석유가스회사인 BP의 2010년 딥워터 호라이즌 지역 원유 유출사고, 독일 자동차제조사 폭스바겐Volkwagen이 특정 기종 배기가스량을 조작한 일, 미국의 에너지회사인 엔론Enron이 파산 전까지 주주들을 속인 사건 등이 소송과 관련한 대표적인 사례들이다.

연구 결과를 보면, 회사가 소송을 당하면 주가는 떨어진다.[18] 소송으로 인해 기업가치가 감소하는 요인은 몇 가지가 있을 수 있다. 일단, 소송에서 지면 벌금을 내야 한다. BP의 경우 최종적으로 벌금과 복구비용을 제외하고도 합의금으로만 200억 달러를 지불했다.[19] 하지만 소송에서 지더라도 상대방이 요구하는 금액 전체를 다 내는 일은 드문데다, 많은 회사들은 이런 비용 지출에 대비한 보험을 갖고 있다.

벌금이 생기면 투자자가 주주가치를 계산할 때 기업가치에서 제외해야 할 부채가 증가한다. 어떤 때는 벌금 때문에 회사가 파산하기도 한다. 일례로 아편 성분인 옥시콘틴OxyContin을 제조한 퍼듀제약Purdue Pharma은 해당 사태에 책임이 있는 주체라는 판결과 함께 수십억 달러의 합의금을 지급하라는 선고를 받은 후 파산했다.

또한 소송을 촉발시킨 행위가 회사 평판에 부정적인 영향을 주는 경우, 소송으로 인해 미래의 현금흐름이 더 작아지고 이에 따라 주가가 약세를 보일 수 있다. 폭스바겐의 경우 배기가스량을 조작한 것이 밝혀진 후 미국에서 디젤차량 판매금지처분을 받았다.

예측투자자들은 법률적 분석을 통해 시장이 소송 관련 비용을 과대평가 혹은 과소평가하는지 판단해볼 수 있다. 이런 법률적 분석을 예측투자 프로세스와 연결시키면, 그것이 기회인지 아닌지 더 확실한 평가를 할 수 있게 된다.

외부 변화 기회 포착하기 : 보조금, 관세, 할당량, 규제

회사들은 경쟁우위를 점하는 데 필요한 전략을 채택한다. 이러한 경쟁우위는 경쟁자보다 더 낮은 비용으로 제품이나 서비스를 생산할 수 있는 능력이나, 시장 평균보다 높은 가격에 제품이나 서비스를 팔 수 있는 능력을 포함한다.

하지만 정부당국이 보조금, 관세, 할당량, 규제 등의 방식으로 시장에 개입하면서 경쟁우위도 변할 수 있다. 이런 정부의 개입은 기업의 경영환경을 둘러싸고 있다. 미국의 경우, 연방정부의 규제 관련 법규가 총 18만 쪽을 넘는다.[20] 정부의 규제에 변화가 생기면 시장 기대치도 변할 수 있다.

한 가지 사례로 특정 수입품에 대한 관세 위협이나 부과를 들 수 있다. 2017년부터 2020년까지 미국은 중국, 캐나다, 멕시코, 브라질, 프랑스로부터 수입되는 제품에 대해 관세를 부과한다고 위협하거나 실제로 부과했다. 상대 국가도 대부분 보복관세로 대응했고, 이 때문에 무역이 위축되었다. 일례로 2019년 12월 초 미국은 브라질과 아르헨티나에서 수입되는 철강과 알루미늄 제품에 대해 관세 인상을 발표했다. 이 소식에 시장은 놀랐고, 미국 철강 기업들의 주가는 급등했다.

2020년 11월 캘리포니아주 유권자들은 '주민발의안 22호'에 대한 찬반투표를 앞두고 있었다. 발의안이 통과되면 승차공유 및 배달서비스 기업들은 기존처럼 운전자를 개인사업자로 간주해서 사업을 할 수 있다. 그러나 발의안이 부결되면 기업들은 운전자를 직원으로 고용해야 해서 훨씬 비용이 늘어난다. 우버Uber와 리프트Lyft 등 승차공유 및 배달서비스 기업의 주식은 '주민발의안 22호'가 통과되었다는 소식에 급등했다.

어떤 산업에 규제가 적용되면 기존의 대기업들이 유리할 수 있는데, 규제 준수를 위한 비용이 진입장벽으로 작용하기 때문이다. 2018년 5월부터 시행된 유럽연합(EU)의 데이터 및 개인정보 보호 규제인 GDPR^{General Data Protection Regulation} 도입에 대해서 생각해보자.

EU와 미국 기업이 규제를 준수하기 위해 필요한 비용은 2,800억 달러 이상으로 추정된다. 규제의 의도는 구글의 모회사인 알파벳^{Alphabet Inc.} 같은 거대 기술기업의 영향력을 제한하기 위한 것이지만, 규모가 작은 회사들은 GDPR 규제를 이행할 만한 여력이 부족했다. 그 결과, 구글은 경쟁기업들의 희생으로 시장 점유율이 더 늘었다.[21]

거시경제 충격과 마찬가지로, 정부 개입도 예측하기가 어려울 수 있다. 그러나 주주가치에 미치는 잠재력 영향을 계산하기 위해 '기대치 변화 기본틀'을 이용한 시나리오 분석에 정부의 개입을 고려할 수 있다.

'부분 매각의 효과' 계산하기

회사들이 가치를 창출하기 위해 사용하는 또다른 방법은 사업부 매각과 기업분할을 포함한 부분 매각^{divestiture}이다. 보통 부분 매각을 하는 이유는 특정 자산의 가치가 매각되었을 때 더 높아지거나, 또는 부분 매각을 통해 모회사가 기존 사업에 더 집중할 수 있기 때문이다.

연구 결과에 따르면, 대부분의 회사는 자산 중 상대적으로 작은 부분이 대부분의 가치를 창출한다.[22] 자산배분에 뛰어난 능력이 있는 경영진은 자본비용 이상을 벌지 못하는 자산이나 사업이 오히려 다른 전략적 혹은 재무적 투자자에게 더 가치가 있을 수 있다는 사실을 알고 있다.

회사가 수익률이 낮은 사업을 처분해서 현재 회사에서의 사업 가치보다 더 많은 돈을 받는다면, 사업의 규모를 줄여서 가치를 늘리는 효과가 생긴다. '뺄셈'이 '덧셈'이 되는 셈이다.

앞서 10장에서는 인수합병 시 인수회사가 지불하는 프리미엄이 기대하는 시너지 효과보다 큰 경우가 많아서, 가치 창출이 결코 쉽지 않다는 내용을 살펴보았다. 인수합병이 전체적으로는 가치를 만들어내지만, 보통은 인수회사의 주주에게서 피인수회사의 주주에게로 부가 이전된다. 즉, 보통은 매수자보다는 매도자에게 더 좋다.

대부분 회사의 경영진은 성장에 따른 보상을 받기 때문에 규모가 축소되는 것에 대해 소극적이다. 그럼에도 어떤 때는 회사의 실적이 나쁘거나 재무 상태가 악화되어서 어쩔 수 없이 자산 매각을 해야 하는 경우가 있다. 하지만 부분 매각과 관련된 연구 결과를 보면, 부분 매각을 통해 평균적으로는 가치가 증가한다.[23] 또한 회사가 100% 보유하고 있는 자회사의 주식을 주주들에게 과세가 되지 않게 하면서 지분율대로 배정하는 기업분할의 경우, 분할되는 회사는 물론 모회사의 가치도 높아진다.

자산배분 능력이 탁월한 CEO가 성과가 좋지 못한 자산을 보유한 회사의 경영을 맡게 되었을 때가, 부분 매각을 통해 가치가 창출될 아주 좋은 기회가 될 수 있다. 이럴 때 시장의 기대치가 변화할 수 있는 아주 좋은 환경이 만들어진다.

주가의 극단적 움직임에 대처하는 법

때때로 보유하고 있는 주식이 급락하거나 급등할 때가 있을 것이다. 이 같은 주가 급변은 실적발표 때문이거나 핵심 경영진의 사임 같은 소식 때문일 수도 있다.

이렇게 큰 변화가 생기면 매우 감정적인 반응을 하기 쉽다. 가격이 폭락하는 회사의 주식을 갖고 있다면, 언짢고, 좌절감이 들며, 속은 기분이 들 수도 있다. 의사결정에 관한 연구들을 보면, 감정이 동요할 때는 좋은 결정을 내리기 어렵다. 따라서 이럴 때는 예측투자의 원칙을 지키기가 어려울 수 있다.

이럴 경우 체크리스트가 좋은 결정을 내리는 데 도움이 될 수 있다. 체크리스트에는 다음과 같이 두 가지 종류가 있다.

첫 번째는 일을 하고 난 뒤에 필요한 일들을 빠짐없이 했는지를 확인하는 체크리스트이다. 비행기 조종사들의 경우 이륙 전에 이런 종류의 체크리스트를 사용한다. 이런 체크리스트는 일반적인 예측투자 프로세스에 유용하다.

두 번째 체크리스트는 긴급하거나 어려운 상황에서 필요하다. 이때는 체크리스트에 있는 내용대로 행동한다. 예를 들어, 비행 중 엔진이 고장 나면 조종사는 이런 종류의 체크리스트를 확인한다. 바로 이런 체크리스트가 주가가 크게 급변했을 때 의사결정의 지침이 된다.

주가 하락부터 살펴보자. 과거 25년 간에 걸쳐 회사의 주가가 S&P 500 지수보다 하루에만 10%p 넘게 떨어진 5,400건의 사례를 살펴봤다. 그런 후 이것을 다시 실적발표와 기타 상황으로 분류했다.[24] 그리고 주가 하락 전의 모멘텀, 밸류에이션, 퀄리티 등 3가지 요인을 측정했다.[25] 측정할 요인을 추가하면 참고할 수 있는 표본 크기가 줄어들지만, 비슷한 상황들을 묶어서 확인하기에 좋다. 마지막으로, 그날 이후 30, 60, 90일 간의 평균 초과수익률을 확인했다.

같은 방식으로 25년간 하루에만 S&P 500 지수보다 10%p 넘게 상승한 사례 6,800건도 분석했다. 상승은 하락보다 분석하기가 더 어려운데, 인수합병으로 인한 상승 사례를 제외해야 하기 때문이다.[26]

분석 결과 주가 하락이나 상승 사례에서 공통적으로, 매수 신호의 경우 모멘텀은 안 좋지만 밸류에이션이 매력적일 때 많이 나왔고, 매도 신호의 경우 모멘텀은 좋지만 밸류에이션에 높은 기대치가 반영되었을 때 많이 나왔다.

이 분석으로 각 범주별 평균 수익률에 대한 기본적인 가정은 확인할 수 있다. 그러나 평균 수익률은 전체 주가 움직임 중 일부만 설명할 수 있을 뿐이다. 왜냐하면 각 범주별로 서로 다른 수익률 분포를 보이고, 한 수익률 분포 내에서도 특정 사건의 초과 수익률은 평균과 다를 것이기 때문이다. 하지만 공통적인 기준 비율 base rate은 결과를 확률적으로 표현해주며 주식의 매수나 매도 또는 보유 결정의 지침으로 활용할 수 있다.

🔍 핵심 포인트

- ◆ 투자자는 거시경제 충격이나 보조금, 관세, 할당량, 규제 등과 같은 외부 변화에 대응할 준비를 해야 한다. '기대치 변화 기본틀'을 이용하여 이런 외부 변수로 인한 변화를 분석할 수 있다. 또한 주가가 크게 움직일 때, 과거 통계를 활용하여 이런 움직임을 평가할 수 있다.
- ◆ 주식분할, 배당정책의 변화, 주식발행이나 자사주 매입 등과 같은 발표는 투자자가 기대치를 수정해야 한다는 신호일 수 있다.
- ◆ 경영진 교체는 기대치 수정이 필요한 중요한 촉매일 수 있다. 특히 새로운 경영진이 단순히 성장을 추구하기보다는 가치 창출에 집중한다면 촉매가 될 가능성이 높다.

감사의 글

이 책을 작업하는 동안 모건 스탠리Morgan Stanley Investment Management의 카운터포인트 글로벌Counterpoint Global 팀에게 많은 도움과 격려를 받았다. 특히 데니스 린치와 크리스티안 휴에게 감사드린다. 토머스 카메이는 사례연구 중 하나에 중요한 정보를 제공하였으며, 네이트 젠틸은 도미노 피자 사례의 전략과 재무 분석에 많은 도움을 주었다.

카운터포인트 글로벌의 댄 캘러핸은 이 책의 재무 분석과 그림과 표 작성, 세심한 편집 등 여러 방면으로 도움을 주었다. 댄은 협업 능력이 뛰어나며, 성실하다. 그의 노력에 감사를 표한다. 트렌 그리핀은 초고 전체를 읽고, 우리가 내용을 더 잘 다듬을 수 있도록 도와주었다.

알프레드 래퍼포트 노스웨스턴대학 켈로그 경영대학원에 28년간 재직하며 우수한 연구환경의 이점을 누릴 수 있었던 것에 감사함을 전한다.

마이클 모부신 1993년 이후 컬럼비아대학 경영대학원에서 함께한 교직원들에게 인사를 전한다. 특히 수년 동안 함께한 많은 우수한 학생들과 하일브런센터Heilbrunn Center for Graham & Dodd Investing에 고마운 마음을 표시해야겠다. 이번 개정판에서 수정한 내용 중 많은 부분은 학생들과의 교류에서 영감을 받았다.

책을 낸 지 20년 후에 개정판을 내기는 정말 어렵다. 우리는 그 사이 여러 작업을 함께 했지만, 이 책의 개정판 작업은 처음 책을 쓸 때보다 더 즐거웠다. 글쓰기는 탐험과 발견의 여정이다. 우리가 이 여행을 할 수 있었다는 것과 여정 중에 배울 기회를 얻을 수 있었다는 것에 감사하다.

컬럼비아대학의 '컬럼비아 비즈니스스쿨 퍼블리싱' 팀에게도 고마움을 전하며, 특히 끊임없는 열정을 보여준 발행인 마일스 톰슨에게 감사드린다. 부편집자인 브라이언 스미스는 출판과정을 효율적으로 가이드해 주었다. 날리지웍스 글로벌KnowledgeWorks Global의 벤 콜스태드는 훌륭한 편집과 제작 작업을 보여주었다.

우리는 오랫동안 애스워드 다모다란Aswath Damodaran을 존경해왔고, 그에게 많은 것을 배웠다. 그가 추천사를 써주기로 했을 때의 기쁨은 지금도 잊을 수가 없다.

끝으로, 항상 아낌없이 응원해준 가족에게 감사 인사를 전한다.

마이클 모부신 나의 아내 미셸, 장모님 앤드리아 멀로니 샤라, 그리고 사랑스런 아이들 앤드루, 앨릭스, 매들린, 이사벨, 패트릭에게 따뜻한 인사를 전하고 싶다.

알프레드 래퍼포트 나의 아내 샤론, 아들 노트와 미치, 그리고 손녀 일라나와 손자 마이크에게 늘 고마운 마음이다.

미주

1. '예측투자'가 통하는 이유

1) Warren E. Buffett, "Buy American. I Am," *New York Times*, October 16, 2008, https://www.nytimes.com/2008/10/17/opinion/17buffett.html?_r=0.
2) 우리는 투자자들이 이미 위험 감내 수준을 반영하여 투자를 한다고 가정한다. 위험 감내 수준에 따라서 주식 비중과 주식 내 분산 정도가 달라진다.
3) Berlinda Liu and Gaurav Sinha, "SPIVA® U.S. Scorecard," *S&P Dow Jones Indices Research*, September 21, 2020.
4) 이 개념은 '실력의 역설'이라고 한다. Michael J. Mauboussin, *The Success Equation: Untangling Skill and Luck in Business, Sports, and Investing* (Boston: Harvard Business Review Press, 2012), 53–58 참고.
5) 평균적으로 액티브 매니저들의 수익률은 비교지수보다 수익률이 낮다. 그 이유는 대체로 수수료 때문이다. William F. Sharpe, "The Arithmetic of Active Management," *Financial Analysts' Journal 47*, no. 1 (January–February 1991): 7–9 참고.
6) John C. Bogle, *Common Sense on Mutual Funds: New Imperatives for the Intelligent Investor* (New York: Wiley, 1999), 92.
7) Ben Johnson and Gabrielle Dibenedetto, "2019 U.S. Fund Fee Study: Marking Nearly Two Decades of Falling Fees," *Morningstar Manager Research*, June 2020.
8) Berkshire Hathaway Annual Report, 2000, 13, https://www.berkshire hathaway.com/letters/2000pdf.pdf.
9) Jack L. Treynor, "Long-Term Investing," *Financial Analysts' Journal* 32, no. 3 (May–June 1976): 56.
10) John Burr Williams, *The Theory of Investment Value* (Cambridge, MA: Harvard University Press, 1938), 186–191.
11) 회계방식의 변화로 실적은 달라지지만 현금흐름은 동일하다. 회계방식이 주가에 영향을 주지 않는다는 것은 많은 연구를 통해 확인되었다.

12) Investment Company Institute, *Investment Company Fact Book: A Review of Trends and Activities in the Investment Company Industry*, 60th ed., May 6, 2020, https://www.ici.org/pdf/2020_factbook.pdf.
13) Alfred Rappaport, "CFOs and Strategists: Forging a Common Framework," *Harvard Business Review* 70, no. 3 (May–June 1992): 87.
14) John R. Graham, Campbell R. Harvey, and Shiva Rajgopal, "Value Destruction and Financial Reporting Decisions," *Financial Analysts' Journal* 62, no. 6 (November–December 2006): 27–39.
15) Frank J. Fabozzi, Sergio M. Focardi, and Caroline Jonas, *Equity Valuation: Science, Art, or Craft?* (Charlottesville, VA: CFA Institute Research Foundation, 2017). Based on nearly two thousand respondents to the 2015 CFA Institute Study.

1부 시장의 기대치 변화와 주식의 가치

2. 시장이 주식의 가치를 매기는 방식

1) 누군가 1년 후에 1만 달러를 주는 계약이 있다고 가정하자. 이 계약은 지금 얼마의 가치가 있을까? 답은 당연히 1년 후에 기대하는 수익률에 따라 달라진다. 비슷한 위험을 가진 다른 투자처에서 얻을 수 있는 수익률이 5%라면, 그보다 비싸게 사면 안 된다. 1년 후에 5%의 수익률을 내기 위해서는 9,524달러가 필요하고, 따라서 기대수익률이 5%일 때 이 계약의 가치는 9,524달러다. 따라서 이 계약은 9,524달러보다 더 비싸게 사면 안 된다.

$$\text{현재가치} \times (1 + \text{수익률}) = \text{미래가치}$$
$$\text{현재가치} \times (1.05) = 10{,}000\text{달러}$$
$$\text{현재가치} = 9{,}524\text{달러}$$

2) Neil Barsky, "Empire Building to Be Sold to a Peter Grace Family Member," *New York Times*, October 31, 1991.
3) John C. Bogle, *John Bogle on Investing: The First 50 Years* (New York: McGraw-Hill, 2000), 53.
4) 무형자산 취득의 상각과 유형자산의 감가는 둘 다 비현금성 비용인데, 왜 상각비용은 더하고 감가비용은 더하지 않을까? 감가는 유형자산의 노후화를 반영하기 때문에 영업비용으로 분류하는 것이 적절하다. 무형자산 취득에 대한 상각은 회계 처리 방식이 다르다. 회사가 고객 획득이나 브랜드 인지도 상승 등을 위해 무형 자산에 투자하는 금액은 자산이 아니라 비용으로 분류된다.

무형자산 중에서 취득한 부분만 상각 처리가 된다. 이렇게 취득한 자산도 가치가 줄어들지만, 회사가 무형자산에 재투자하는 금액도 비용으로 처리되기 때문에, 비용을 중복 계산(상각 때 한 번, 무형자산 재투자에 또 한 번)하지 않는 것이 낫다고 생각한다.

영업을 위해 필요한 임대료 지급에 드는 이자비용은 왜 다시 더하는가? 2019년 초부터 대부분의 회사들은 GAAP건 IFRS방식이건 재무상태표에 대부분의 임대비용을 반영해야 한다. GAAP에서는 임대료에 들어가는 이자비용을 포함한 전체 비용이 여전히 비용으로 계산된다. IFRS에서는 감가와 이자비용으로 나뉜다. 어떤 기준이든 상관없이 세후순영업이익을 계산하려면, 임대료에 들어가는 이자비용은 영업이익에 더해야 한다.

5) 일반적으로 장부상 세금과 실질 세금상의 조정을 추정하려면 재무상태표상 누적세금이연 금액을 보면 된다(이 항목은 이연법인세자산에서 이연법인세부채를 뺀 금액이다).

6) 감가는 비현금 지출성 비용이지만, 영업이익에 더하지 않았다. 하지만 감가를 자본지출에서 차감했기 때문에, 잉여현금흐름은 진짜 '현금'만을 반영한다. 실제 현금성 자본지출을 반영한 이 방법 대신, 영업이익에 감가를 더하고 자본지출을 전체를 빼도 잉여현금흐름 값은 똑같다.

7) Michael J. Mauboussin and Dan Callahan, "One Job: Expectations and the Role of Intangible Investments," *Consilient Observer: Counterpoint Global Insights, September 15, 2020, based on Charles R. Hulten, Decoding Microsoft: Intangible Capital as a Source of Company Growth*, NBER Working Paper 15799, March 2010.

8) Michael Bradley and Gregg A. Jarrell, "Expected Inflation and the Constant-Growth Valuation Model," *Journal of Applied Corporate Finance* 20, no. 2 (Spring 2008): 66-78.

9) 예를 들어 사업을 지속할 것 같지 않고 쇠퇴하는 기업은 청산가치를 '잔존가치'라고 추정하는 것이 가장 나을 것이다.

10) 이유는 이렇다. 5년 전 주주들의 초기자본금 투자가 500만 달러라고 해보자. 5년간, 초기 투자금의 장부가치는 700만 달러로 늘었다. 하지만 시장가치는 같은 기간 동안 1,000만 달러가 되었다고 가정해보자. 비슷한 종류의 투자에서 상식적으로 기대할 수 있는 수익률이 9%라고 한다면, 주주들은 9% 수익률에 만족할까? 투자자들은 당연히 현재 시장가치로 수익률을 계산하려 할 것이다.

11) 모든 회사가 세금에서 이자비용 전체를 공제받지는 못한다. 매출이 2,500만 달러 이상인 회사들은 2017년 세금 감면과 일자리 법안에 따라 2021년까지 감가상각비용 전 영업이익(EBITDA)의 30%만을 공제받는다. 2017년 자료 기준, 러셀 3000 기업에서 금융서비스와 부동산 섹터를 제외하면 15%가 여기에 해당한다. 2022년부터는 이자비용 공제 상한이 영업이익(EBIT)의 30%로 바뀐다. 2017년 자료 기준, 러셀 3000 기업에서 금융서비스와 부동산 섹터

를 제외하면 20%가 여기에 해당한다.
12) 순자본비용 계산은 자본자산 가격결정모형(CAPM)에 바탕을 둔다. CAPM의 실효성에 대한 질문은 끊이지 않지만, 여전히 위험과 수익의 관계를 계산하기 위해 가장 널리 쓰이는 모형이다. CAPM에 비판적인 사람들은 주식의 장기 기대수익률을 설명하는 데는 베타뿐 아니라 다른 요인들, 예를 들면 회사 크기, 장부가치 대비 시장가치, 수익성, 자산 성장, 모멘텀 등도 있다는 근거를 제시한다. 하지만 다른 요인들의 영향을 정확히 설명해주는 이론은 없다. 또한 투자자들은 여전히 CAPM을 사용하고 있다.(참고: Jonathan B. Berk and Jules H. van Binsbergen, "How Do Investors Compute the Discount Rate? They Use the CAPM," *Financial Analysts' Journal* 73, no. 2 (May 2017): 25-32.) CAPM에 대한 갑론을박은 활발하지만, 예측투자에 CAPM을 사용하는 데는 큰 문제가 없다고 본다.
13) 전체 시장 구성을 비슷하게 반영하는 포트폴리오에 투자하면 비체계적 위험, 즉 개별 회사 고유의 위험은 거의 다 사라진다. 따라서 시장 가격은 시장 안에서는 분산할 수 없는 위험과 보상을 반영한 결과, 즉 전체 시장의 변화에 따른 체계적 위험이다. 이 체계적 위험을 숫자로 표현한 것이 베타이다.
14) 보통 몇 년간 얼만큼 현금흐름이 생긴다고 가정하고, 현재 가격이 이 기간 및 현금흐름을 봤을 때 몇 퍼센트의 리스크를 반영한 것인지를 역으로 계산한다. 배당 모형과 기대수익률에 대한 자세한 논의는 Bradford Cornell, *The Equity Risk Premium* (New York: Wiley, 1999), 3장을 보자. 자본비용에 대한 포괄적인 논의는 Shannon P. Pratt and Roger J. Grabowski, *Cost of Capital: Applications and Examples*, 5th ed. (Hoboken, NJ: Wiley, 2017)를 참고하자.
15) Brett C. Olsen, "Firms and the Competitive Advantage Period," *Journal of Investing* 22, no. 4 (Winter 2013): 41-50.
16) Pippa Stevens, "Here Are the 10 Companies with the Most Cash on Hand," *CNBC*, November 7, 2019.
17) John R. Graham and Mark T. Leary, "The Evolution of Corporate Cash," *Review of Financial Studies* 31, no. 11 (November 2018): 4288-4344.
18) 채권이나 우선주 가치평가를 할 때는 장부가치 대신 시장가치를 사용한다. 발행 후 금리가 변하기 때문에 시장가치와 장부가치는 차이가 난다. 장부가치를 사용하면 금리가 올라갈 경우 채권과 우선주의 현재가치가 부풀려지게 되고, 따라서 주주가치는 과소 계산된다. 금리가 내려갈 때는 반대 상황이 일어난다. 현재 시장에서 거래되는 채권과 우선주의 현재 가격은 블룸버그 금융 사이트에서 확인할 수 있다. 시장에서 거래되지 않는 부채의 가치를 추정하고 싶다면 이자비용을 비슷한 위험을 가진 부채의 현재 시장 이율로 할인해서 계산하자.

19) 연금기금이 부족 상태면, 이 부족한 만큼을 재무상태표상 연금부채로 기록한다. 초과 상태면, 자산으로 기록된다.
20) 영구가치는 인플레이션 반영 영구성장 방식을 이용하여 계산하고, 물가상승률은 2%로 가정한다(《좀 더 알아보기》의 [공식 2-7] 참조).

영구가치 = (세후순영업이익) × (1 + 물가상승률) / (자본비용 - 물가상승률)
= (18.12) × (1.02) / (0.08 - 0.02)
= 3억 804만 달러

이 영구가치를 자본비용 8%, 5년 기준으로 할인하면 2억 963만 달러이다.

21) 영구채권 방식 가정은 생각보다 보수적이다. 더 먼 미래의 현금흐름일수록 현재가치는 더 작기 때문이다. 예를 들어 현금흐름이 영원히 1달러씩 생길 경우, 15%로 할인하면 '1달러/0.15 = 6.67달러'이다. 아래 표는 현금흐름 1달러씩 5년부터 25년까지 생길 때의 현재가치이다.

햇수	이자의 현재가치	영구채권의 가치 대비 비율
5	$3.35	50.2%
10	5.02	75.3
15	5.85	87.7
20	6.26	93.9
25	6.46	96.9

10년 차까지 현금흐름을 할인하여 합하면 영구채권 방식으로 계산한 가치의 75%이고, 15년 차 기준으로는 90%에 달한다. 할인율이 늘어날수록, 영구채권 가치에 근접하는 기간도 짧아진다.

22) 영구채권 방식의 할인율을 명목 물가상승률에서 실질 물가상승률로 바꾸면, 계산되는 가치는 인플레이션 반영 영구채권 방식으로 계산한 것과 같아진다. 예를 들어, 실질 자본비용이 5.88%이고 물가상승률이 2%라고 가정해보자. 명목 자본비용은 '[(1 + 실질자본비용) × (1 + 기대물가상승률)] - 1'이다. 사례의 숫자를 넣어보면 '[(1 + 0.0588) × (1 + 0.02)] - 1', 즉 8%이다. 예측 기간 중 마지막 해 잉여현금흐름이 1달러라고 가정해보면, 영구가치는 '1달러/0.08 = 12.5달러'이다. 영구채권 방식에서 물가상승률을 명목에서 실질로 바꾸면, 1달러를 실질 자본비용 5.88%로 나눈다. 이때 영구가치는 17달러이다. 이것은 인플레이션 반영 영구채권으로 계산한 값과 동일하다.

3. 기대치의 변화를 예측하려면 무엇을 봐야 하나?

1) 기업 실적보고 사례는 다음을 참고하자. https://corporate.goodyear.com/documents/events-presentations/DB%20Global%20 Auto%20Presentation%202016%20FINAL.pdf.
2) AnnaMaria Andriotis, "Another Challenge for Small Businesses: Higher Card Fees Could Be on the Way," *Wall Street Journal*, April 9, 2020.
3) Gustavo Grullon, Yelena Larkin, and Roni Michaely, "Are US Industries Becoming More Concentrated?" *Review of Finance* 23, no. 4 (July 2019): 697–743.
4) Michael E. Porter, *Competitive Advantage: Creating and Sustaining Superior Performance* (New York: The Free Press, 1985), 70–73.
5) 데이비드 베산코(David Besanko)는 규모의 경제가 투자에도 영향을 줄 수 있다는 점을 지적한다. 예를 들어, 시간이 지나며 판매량이 늘어나면 제조회사는 더 크고 자동화가 잘된 공장에 투자하여 재투자율을 낮출 수 있다. 하지만 투자 측면에서의 규모의 경제는 평가하기가 정말 어렵고, 예측투자에서 중요한 경우가 드물다. 따라서 '기대치 변화 기본틀'에는 투자 측면에서의 규모의 경제는 제외한다.
6) David Besanko, David Dranove, Mark Shanley, and Scott Schaefer, *Economics of Strategy*, 7th ed. (Hoboken, NJ: Wiley, 2017), 292–295.
7) "Workday and Chiquita: Managing a Fast-Moving, Global Workforce," https://www.workday.com/content/dam/web/en-us/documents/case-studies /workday-chiquita-case-study-drove-down-costs.pdf.
8) Greg Ip, "Bringing the iPhone Assembly to the U.S. Would Be a Hollow Victory for Trump," *Wall Street Journal*, September 18, 2018.
9) 투자 효율이 초과수익으로 연결되는 사례는 다음을 참고하라. Baolian Wang, "The Cash Conversion Cycle Spread," *Journal of Financial Economics* 133, no. 2 (August 2019): 472–497.
10) 이 경우 필요 재투자는 일정하다고 가정한다.
11) '요구 영업이익률'이라는 용어는 Alfred Rappaport, "Selecting Strategies That Create Shareholder Value," *Harvard Business Review* 59, no. 3 (May–June 1981): 139–149. 에서 처음 사용하였다.
12) 인플레이션 반영 영구채권 방식을 이용하여 영구가치 요구 영업이익률을 구하는 공식은 다음과 같다.

$$\text{요구 이익률}_t = \frac{\text{영업이익률}_{t-1} \times (1+\text{물가상승률})}{(1+\text{매출 성장률}_t)} +$$

$$\frac{[(\text{매출 성장률}_t)]/[(1+\text{매출 성장률}_t)] \times (\text{재투자율}) \times (\text{자본비용}-\text{재투자율})}{(1-\text{실효세율}) \times (1+\text{자본비용})}$$

4. '경쟁 전략' 분석이 필요하다

1) 이 주제에 대해 더 자세한 논의와 체크리스트를 보려면, 다음을 참고하라. Michael J. Mauboussin, Dan Callahan, and Darius Majd, "Measuring the Moat: Assessing the Magnitude and Sustainability of Value Creation," *Credit Suisse Global Financial Strategies*, November 1, 2016.
2) Bruce Greenwald and Judd Kahn, Competition Demystified: A Radically Simplified Approach to Business Strategy (New York: Portfolio, 2005), 52–53.
3) Orit Gadiesh and James L. Gilbert, "Profit Pools: A Fresh Look at Strategy," *Harvard Business Review*, 76, no. 3 (May–June 1998): 139–147; and Orit Gadiesh and James L. Gilbert, "How to Map Your Industry's Profit Pool," *Harvard Business Review* 76, no. 3 (May–June 1998): 149–162.
4) Michael Gort, "Analysis of Stability and Change in Market Shares," *Journal of Political Economy* 71, no. 1 (February 1963): 51–63.
5) Michael E. Porter, *Competitive Strategy: Techniques for Analyzing Industries and Competitors* (New York: The Free Press, 1980), 3–33.
6) David Besanko, David Dranove, Mark Shanley, and Scott Schaefer, *Economics of Strategy*, 7th ed. (Hoboken, NJ: Wiley, 2017), 186–211.
7) Sharon M. Oster, *Modern Competitive Analysis* (Oxford: Oxford University Press, 1999), 57–82.
8) Besanko et al., *Economics of Strategy*, 111–112.
9) Clayton M. Christensen, *The Innovator's Dilemma: When New Technologies Cause Great Firms to Fail* (Boston: Harvard Business School Press, 1997).
10) Christensen, *The Innovator's Dilemma*, 32.
11) Andrew S. Grove, *Only the Paranoid Survive* (New York: Currency/ Doubleday, 1996).

12) Larry Downes and Paul Nunes, "Blockbuster Becomes a Casualty of Big Bang Disruption," *Harvard Business Review Online*, November 7, 2013, https:// hbr.org/2013/11/blockbuster-becomes-a-casualty-of-big-bang-disruption.
13) Frank Olito, "The Rise and Fall of Blockbuster," *Business Insider*, August 20, 2020, https://www.businessinsider.com/rise-and-fall-of-blockbuster.
14) Adam M. Brandenburger and Harborne W. Stuart Jr., "Value-Based Business Strategy," *Journal of Economics and Management Strategy* 5, no.1 (Spring 1996): 5–24.
15) Michael E. Porter, *Competitive Advantage: Creating and Sustaining Superior Performance* (New York: The Free Press, 1985), 36.
16) Joan Magretta, *Understanding Michael Porter: The Essential Guide to Competition and Strategy* (Boston: Harvard Business Review Press, 2012), 73.
17) Carl Shapiro and Hal R. Varian, *Information Rules: A Strategic Guide to the Network Economy* (Boston: Harvard Business School Press, 1999).
18) W. Brian Arthur, "Increasing Returns and the New World of Business," *Harvard Business Review* 74, no. 4 (July–August 1996): 101–109.
19) Shapiro and Varian, *Information Rules*, 117.
20) Daniel M. McCarthy, Peter S. Fader, and Bruce G. S. Hardie, "Valuing Subscription-Based Businesses Using Publicly Disclosed Customer Data," *Journal of Marketing* 81, no. 1 (January 2017): 17–35.
21) Daniel M. McCarthy and Peter S. Fader, "How to Value a Company by Analyzing Its Customers," *Harvard Business Review* 98, no. 1 (January– February 2020): 51–55.
22) "Stern Stewart EVA Roundtable," *Journal of Applied Corporate Finance* 7, no. 4 (Summer 1994): 46–70.
23) Adam M. Brandenburger and Barry J. Nalebuff, *Co-opetition: 1. A Revolutionary Mindset That Combines Competition and Cooperation. 2. The Game Theory Strategy That's Changing the Game of Business* (New York: Doubleday, 1996).
24) Charles Clover, "China's Internet Giants End Expensive Taxi App Wars," *Financial Times*, 2014년 8월 17일.

2부 예측투자와 실전 활용법

5. '주가'에 담긴 기대치 읽는 법

1) Warren E. Buffett, "How Inflation Swindles the Equity Investor," *Fortune*, May 1977, 250–267.
2) 애스워드 다모다란의 웹사이트는 전체 자본비용에 대한 논의와 많은 보조 도구들을 제공한다. See http://www.stern.nyu.edu/~adamodar 참고.
3) Merton H. Miller and Franco Modigliani, "Dividend Policy, Growth, and the Valuation of Shares," *Journal of Business* 34, no. 4 (October 1961): 411–433 참고. 시장 가격(주가)에 담긴 예측 기간은 가치 성장 지속 기간으로 다음의 책에서 소개되었다. : Alfred Rappaport, *Creating Shareholder Value: The New Standard for Business Performance* (New York: The Free Press, 1986). 시장 가격에 담긴 예측 기간에 대해 더 자세한 논의는 Michael Mauboussin and Paul Johnson, "Competitive Advantage Period: The Neglected Value Driver," *Financial Management* 26, no. 2 (Summer 1997): 67–74를 참고하라. 여기서는 예측 기간을 '경쟁우위 기간'이라고 표현했다. 'fade rate'에 관한 더 자세한 논의는 David A. Holland and Bryant A. Matthews, *Beyond Earnings: Applying the HOLT CFROI and Economic Profit Framework* (Hoboken, NJ: Wiley, 2017) 참고.
4) Brett C. Olsen, "Firms and the Competitive Advantage Period," *Journal of Investing* 22, no. 4 (Winter 2013): 41–50.
5) Plantronics, Inc., 분기보고서, November 4, 2019.

6. 기대치가 바뀔 때 기회도 생긴다

1) Don A. Moore, *Perfectly Confident: How to Calibrate Your Decisions Wisely* (New York: Harper Business, 2020).
2) J. Edward Russo and Paul J. H. Schoemaker, "Managing Overconfidence," *Sloan Management Review* 33, no. 2 (Winter 1992): 7–17.
3) Raymond S. Nickerson, "Confirmation Bias: A Ubiquitous Phenomenon in Many Guises," *Review of General Psychology* 2, no. 2 (June 1998): 175–220; 또한 Chu Xin Cheng, "Confirmation Bias in Investments," *International Journal of Economics and Finance* 11, no. 2 (February 2019): 50–55.
4) Domino's Pizza, Inc., 10–K, 2019.

5) Steve Gerhardt, Sue Joiner, and Ed Dittfurth, "An Analysis of Expected Potential Returns from Selected Pizza Franchises," *Journal of Business and Educational Leadership* 8, no. 1 (Fall 2018): 101–111.
6) John Ivankoe, Rahul Krotthapalli, and Patrice Chen, "Domino's Pizza Inc: DPZ Maintains US Momentum While International Stabilizes. Remain OW for This COVID-Winner," *J.P. Morgan North America Equity Research*, July 16, 2020.

7. 최상의 매매 시나리오

1) 여러 투자 대상의 예상 가치를 바탕으로 포트폴리오를 구성하는 일은 단순히 예상 가치가 높은 주식을 고르는 일보다 훨씬 복잡하다. 하지만 예상 가치를 계산할 때 필요한 변수들은 포트폴리오 구성에서도 유용하다. Harry M. Markowitz, *Portfolio Selection: Efficient Diversification of Investments* (New York: Wiley, 1959) 6장 참고.
2) Daniel Kahneman, *Thinking, Fast and Slow* (New York: Farrar, Straus and Giroux, 2011), 245–254.
3) Michael J. Mauboussin, Dan Callahan, and Darius Majd, "The Base Rate Book: Integrating the Past to Better Anticipate the Future," *Credit Suisse: Global Financial Strategies*, September 26, 2016.
4) 'excess return'이라는 용어는 개별 주식의 자본비용 대비 수익률을 말한다. 비교지수와 비교하여 포트폴리오 수익률이 높은 것은 'superior returns'라는 용어를 사용한다.
5) 예상 가치가 100달러이고, 현재 주가가 80달러(예상 가치의 80%)이고, 순자본비용이 6%라고 가정하자. 현재가치가 2년간 6%씩 복리로 늘어나면 2년 후 예상 가치는 112.36달러이고, 연간 수익률은 18.5%이다. 18.5%에서 순자본비용을 빼면 12.5%가 된다.
6) Richard H. Thaler, "Anomalies: Saving, Fungibility, and Mental Accounts," *Journal of Economic Perspectives* 4, no. 1 (Winter 1990): 193–205.
7) Hersh Shefrin, *Beyond Greed and Fear: Understanding Behavioral Finance and the Psychology of Investing* (Boston: Harvard Business School Press, 2000), 214–218.
8) Klakow Akepanidtaworn, Rick Di Mascio, Alex Imas, and Lawrence Schmidt, "Selling Fast and Buying Slow: Heuristics and Trading Performance of Institutional Investors," *Working Paper*, February 2021, 모든 디지털 라이브러리(Social Science Research Network, SSRN)에서 이용 가능, https://dx.doi.org/10.2139/ssrn.3301277.
9) Daniel Kahneman and Amos Tversky, "Prospect Theory: An Analysis of Decision Under Risk," *Econometrica* 47, no. 2 (March 1979): 263–291.

10) John W. Payne, Suzanne B. Shu, Elizabeth C. Webb, and Namika Sagara, "Development of an Individual Measure of Loss Aversion," *Association for Consumer Research Proceedings* 43 (October 2015); 또한 Christoph Merkle, "Financial Loss Aversion Illusion," *Review of Finance* 24, no. 2 (March 2020): 381–413.
11) Baba Shiv, George Loewenstein, Antoine Bechara, Hanna Damasio, and Antonio R. Damasio, "Investment Behavior and the Negative Side of Emotion," *Psychological Science* 16, no. 6 (June 2005): 435–439.
12) 이것은 과세 계좌에 해당하는 분석이며, 401(k) 등 과세 이연계좌에는 해당하지 않는다.
13) 집필 시점에서 미국 장기 자본수익 소득세는 최대 20%이다. 또 연방정부 및 주정부가 부과하는 세금도 추가될 수 있기 때문에, 세금에 대한 고려는 훨씬 더 중요하다.

8. 성장 기회와 '투자 선택권'의 가치

1) 실물옵션 가치평가 방식을 고안하는 데는 마사 암람(Martha Amram)의 도움이 컸다.
2) 실물옵션 규명과 평가에 대해 더 자세히 알고 싶다면 다음을 참고하라. Martha Amram and Nalin Kulatilaka, *Real Options: Managing Strategic Investment in an Uncertain World* (Boston: Harvard Business School Press, 1999); Jonathan Mun, *Real Options Analysis: Tools and Techniques for Valuing Strategic Investments and Decisions with Integrated Risk Management and Advanced Quantitative Decision Analytics*, 3rd ed. (Dublin, CA: Thomson-Shore and ROV Press, 2016).
3) Nalin Kulatilaka and Alan J. Marcus, "Project Valuation Under Uncertainty: When Does DCF Fail?," *Journal of Applied Corporate Finance* 5, no. 3 (Fall 1992): 92–100; 또한 Alexander B. van Putten and Ian MacMillan, "Making Real Options Really Work," *Harvard Business Review* 82, no. 12 (December 2004): 134–141.
4) 포기옵션은 풋옵션과 비슷하다.
5) 배당금도 옵션 가치에 영향을 준다. 단지 여기서는 단순화를 위해 배당은 고려하지 않았다.
6) Richard A. Brealey and Stewart C. Myers, *Principles of Corporate Finance*, 5th ed. (New York: Irwin McGraw Hill, 1996), appendix 12–13.
7) 유럽식 콜옵션은 옵션 만기 때만 행사 결정을 한다고 가정한다. 미국식 콜옵션은 옵션 만기 전 언제라도 행사 결정이 가능하다. 여기서는 배당이 없기 때문에 유럽식과 미국식 옵션의 가격이 동일하다.
8) '순현재가치=S−X=0'이기 때문에 'S=X'이다. 따라서 'S/X=1'이다.
9) Steven R. Grenadier, "Option Exercise Games: The Intersection of Real Options

and Game Theory," *Journal of Applied Corporate Finance* 13, no. 2 (Summer 2000): 99–107.
10) 특히 회사가 인수합병이나 합작회사에 투자할 때는 과거 투자를 고려하는 것이 중요하다. 큰 회사가 작은 회사를 인수할 때는 부가가치가 없는 것처럼 보인다. 하지만 범위의 경제 측면에서는 실물옵션 가치가 매우 크다. Xiaohui Gao, Jay R. Ritter, and Zhongyan Zhu, "Where Have All the IPOs Gone?" *Journal of Financial and Quantitative Analysis* 48, no. 6 (December 2013): 1663–1692를 참고하라.
11) 옵션 가격과 나머지 4개 변수를 보자. 가치평가 공식을 활용하여 이 옵션 거래 가격에 맞는 변동성을 구한다. 변동성 추정 방법에 대해서는 Amram and Kulatilaka, *Real Options*를 참고하라. 이 두 방식을 이용하여 현재 변동성을 구하려면 www.ivolatilty.com을 참고하라.
12) 이는 주요 사업과 많이 다른 영역에 진출하는 회사들의 경우에 해당한다.
13) 2020년 9월 기준.
14) 기존 사업을 현금흐름할인법만으로 가치평가할 경우, 주가에 비해 창출되는 가치가 작기 때문에, 예측 기간을 인위적으로 많이 늘려야 한다.
15) Josh Tarasoff and John McCormack, "How to Create Value Without Earnings: The Case of Amazon," *Journal of Applied Corporate Finance* 25, no. 3 (Summer 2013): 39–43.
16) 경영진들은 훌륭한 스토리텔링을 통해 이런 영향 관계가 형성되고 커지는 과정을 수월하게 만든다. Aswath Damodaran, *Narrative and Numbers: The Value of Stories in Business* (New York: Columbia Business School, 2017) 참조.
17) George Soros, *The Alchemy of Finance: Reading the Mind of the Market* (New York: Wiley, 1994), 49.
18) 기업은 2차 공모를 통해 일반 투자자에게 신주를 매각해 자금을 조달한다. 그리고 주식 교부를 통한 인수의 경우 신주를 발행해 자금을 조달한다.
19) Sanjeev Bhojraj, "Stock Compensation Expense, Cash Flows, and Inflated Valuations," *Review of Accounting Studies* 25, no. 3 (September 2020): 1078–1097.

9. 사업 유형과 예측투자 활용법

1) Feng Gu and Baruch Lev, *The End of Accounting and the Path Forward for Investors and Managers* (Hoboken, NJ: Wiley, 2016).
2) Sara Castellanos, "Nasdaq Ramps Up Cloud Move," *Wall Street Journal*, September 15, 2020.

3) Paul M. Romer, "Endogenous Technological Change," *Journal of Political Economy* 98, no. 5 (1990): S71–S102.
4) Kai-Fu Lee, *AI Superpowers: China, Silicon Valley, and the New World Order* (Boston: Houghton Mifflin Harcourt, 2018), 22–26.
5) Carl Shapiro and Hal R. Varian, *Information Rules: A Strategic Guide to the Network Economy* (Boston: Harvard Business School Press, 1999), 179.
6) 관련하여 '임계점(tiping point)'이라는 아이디어가 있다. 일정 이상 점유율을 차지하면 이후에는 점유율 증가가 쉬워지고, 특정 회사나 기술이 다른 회사들을 압도하게 되는데, 이 기준점이 되는 점유율이 임계점이라고 할 수 있다. 어떤 제품에서 임계점은 제품이 성공하기 위한 임계 수준의 점유율을 말한다. 시장에서 다양한 종류의 제품은 필요가 별로 없고 규모의 경제는 크다면 한 제품이나 기술이 이 시장을 독식할 가능성이 높다. 다양한 종류의 제품에 대한 수요가 적다는 말은 시장이 공식 혹은 사실상의 표준을 채택한다는 말이다. 반대로 제약 같은 지식산업에서는 표준화가 맞지 않는다. 소비자들은 의료, 건강 관련하여 필요한 것이 각기 다르고, 그에 따라 사용하는 제품도 달라진다.
7) 투자자들은 네트워크 효과가 강한 섹터를 먼저 찾아야 한다. 네트워크 참여자들의 상호작용이 많고 서로 관계가 좋을 때 네트워크 효과가 일어난다.
8) 자세한 논의는 Geoffrey A. Moore, *Crossing the Chasm: Marketing and Selling High-Tech Products to Mainstream Customers* (New York: HarperBusiness, 1991) 참조.
9) Goksin Kavlak, James McNerney, and Jessika Trancik, "Evaluating the Causes of Cost Reduction in Photovoltaic Modules," *Energy Policy* 123 (December 2018): 700–710.
10) Joseph A. DiMasi, Henry G. Grabowski, and Ronald W. Hansen, "Innovation in the Pharmaceutical Industry: New Estimates of R&D Costs," *Journal of Health Economics* 47 (May 2016): 20–33.
11) O'Reilly Automotive Inc. 의 2020년 9월 10일 Goldman Sachs Retail Conference 녹취록, https://corporate.oreillyauto.com/cms- static/ORLY_Transcript_2020-09-10.pdf.
12) David Besanko, David Dranove, Mark Shanley, and Scott Schaefer, *Economics of Strategy*, 7th ed. (Hoboken, NJ: Wiley, 2017), 70–73. 이 개념은 '라이트(wright)의 법칙'으로 알려져 있다. Bela Nagy, J. Doyne Farmer, Quan M. Bui, and Jessika E. Trancik, "Statistical Basis for Predicting Technological Progress," *PLoS ONE* 8, no. 2 (2013) 참조.

13) Besanko et al., Economics of Strategy, 66–67. 또한 Morton A. Meyers, *Happy Accidents: Serendipity in Modern Medical Breakthroughs* (New York: Arcade, 2007) 참고.
14) Kimberly-Clark 투자자 대상 발표. 재무 정보는 2019년 12월 31일 기준.
15) Reed Hastings and Erin Meyer, *No Rules Rules: Netflix and the Culture of Reinvention* (New York: Penguin Press, 2020), 4–8; 또한 넷플릭스 재무 공시 정보.
16) Ashlee Vance, "A.M.D. to Split into Two Operations," *New York Times*, October 6, 2008.
17) 서비스업과 지식산업의 경우 대부분의 투자를 비용으로 처리하기 때문에, 이런 투자 항목에 관련한 효율은 '비용 효율'로 고려한다.
18) Marshall Fisher, Vishal Gaur, and Herb Kleinberger, "Curing the Addiction to Growth," *Harvard Business Review* 95, no. 1 (January–February 2017): 66–74.

3부 기업이 보내는 투자 신호와 기회 포착

10. '인수합병의 파급력' 읽는 법

1) Bob Haas and Angus Hodgson, "M&A Deal Evaluation: Challenging Metrics Myths," *Institute for Mergers, Acquisitions and Alliances, A. T. Kearney*, 2013.
2) 어떤 때는 회사들이 경쟁우위를 유지하거나 강화하기 위한 장기 전략의 일환으로 인수를 한다. 여기서는 이 전략이 충분한 가치를 낼 만한지가 중요하다. 이런 상황에서, 인수회사는 특정 회사 인수 건에서 가치 창출을 기대하지는 않지만, 전략을 실행하기 위한 유일한 방편이 인수일 수 있다. 인수 자체가 목적이 아니다. 이때 인수는 미래에 가치 창출 기회를 얻기 위한 실물옵션이 된다. 하지만 예측투자를 할 때는 반응이 나쁘거나 비싸게 산 인수 건에 대해 실물옵션을 이야기하는 CEO들을 경계해야 한다. 시너지 창출의 어려움에 대해 더 상세한 논의를 보려면 Mark L. Sirower, *The Synergy Trap* (New York: The Free Press, 1997)을 참고하라.
3) 피인수회사가 상장사인 경우, 개별 회사의 가치는 시가총액을 기준으로 하는 것이 최선이다. 다만, 인수 기대감 때문에 주가가 올랐다면 시가총액을 사용하는 것이 부적절할 수 있다. 이런 경우 피인수회사의 가치를 추정하려면 현재 시가총액에서 '인수 프리미엄'을 빼면 된다.
4) 다우 케미컬(Dow Chemical) 인수합병 건에 대해 더 자세한 논의는 Michael J. Mauboussin, *Think Twice: Harnessing the Power of Counterintuition* (Boston: Harvard Business Press, 2009), 7–8을 참고하라.

5) Scott A. Christofferson, Robert S. McNish, and Diane L. Sias, "Where Mergers Go Wrong," *McKinsey Quarterly* (May 2004): 1–6.
6) 이번 장과 다음 장은 Alfred Rappaport and Mark L. Sirower, "Stock or Cash? The Trade-Offs for Buyers and Sellers in Mergers and Acquisitions," *Harvard Business Review* 77, no. 6 (November–December 1999): 147–158을 수정한 것이다.
7) Rappaport and Sirower, "Stock or Cash?," 156–158.
8) Peter J. Clark and Roger W. Mills, *Masterminding the Deal: Breakthroughs in M&A Strategy and Analysis* (London: Kogan Page, 2013).
9) Tim Loughran and Anand M. Vijh, "Do Long-Term Shareholders Benefit from Corporate Acquisitions?," *Journal of Finance* 52, no. 5 (December 1997): 1765–1790.
10) Pavel G. Savor and Qi Lu, "Do Stock Mergers Create Value for Acquirers?," *Journal of Finance* 64, no. 3 (June 2009): 1061–1097.
11) 합병 차익 투자자들은 주가와 인수가 차익을 위해 이 위험을 감수한다. 따라서 인수가보다 주가가 낮은 것은 '차익 스프레드'라고 한다.
12) 합병 발표 시 시장의 단기 반응은 합병 후 결과 예측에 좋은 잣대가 되지만, 시장의 평가가 틀릴 때도 있다. 연구 결과를 보면 시장 평가는 냉정하다. 따라서 시장은 보통 거래 건의 가치를 제대로 평가한다. 투자자 판단의 집합이 인수로 인한 인수회사나 피인수회사 가치 변화에 대한 객관적인 평가다. 즉, 초기 가격 반응이 인수합병 건의 장기 결과를 가장 잘 예측한다. Mark L. Sirower and Sumit Sahni, "Avoiding the 'Synergy Trap': Practical Guidance on M&A Decisions for CEOs and Boards," *Journal of Applied Corporate Finance* 18, no. 3 (Summer 2006): 83–95를 참고하라.
13) Alfred Rappaport and Mark L. Sirower, "Stock or Cash? The Trade-Offs for Buyers and Sellers in Mergers and Acquisitions," *Harvard Business Review* 77, no. 6 (November–December 1999): 147–158.
14) Jerayr Haleblian, Cynthia E. Devers, Gerry McNamara, Mason A. Carpenter, and Robert B. Davison, "Taking Stock of What We Know About Mergers and Acquisitions: A Review and Research Agenda," *Journal of Management* 35, no. 3 (June 2009): 469–502.

11. '자사주 매입'이 보내는 신호
1) 회사들은 자사주 매입을 위해 번 돈이나 보유 현금을 사용하고, 때로는 빚을 내기도 한다.

2) Alberto Manconi, Urs Peyer, and Theo Vermaelen, "Are Buybacks Good for Long-Term Shareholder Value? Evidence from Buybacks Around the World," *Journal of Financial and Quantitative Analysis* 54, no. 5 (October 2019): 1899–1935.

3) William Lazonick, "Profits Without Prosperity," *Harvard Business Review* 92, no. 9 (September 2014): 46–55. 이에 대한 응답은 Jesse M. Fried and Charles C. Y. Wang, "Are Buybacks Really Shortchanging Investment?," *Harvard Business Review* 96, no. 2 (March–April 2018): 88–95 참고.

4) 워런 버핏의 버크셔 해서웨이 1984년 연간보고서에서 보듯이, "사업이 훌륭하고 재무 상태가 안정적인 회사가 내재가치보다 훨씬 낮은 가격에 거래되고 있다면, 자사주 매입만큼 주주에게 좋은 일이 없다." Berkshire Hathaway Inc., Letter to shareholders, 1984, https://www.berkshirehathaway.com/letters/1984.html.

5) Zicheng Lei and Chendi Zhang, "Leveraged Buybacks," *Journal of Corporate Finance* 39 (August 2016): 242–262.

6) Michael C. Jensen, "Corporate Control and the Politics of Finance," *Journal of Applied Corporate Finance* 4, no. 2 (Summer 1991): 13–34.

7) Walter I. Boudry, Jarl G. Kallberg, and Crocker H. Liu, "Investment Opportunities and Share Repurchases," *Journal of Corporate Finance* 23 (December 2013): 23–38; 또한 Mark Mietzner, "Why Do Firms Decide to Stop Their Share Repurchase Programs?" *Review of Managerial Science* 11, no. 4 (October 2017): 815–855.

8) Ahmet C. Kurt, "Managing EPS and Signaling Undervaluation as a Motivation for Repurchases: The Case of Accelerated Share Repurchases," *Review of Accounting and Finance* 17, no. 4 (November 2018): 453–481.

9) 회사와 투자자들은 자사주 매입으로 인한 '수익률'을 P/E 멀티플의 역수 같은 회계적 기준과 연관 짓는 실수를 한다. 이런 (잘못된) 논리의 흐름은 다음과 같다. 컨센서스상 회사가 주당 1달러를 번다고 해보자. 주가는 주당 25달러로, P/E는 25이다. 따라서 회사가 25달러인 자사주를 매입할 때마다 1달러가 생기기 때문에 '수익률'이 4%(1/25)이다. 여기서 오류는 P/E 멀티플을 자본비용이라고 의심없이 여기는 것이다. 하지만 멀티플에는 할인율은 물론 다른 여러 가지 변수들도 반영한다. 이 변수들의 예로는 매출 성장, 영업이익률, 재투자, 지속적인 경쟁우위 확보 능력 등이 있다.

10) Alfred Rappaport, *Creating Shareholder Value: The New Standard for Business Performance* (New York: The Free Press, 1986), 96.

11) 재투자 기회는 재투자수익률이 꽤 높을 때, 혹은 자본비용보다 약간만 높을 때 생긴다. 경영진

은 당연히 기대수익률이 낮은 기회에 대해서는 더 꼼꼼하게 검토해야 한다. 하지만 규제 때문에 환경 관련 투자 등 수익률이 낮은 투자가 불가피할 때도 있다. 어떤 때는 재투자수익률이 낮지만, 그것을 하지 않았을 때 큰 문제가 생기기 때문에 재투자를 해야 하기도 한다. 어떤 재투자는 그 자체로는 수익률이 낮지만, 다른 제품이나 서비스의 수익률에 간접적으로 도움이 되기도 한다.

12) Alon Brav, John R. Graham, Campbell R. Harvey, and Roni Michaely, "Payout Policy in the 21st Century," *Journal of Financial Economics* 77, no. 3 (September 2015): 483–527.

13) Manconi, Peyer, and Vermaelen, "Are Buybacks Good for Long-Term Shareholder Value?"를 참고하라.

14) 1982년, 미국 증권거래위원회는 법안 10b-18를 제정했다. 이 법안은 회사들이 일정 규칙을 지키면 장내에서 자사주 매입을 허용했다. 1982년 이전에는 회사들이 자사주를 매입하면 주가 조작으로 기소 당할 위험이 있었다. 1982년의 면책 규정은 이후 시장 환경 변화에 발맞추어 계속 개정되어 왔다.

15) "Frequently Asked Questions Provided by Microsoft Corporation to Employees" at https://www.sec.gov/Archives/edgar/data/789019 /000119312506150261/dex995.htm 참고.

16) Ranjan D'Emello and Pervin K. Shroff, "Equity Undervaluation and Decisions Related to Repurchase Tender Offers: An Empirical Investigation," *Journal of Finance* 55, no. 5 (October 2000): 2399–2424.

17) Theo Vermaelen, "Common Stock Repurchases and Market Signaling," *Journal of Financial Economics* 9, no. 2 (June 1981): 139–183.

18) Jacob Oded and Allen Michel, "Stock Repurchases and the EPS Enhancement Fallacy," *Financial Analysts' Journal* 64, no. 4 (July–August 2008): 62–75.

19) John R. Graham, Campbell R. Harvey, and Shiva Rajgopal, "Value Destruction and Financial Reporting Decisions," *Financial Analysts' Journal* 62, no. 6 (November–December 2006): 27–39.

20) Bruce Dravis, "Dilution, Disclosure, Equity Compensation, and Buybacks," *Business Lawyer* 74, no. 3 (Summer 2019): 631–658.

21) Michael Rapoport and Theo Francis, "Share Buybacks Help Lift Corporate Earnings," *Wall Street Journal*, September 23, 2018.

22) 회사가 돈을 빌려서 자사주를 매입한다고 가정해도 결과는 같다.

23) Roni Michaely and Amani Moin, "Disappearing and Reappearing Dividends," SSRN

Working Paper, July 2020, https://dx.doi.org/10.2139/ssrn.3067550.
24) 이것은 미국의 경우에 해당한다. 나라마다 세율과 관련 규정은 각기 다르다.
25) 더 자세한 내용에 대해서는 John R. Graham, "How Big Are the Tax Benefits of Debt?" *Journal of Finance* 55, no. 5 (October 2000): 1901–1941 참조. 2장 미주 11번에서 언급했듯, 모든 회사가 세금에서 이자비용 전부를 공제받지는 못한다. 매출 2억 5,000만 달러 이상인 회사는 2017년 Tax Cuts and Jobs Act에 의해 이자, 세금, 감가상각 전 영업이익(EBITDA)의 30%까지만 이자 납부액에 대해 세액 공제를 받는다. 2017년 기준, 러셀 3000 기업 중 금융 서비스와 부동산 섹터를 제외하고 15%가 이 한도 적용을 받는다. 2022년 이후부터는 이자 세액공제 한도가 영업이익(EBIT)의 30%로 변경된다. 2017년 기준 러셀 3000에서 금융 서비스와 부동산 섹터를 제외하면 20%가 이 한도의 적용을 받는다.
J. Nellie Liang and Steven A. Sharpe, 「Share Repurchases and Employee Stock Options and Their Implications for S&P 500 Share Retirements and Expected Returns」, *Board of Governors of the Federal Reserve System Finance and Economics Working Paper No.* 99–59, 1999; FactSet.

12. 돈이 되는 8가지 투자 아이디어

1) Gary Klein, "Performing a Project Premortem," *Harvard Business Review* 85, no. 9 (September 2007): 18–19.
2) Andrew Mauboussin and Michael J. Mauboussin, "If You Say Some- thing Is 'Likely,' How Likely Do People Think It Is?" *Harvard Business Review Online*, July 3, 2018.
3) Allan H. Murphy and Harald Daan, "Impacts of Feedback and Experience on the Quality of Subjective Probability Forecasts: Comparison of Results from the First and Second Years of the Zierikzee Experiment," *Monthly Weather Review* 112, no. 3 (March 1984): 413–423.
4) Philip E. Tetlock, *Expert Political Judgment: How Good Is It? How Can We Know?* (Princeton, NJ: Princeton University Press, 2005).
5) Stefano Ramelli and Alexander F. Wagner, "Feverish Stock Price Reactions to COVID-19," *Review of Corporate Finance Studies* 9, no. 3 (November 2020): 622–655.
6) Jerold B. Warner, Ross L. Watts, and Karen H. Wruck, "Stock Prices and Top Management Changes," *Journal of Financial Economics* 20 (January–March 1988): 461–492.

7) William Thorndike, *The Outsiders: Eight Unconventional CEOs and Their Radically Rational Blueprint for Success* (Boston: Harvard Business Review Press, 2012).
8) Scott Davis, Carter Copeland, and Rob Wertheimer, *Lessons from the Titans: What Companies in the New Economy Can Learn from the Industrial Giants to Drive Sustainable Success* (New York: McGraw Hill, 2020), 119–151.
9) Davis, Copeland, and Wertheimer, *Lessons from the Titans*, 1–48.
10) Boris Groysberg, *Chasing Stars: The Myth of Talent and the Portability of Performance* (Princeton, NJ: Princeton University Press, 2010), 324–326.
11) Gary Smith, "Stock Splits: A Reevaluation," *Journal of Investing* 28, no. 4 (June 2019): 21–29.
12) Fengyu Li, Mark H. Liu, and Yongdong (Eric) Shia, "Institutional Ownership Around Stock Splits," *Pacific-Basin Finance Journal* 46 (December 2017): 14–40.
13) Alon Brav, John R. Graham, Campbell R. Harvey, and Roni Michaely, "Payout Policy in the 21st Century," *Journal of Financial Economics* 77, no. 3 (September 2005): 483–527.
14) Doron Nissim and Amir Ziv, "Dividend Changes and Future Profitability," *Journal of Finance* 56, no. 6 (December 2001): 2111–2133.
15) Roni Michaely, Stefano Rossi, and Michael Weber, Signaling Safety, ECGI Finance Working Paper No. 653/2020, February 2020, https://dx.doi.org/10.2139/ssrn.3064029.
16) Kent Daniel and Sheridan Titman, "Another Look at Market Responses to Tangible and Intangible Information," *Critical Finance Review* 5, no. 1 (May 2016): 165–175.
17) Michael J. Cooper, Huseyin Gulen, and Michael J. Schill, "Asset Growth and the Cross-Section of Stock Returns," *Journal of Finance* 63, no. 4 (August 2008): 1609–1651. 미국 외 지역에 대해서는 Akiko Watanabe, Yan Xu, Tong Yao, and Tong Yu, "The Asset Growth Effect: Insights for International Equity Markets," *Journal of Financial Economics* 108, no. 2 (May 2013): 259–263 참고.
18) Matteo Arena and Stephen Ferris, "A Survey of Litigation in Corporate Finance," *Managerial Finance* 43, no.1 (2017): 4–18; 또한 Amar Gande and Craig M. Lewis, "Shareholder-Initiated Class Action Lawsuits: Shareholder Wealth Effects and Industry Spillovers," *Journal of Financial and Quantitative Analysis* 44, no. 4 (August 2009): 823–850.

19) Joe Nocera, "BP Is Still Paying for the Deepwater Horizon Spill," *Bloomberg*, February 4, 2020, https://www.bloomberg.com/news/articles/2020-02-04/bp-is-still-paying-for-the-deepwater-horizon-spill.
20) George Washington Regulatory Studies Center, "Reg Stats," https://regulatorystudies.columbian.gwu.edu/reg-stats.
21) Michail Batikas, Stefan Bechtold, Tobias Kretschmer, and Christian Peukert, *European Privacy Law and Global Markets for Data*, CEPR Discussion Paper No. DP14475, March 25, 2020, https://ssrn.com/abstract=3560282.
22) James M. McTaggart, Peter W. Kontes, and Michael C. Mankins, *The Value Imperative: Managing for Superior Shareholder Returns* (New York: The Free Press, 1994), 241.
23) Donghum "Don" Lee and Ravi Madhavan, "Divestiture and Firm Performance: A Meta-Analysis," *Journal of Management* 36, no. 6 (November 2010): 1345–1371.
24) Michael J. Mauboussin, Dan Callahan, David Rones, and Sean Burns, "Managing the Man Overboard Moment: Making an Informed Decision After a Large Price Drop," *Credit Suisse: Global Financial Strategies*, January 15, 2015.
25) 모멘텀은 이전 주가 변화와 전망치 변화를 합하여 측정하였다. 밸류에이션은 현금흐름 모델을 정하여 가격과 가치 차이를 기준으로 측정하였다. 퀄리티는 회사의 과거 투자수익률이 자본비용보다 높은지 낮은지를 따졌다. 자세한 논의는 Mauboussin, Callahan, Rones, and Burns, "Managing the Man Overboard Moment," 18–19 참조.
26) Michael J. Mauboussin, Dan Callahan, Darius Majd, Greg Williamson, and David Rones, "Celebrating the Summit: Making an Informed Decision After a Large Price Gain," *Credit Suisse: Global Financial Strategies*, January 11, 2016.

부록

부록

※ 이 책의 저자인 마이클 모부신과 알프레드 래퍼포트는 독자들이 책 내용을 좀더 잘 이해할 수 있도록 관련 내용을 추가 설명하는 웹사이트를 운영하고 있습니다. 한국어판에서는 한국 독자들을 위해 해당 웹사이트의 주요 내용 중 일부를 발췌 번역해 부록으로 싣습니다. 웹사이트의 다른 내용이 궁금하신 분들은 직접 방문해 보시길 바랍니다. (www.expectationsinvesting.com)

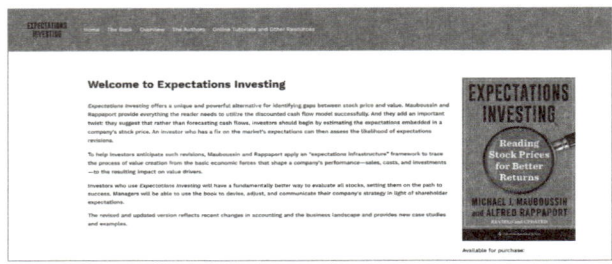

▲ 『예측투자』 관련 내용을 설명하는 웹사이트의 첫 화면

| 영업이익률 구하는 법 |

영업이익률의 변화는 주주가치에 중대한 영향을 끼칠 수 있다. 여기에서는 과거 영업이익률과 미래 영업이익률 추정치를 계산하는 방법에 대해 살펴본다.

2020년 9월의 도미노피자를 사례로 활용한다(영업이익률을 직접 계산해보려는 독자는 해당 웹사이트의 연동된 파일을 다운로드하기 바란다).

부록

▶ 영업이익률의 의미

영업이익률을 각 구성 요소별로 나누어 살펴보자.

영업Operating : 영업이익은 매출액에서 영업과 직접 관련 있는 비용만 차감한다. 이 비용에는 부채에서 발생하는 이자비용이나 리스료, 무형자산 상각비 등을 포함한 재무 활동과 관련한 비용은 제외한다. 세금은 차감하지 않는다.
이익Profit : 매출액에서 관련 비용을 차감하고 남은 금액으로 영업이익을 계산한다.
비율Margin : 매출액 대비 영업이익의 비율로 계산한다.

구체적으로, 영업이익률은 매출액에서 아래 비용을 차감하고 남은 이익의 비율이다.

- 매출원가
- 일반관리비
- 판매비와 관리비
- 연구개발비
- 유형자산 감가상각비
- 사업의 지속적인 운영을 위해 반복적으로 발생하는 비금융비용

그리고 아래 비용은 차감하지 않는다.

- 이자비용
- 법인세 비용
- 무형자산 상각비

영업이익률은 EBITA(이자, 법인세 및 감가상각비 차감전 순이익) 이익률과 같다.

부록

▶ 과거 영업이익률 계산하는 법

도미노피자 사례로 돌아와서, 공시된 재무제표를 이용해 영업이익률을 계산할 수 있다. 도미노피자의 손익계산서에서 영업이익률 계산에 필요한 부분을 불러오면 다음과 같다.

(단위 : 100만 달러)

	2015년	2016년	2017년	2018년	2019년
매출액	2216.5	2472.6	2788.0	3432.8	3618.8
매출원가	1533.4	1704.9	1922.0	2130.2	2216.3
매출총이익	683.1	767.7	866.1	1302.6	1402.5
판매비와관리비	277.7	313.6	344.8	372.5	382.3
광고비				358.5	390.8
영업이익	405.4	454.1	521.2	571.6	629.4

▶ 앞으로의 영업이익률 추정하는 법

아래 4가지 방법 중 하나로 미래 영업이익률을 추정할 수 있다.

1. 과거 자료를 활용한 상세 분석 : 6장 〈표 6-2〉에서 예시를 확인할 수 있다. 이 책에서는 도미노피자의 과거 영업이익률을 먼저 계산하고, 이를 토대로 미래 영업이익률을 추정한다. 규모의 경제 효과를 포함한 향후의 영업이익률 추론 과정은 6장의 '기대치 변화에 대한 기회 찾기' 1단계와 2단계에서 살펴볼 수 있다.
2. 밸류라인Value Line : 밸류라인의 개별 종목 데이터는 과거와 미래의 EBITA 이익률(%)을 추론하는데 활용할 수 있다. 밸류라인의 추정치는 이익률 분석을 시작하는 합리적인 시작점이 된다.
3. 월스트리트 리포트Wall Street report : 투자 분석가들은 과거 실적과 함께 앞으로의 재무 추정치를 포함한 보고서를 작성한다. 이러한 보고서를 입수할 수 있다면, 가격에 내재된 기

대치를 추정하는 데 도움이 될 수 있다.

4. 회사 IR 자료 : 공정 정보 공개Regulation Fair Disclosure, FD로 인해 기업은 월스트리트 분석가나 매수 부문 투자자에게 재무 예측을 선택적으로 공개할 수 없다. 따라서 기업들은 분기별 실적을 보고할 때 미래 재무 지표에 대한 가이드를 종종 발표한다. 회사의 IR 관련 웹 사이트를 검색하는 것이 유익할 수 있다.

※ 국내의 경우 다이투자의 재무 데이터 서비스 스톡워치(stockwatch.co.kr)로 과거 영업이익률을 확인하고, 증권사 실적 컨센서스 자료를 활용해 미래 영업이익률을 추정해 볼 수 있다.

| 순운전자본 재투자율 구하는 법 |

순운전자본 재투자율은 주주가치를 계산하는 데 중요한 가치 동인이다. 여기에서는 관련된 데이터 수집과 과거 운전자본 추세, 그리고 미래의 운전자본 수요를 예측하는 방법을 설명한다.

▶ 순운전자본이란?

순운전자본을 각 구성 요소별로 살펴보면 다음과 같다.

순^{Net} : 매출채권이나 재고자산과 같이 현금성 단기 운영자산에서 매입채무처럼 이자 없는 단기 부채를 차감한다.

부록

운전Working : 현금성 단기 운영자산에 초점을 둔다. 따라서 부동산, 공장 및 기계장치와 같은 고정 자산은 제외한다.

자본Capital : 사업의 계속 운영을 위해 사내유보해야 하는 현금이다.

일반적인 제조기업의 순운전자본은 유동자산에서 유동부채를 차감한 값이다.
순운전자본은 다음과 같은 항목들을 더하거나 빼서 계산할 수 있다.

- 현금 : 사업 운영에는 약간의 보유 현금이 필요하다고 가정한다. 이를 고정된 현금으로 추정하거나 매출 대비 비율로 추정할 수 있다. 운전자본을 계산하기 위해서는 필요 현금을 계산에 포함한다.
- 매출채권 : 매출채권은 거래 상대방이 외상으로 구입한 재화나 서비스에 대해 대가 지불을 청구할 수 있는 권리를 말한다. 매출채권은 운전자본 계산에 포함한다.
- 재고자산 : 물리적 형태를 가진 제품을 판매하는 회사는 원재료, 재공품 및 완제품을 재고자산으로 보유한다. 운전자본 계산에는 재고자산을 포함한다.
- 기타 유동자산 : 특정 기업은 사업 목적상 보험금 등을 선지급할 수 있다. 이런 경우 운전자본 계산에 선급금을 추가한다.
- 매입채무 : 매입채무는 신용으로 상품이나 서비스를 구매한 것이다. 회사는 소비자가 카드 결제를 통해 지불을 이연하는 것과 같은 혜택을 매입채무를 통해 누리게 된다. 운전자본 계산에서는 매입채무를 차감한다.
- 기타 무이자 유동부채 : 미지급 급여, 미지급 비용, 미지급 로열티 또는 기타 미지급 부채와 같은 유동부채를 보유할 수 있다. 이런 무이자 유동부채가 늘어나면 현금도 함께 증가한다. 따라서 운전자본을 계산하기 위해 기타 무이자 유동부채를 차감한다.

▶ 사례 분석 : 도미노피자(2020년 9월)

도미노피자 사례로 돌아와서, 공시된 재무제표를 이용해 영업이익률을 계산할 수 있다.

부록

도미노피자의 손익계산서에서 영업이익률 계산에 필요한 부분을 가져오면 다음과 같다.

(단위 : 100만 달러)

	2014년	2015년	2016년	2017년	2018년	2019년
현금	30.9	133.4	42.8	35.8	25.4	190.6
단기투자	121.0	180.9	126.5	191.8	167.0	209.3
매출채권	118.4	131.6	150.4	173.7	190.1	210.3
재고자산	37.9	36.9	40.2	40.0	46.0	53.0
기타유동자산	110.4	119.8	136.0	138.6	138.5	124.5
이연법인세자산	9.9	0	0	0	0	0
유동자산	428.4	602.6	495.9	579.8	567.0	787.6
매입채무	86.6	106.9	111.5	106.9	92.5	111.1
비유동부채비율	0.6	59.3	38.9	32.3	35.9	43.4
미지급비용	70.7	71.1	77.7	80.3	89.2	131.1
광고비 충당부채	72.1	99.2	118.4	120.2	107.2	101.9
기타 미지급부채	35.7	39.5	57.3	58.6	55.0	66.3
유동부채	265.0	316.7	364.8	366.0	343.9	410.4

이 데이터를 Online Tutorial 4 엑셀 파일의 'input' 시트에 입력한 후 관련 있는 유동자산은 더하고 유동부채는 차감해 순운전자본을 계산할 수 있다.

다음 표에서 이 작업을 수행한다.

부록

(단위 : 100만 달러)

	2015년	2016년	2017년	2018년	2019년
필요현금(매출의 2%)	44.3	49.5	55.8	68.7	72.4
매출채권	131.6	150.4	173.7	190.1	210.3
재고자산	36.9	40.2	40	46	53
기타유동자산	119.8	136	138.6	138.5	124.5
영업자산	332.6	376.1	408.1	443.3	460.2
매입채무	106.9	111.5	106.9	92.5	111.1
미지급비용	71.1	77.7	80.3	89.2	131.1
미지급 로열티	99.2	118.4	120.2	107.2	101.9
기타유동부채	39.5	57.3	58.6	55	66.3
영업부채	316.7	364.9	366	343.9	410.4
순운전자본	15.9	11.2	42.1	99.4	49.8

마지막 단계는 도미노피자가 운전자본에 얼마를 투입했을 때 1달러의 추가 수입을 얻을 수 있었는지 계산한다.

(단위 : 100만 달러)

	2013년	2014년	2015년	2016년	2017년	2018년	2019년
순운전자본	6.6	41.5	15.9	11.2	42.0	99.3	49.7
운전자본 증분		35.0	-25.6	-4.7	30.8	57.3	-49.7
매출액	1802.2	1993.8	2216.5	2472.6	2788.0	3432.8	3618.8
매출액 증분		191.6	222.7	256.1	315.4	644.9	185.9
재투자율 (매출액 대비 %)		18.2%	-11.5%	-1.8%	9.8%	8.9%	-26.7%
최근 5년간 재투자율 (%)							0.5%

* 책에서는 기타 유동자산을 고려하지 않았기 때문에 계산이 약간 다르다.

부록

▶ 미래 순운전자본 재투자율 추정하는 법

도미노피자의 상대적으로 낮은 운전자본비율로, 운전자본은 중요한 투자 수요가 아님을 짐작할 수 있다. 여기서는 과거 평균보다 조금 높은 매출액 대비 약 15%의 순운전자본 재투자율이 필요한 것으로 추정한다.

옮긴이의 글

이 책은 나에게 의미가 큰 책이다. 나는 이 책의 공저자인 마이클 모부신의 모든 책을 다 읽어왔고, 초판 추천사를 쓴 피터 번스타인의 팬이며, 추천사를 쓴 다모다란 교수를 통해 가치투자의 자세한 방법을 알게 되었다.

책의 개정판이 출간된다는 소식을 듣고 출간일을 기다려왔고, 원서가 출간되자마자 설레고 기쁜 마음으로 읽었다. 책을 읽으면서 이 책의 내용을 국내 독자들에게 제대로 소개하고 싶은 마음이 생겼다.

이 책은 투자의 중요한 방식 중 하나인 가치투자의 핵심적인 내용들을 빠짐없이, 간결하게, 실제로 적용할 수 있도록 알려준다. 그리고 다모다란 교수가 추천사에서 말한대로 가격이라는 정보를 이용하여 시장의 기대치와 내가 한 가치평가의 차이에 대해 더 자세하고 깊게 생각하고 이해하게 도와준다.

번역 작업에서 가장 어려운 부분은 제목이었다. 영문 제목에 들어간 'expectations'는 중의적인 의미인데 우리말로 바꾸기가 애매했다. 'expectations'라는 단어의 뜻은 '기대, 예상'인데 실제로는 '기대'로 많이 쓴다. 2008년에 국내에 출간된 이전 판의 제목도 '기대투자'였다. 그러나 기대투자라는 말이 이 책의 내용을 충분히 설명하지 못한다고 생각했다. 책의 내용은 기업 분석과 주가를 함께 보며 현재의 시장 기대치에 대해 알고 그 기대치 변화를 예측하여 투자하는 방법에 대한 것이기 때문이다. 결국 고심 끝에 책의 내용인 '(기대치 변화를) 예측하는 투자'라는 의미를 살려 제목을 '예측투자'로 정했다.

워런 버핏은 "나는 사업을 하기 때문에 투자를 더 잘하게 되었고, 투자를 하기 때문에 사업을 더 잘하게 되었다"라고 한 적이 있다.

책을 읽고, 번역하고, 시간이 조금 흘러 다시 읽어보니 이 책은 투자에 관한 책이기도 하지만 훌륭한 경영·경제 서적이라는 생각도 든다. 이 책은 회사의 경영자나 임원은 물론 실무자들에게도

많은 도움이 될 것이다. (3~5장, 8장 및 책에서 다루는 사례 참고)

이 책은 표면적으로는 어려워보일 수 있지만, 개별 주식에 대한 투자를 위한 핵심만을 쉽게 설명하고 있다고 생각한다. 또한 이 내용이 어렵게 느껴진다면 개별 기업 투자를 하지 않는 것이 현명하다. 개별 기업 가치투자에 관심이 있는 독자라면 이 책이 '나에게 가치투자가 잘 맞는가'라는 물음에 대한 답을 찾을 수 있는 기회를 제공해줄 것이다. 투자는 자기에게 잘 맞는 방식을 찾는 것이 가장 중요하다고 생각한다.

이 책을 국내에 소개하고 싶다는 마음이 실현된 것은 여러 우연과 행운이 겹친 덕분이다. 이 과정에서 함께한 모든 분들께 감사드린다. 특히 이 책을 번역할 동기 부여를 해주신 이은명 변호사님, 번역을 하겠다는 막연한 생각을 현실화할 때 기꺼이 도와주신 라이프자산운용 강대권 대표님, 그리고 나를 투자의 길로 이끌어주신 주민영 대표님께 감사의 마음을 전한다.

2024년 3월

김민영

그 밖의 추천사 모음

§

투자에 관한 좋은 얘기는 많지만, 정작 "그래서 어떻게 하라는 것이지?"라며 머리를 쥐어박고 답답해 하는 투자자에게 과학적이고 체계적인 분석틀을 제시한다는 점에서만 봐도 이 책이 가지는 의의는 상당하다. 더군다나 그 방법론이 20여 년이 지난 지금까지도 여전히 유효하고, 앞으로도 그러할 것이라는 저자들의 주장은 분명 놓치지 말고 경청해야 할 가치가 있다.

– 강대권, 라이프자산운용 대표

§

지금의 내 투자 스타일과 기틀을 잡아준, 제일 아끼는 책이다. 사실은 남들에게 알려주고 싶지 않은 책이다. 기업의 비즈니스 모델을 항목별로 어떻게 파악하는지, 밸류에이션은 어떻게 해야하는지 등 이 책을 통해 투자의 '숫자'를 배웠다.

– 노을 프라푸치노, 30대에 주식으로 경제적 자유를 얻은 투자의 고수

§

이 책에는 투자의 구성 요소를 낱낱이 분해하여 무엇이 훌륭한 기업과 매력적인 가격의 주식을 만드는지를 설명한다. 그렇다고 이를 알아듣기 쉽게 풀어주고 있다는 뜻은 아니다. 이는 실로 새로운 차원의 사유, 다시 말해서 현명한 투자를 위한 대학원 수준의 과정이라 할 수 있다.

– 하워드 막스, 『투자와 마켓 사이클의 법칙』, 『투자에 대한 생각』 저자

§

투자에 대한 나의 관심에 불을 붙인 최초의 책들 가운데 한 권이다. 이 책의 중심적인 아이디어는 다른 어떤 것보다도 강력하며, 두 저자는 이를 결코 잊을 수 없게끔 설명한다. 이 고전적 작품을 새로이 멋지게 다듬은 이번 개정판은 모든 투자자가 반드시 읽어야 할 책이다.

– 패트릭 오쇼너시, 『밀레니얼머니』 저자

§

저자들의 기업 가치 분석에 대한 접근법은 그 어느 때보다도 오늘날에 더욱 적절하고 현명한 방식이다. 시장의 기대를 파악하고, 경쟁 전략을 평가하며, 기회를 포착하고, 현금흐름에 초점을 맞춘다면 주식시장에서 훨씬 더 현명한 투자자가 될 수 있을 것이다.

– 빌 걸리, 벤치마크 캐피털 GP(무한책임투자자)

§

이 책은 기업의 주가가 기대를 내포한다는, 단순하지만 강력한 관찰을 바탕으로 한다. 그런 다음 투자자에게 지금 주가가 반영하는 것과 앞으로 일어날 가능성이 높은 것 사이의 간격을 파악하는 정밀한 방법을 제공한다. 이 책은 모든 투자자의 개인 서재에 반드시 갖춰놓아야 할 것이다.
— 애니 듀크, 『결정, 흔들리지 않고 마음먹은 대로』 저자

§

이 강력한 책은 성공적인 장기 투자를 위한 견실한 전략을 경이로울 만큼 단순한 방식으로 전개한다. 나는 이렇게 인상적이고, 실용적이며, 설득력 있는 책을 거의 본 적이 없다.
— 존 C. 보글, 뱅가드 그룹 설립자 겸 인덱스펀드 창시자

§

이 책은 이론과 실천의 우아한 결합을 통해, 투자에서 가장 중요한 질문을 대부분의 사람들이 절대로 묻지 않는 이유를 보여준다. 시장이 기대하는 것과 실제로 일어나는 일의 간격을 이용할 줄 아는 것이야말로 성공적인 투자로 향하는 지름길이다. 만일 당신이 시장을 이기기 위해 필요한 것을 배우고자 한다면, 바로 이 책에서 그 답을 찾을 수 있다.
— 빌 밀러, 빌러 밸류 파트너스 CEO

• 지은이 •

마이클 J. 모부신 Michael J. Mauboussin

월스트리트에서 최고의 투자전략가 가운데 한 명으로 꼽힌다. 1993년부터 컬럼비아대 경영대학원 겸임 교수로 투자론을 가르치고 있으며, 복잡계 연구를 주도하는 산타페연구소의 이사회 명예의장이다. 가치투자에 대한 기여를 인정받아 '그레이엄, 도드, 머레이, 그린왈드 투자상'을 수상했다.

모부신은 투자에서 확률과 불확실성을 이해해야 한다고 강조한다. 성공적인 투자자는 결과를 정확히 예측하려고 노력하기보다는 확률적 사고방식을 개발하고 기대가치에 기반한 의사결정에 집중해야 한다는 것이다.

또한 그는 여러 인접 학문에서 시장 행태 및 투자 전망에 대한 시사점을 찾아내는 데에 골몰하고 있다.

학계뿐만 아니라 투자업계에서의 활동 또한 왕성하다. 레그 메이슨 캐피털 매니지먼트 수석 투자 전략가를 역임했고, 현재는 모건스탠리 인베스트먼트 산하 카운터포인트 글로벌의 리서치 책임자이다.

저서로『통섭과 투자』,『운과 실력의 성공 방정식』,『판단의 버릇』등이 있다.

알프레드 래퍼포트 Alfred Rappaport

노스웨스턴대 켈로그 경영대학원에서 28년간 교수로 재직했고, 현재는 명예교수로 있다. 〈월스트리트저널〉, 〈뉴욕타임스〉, 〈비즈니스위크〉 등 유력 언론에서 칼럼니스트로 오랫동안 활동해왔다. 또 컨설팅회사 알카를 설립하고 직접 경영에 참여한 바 있다.

모부신에게 큰 영향을 끼친 멘토로 알려져 있으며, '주주가치(Shareholder Value)' 개념을 대중화시켜 주목을 받았다.

2016년 영국에서 주주가치 논쟁이 벌어질 때, 경영에서 주주가치를 고려한다는 것은 장기적 사고에 기반해 이익보다는 현금흐름에 집중하는 것을 의미한다면서 경영에 실패한 책임을 주주가치 추구에 전가하는 현상에 대해 크게 일갈했다.

• 옮긴이_**김민영**

고려대에서 언어학, 하버드대에서 도시계획을 전공했다. 자기자본 수천억 원 규모의 패밀리오피스 한국 법인에서 대표로 일했다. 역서로『퍼펙트 포트폴리오』,『붐버스톨로지』(공역) 등이 있다.

함께 읽으면 좋은 부크온의 책들

- 투자도 인생도 복리처럼 — 가우탐 바이드
- 퍼펙트 포트폴리오 — 앤드류 로, 스티븐 포어스터
- 안전마진 — 크리스토퍼 리소길
- 권 교수의 가치투자 이야기 — 권용현
- 벤저민 그레이엄의 성장주 투자법 — 프레더릭 마틴
- 가치투자는 옳다 — 장마리 에베이야르
- 박 회계사의 재무제표 분석법 (개정판) — 박동흠
- 워런 버핏처럼 주식투자 시작하는 법 — 메리 버핏, 션 세아
- 인생주식 10가지 황금법칙 — 피터 세일런
- 주식고수들이 더 좋아하는 대체투자 — 조영민
- 금융시장으로 간 진화론 — 앤드류 로
- 현명한 투자자의 지표 분석법 — 고재홍
- 투자 대가들의 가치평가 활용법 — 존 프라이스
- 워런 버핏처럼 가치평가 시작하는 법 — 존 프라이스
- 투자의 가치 — 이건규
- 워런 버핏의 주식투자 콘서트 — 워런 버핏
- 적극적 가치투자 — 비탈리 카스넬슨
- 투자의 전설 앤서니 볼턴 — 앤서니 볼턴
- 주식투자자를 위한 재무제표 해결사 V차트 — 정연빈
- 워런 버핏의 ROE 활용법 — 조지프 벨몬트
- 주식 PER 종목 선정 활용법 — 키스 앤드슨
- 돈이 불어나는 성장주 투자법 — 짐 슬레이터
- 현명한 투자자의 인문학 — 로버트 해그스트롬
- 워런 버핏만 알고 있는 주식투자의 비밀 — 메리 버핏, 데이비드 클라크
- 박 회계사의 사업보고서 분석법 — 박동흠
- 이웃집 워런 버핏, 숙향의 투자 일기 — 숙향
- NEW 워런 버핏처럼 적정주가 구하는 법 — 이은원
- 줄루 주식투자법 — 짐 슬레이터
- 경제적 해자 실전 주식 투자법 — 헤더 브릴리언트 외
- 붐버스톨로지 — 비크람 만샤라마니
- 워렌 버핏처럼 사업보고서 읽는 법 — 김현준
- 주식 가치평가를 위한 작은 책 — 애스워드 다모다란
- 고객의 요트는 어디에 있는가 — 프레드 쉐드
- 투자공식 끝장내기 — 정호성, 임동민
- 워렌 버핏의 재무제표 활용법 — 메리 버핏, 데이비스 클라크
- 현명한 투자자의 재무제표 읽는 법 — 벤저민 그레이엄, 스펜서 메레디스